U0712267

商业银行
经营案例分析

◎王苹 梁万泉 王婉婷 高杰英 编著

SHANGYE YINHANG JINGYING ANLI FENXI

首都经济贸易大学出版社
·北京·

图书在版编目(CIP)数据

商业银行经营案例分析/王苹等编著. —北京:首都经济贸易大学出版社,2017.7

ISBN 978 - 7 - 5638 - 2668 - 1

Ⅰ.①商…　Ⅱ.①王…　Ⅲ.①商业银行—经营管理—案例　Ⅳ.①F830.33

中国版本图书馆 CIP 数据核字(2017)第 144975 号

商业银行经营案例分析
王　苹　梁万泉　王婉婷　高杰英　编著

责任编辑	春　杨
封面设计	小　尘
出版发行	首都经济贸易大学出版社
地　　址	北京市朝阳区红庙（邮编 100026）
电　　话	(010)65976483　65065761　65071505(传真)
网　　址	http://www.sjmcb.com
E - mail	publish@cueb.edu.cn
经　　销	全国新华书店
照　　排	北京砚祥志远激光照排技术有限公司
印　　刷	北京市泰锐印刷有限责任公司
开　　本	710 毫米 × 1000 毫米　1/16
字　　数	378 千字
印　　张	21.5
版　　次	2017 年 7 月第 1 版　2017 年 7 月第 1 次印刷
书　　号	ISBN 978 - 7 - 5638 - 2668 - 1/F · 1481
定　　价	36.00 元

图书印装若有质量问题,本社负责调换
版权所有　侵权必究

前　言

　　金融是经济的核心，商业银行是现代金融体系的主要组成部分。在我国，《商业银行经营管理》课程一直是很多高校金融专业的核心课程。近十年来，中国经济的高速发展成就了中国商业银行的高增长、高息差、高利润的辉煌。与此同时，全球金融危机和欧债危机的阴影还没有驱散，中国的银行业在利率市场化和混业经营发展趋势的背景下，竞争不断加剧。盈利放缓、息差收窄、资产质量下滑不可避免，这就迫使商业银行在经营管理中不断深化改革和创新。本书试图选取近年来中西方商业银行转型发展与创新过程中的经典案例，使金融专业的本科生在学习理论知识的同时，通过对案例分析的阅读和案例中所提问题的思考，加深对商业银行业务的理解，使学生能更好地将所学的专业理论知识与实践结合起来，促进学生学习的积极性与主动性，这也是编写《商业银行经营管理案例分析》一书的主要目的。

　　《商业银行经营管理案例分析》是商业银行经营管理课程的配套案例教材。按照课程的内容安排，本书共有 12 章，涵盖了商业银行的产生与发展趋势、组织结构、资本管理、负债业务、资产业务、中间业务、国际业务、资产负债综合管理、风险管理、银行营销、经营绩效等方面的内容。在每章的开始都会对该章的知识点进行简要的概括，然后再精选 2 到 4 个案例进行细致的分析。我们在案例的选材上围绕商业银行业务经营活动，尽可能选用近年来最新的案例进行分析，力求广泛全面，并具有一定的前瞻性。

　　《商业银行经营管理案例》一书的撰写，是金融学院金融系全体一线教师集体劳动的成果，具体分工如下：第一章王苹、王婉婷、梁万泉；第二章冯瑞河；第三章梁万泉；第四章李雪；第五章杨龙光；第六章赵大萍；第七章王苹；第八章高杰英；第九章龙菊；第十章冯瑞河、祁敬宇；第十一章王婉婷；第十二章王洋天。本书的编撰和出版过程，得到了金融学院领导和首都经济贸易大学出版社的大力支持，同时，金融学院的研究生和本科生也做出了贡献，在此一并向他们表示衷心感谢！本书案例新颖，分析视角独特，紧贴银行实践，适合大专业院校金融专业师生和商业银行实务工作者阅读使用，不足之处，敬请批评指正。

作者

2017 年于北京

目　录

第一章　商业银行经营管理概述

引　言

商业银行是指以获取利润为经营目标、以多种金融资产和金融负债为经营对象，具有综合性服务功能的金融企业。在各种类型的金融机构中，商业银行是历史最悠久、业务范围最广泛、对社会经济生活影响最大的金融机构。

一、西方商业银行的产生与发展

（一）早期银行的出现

西方银行业的原始状态可以追溯到公元前的古巴比伦。人们公认的早期银行的萌芽，起源于文艺复兴时期的意大利。当时的意大利居于世界商业中心的地位，如威尼斯、热那亚等城市都是著名的国际贸易中心。随着国际贸易的发展，经常往来于各地的商人们为了避免长途携带大量货币而产生的麻烦和危险，开始把自己的货币交给专业的货币兑换商保存，并且委托他们为自己办理汇兑和支付，于是就出现了汇兑业务和存款业务。随着这些业务的不断增加，货币商们开始把汇兑业务中暂时闲置的资金贷放给社会上的资金需求者，于是就出现了贷款业务。当贷款业务成为主要的业务时，货币兑换业就转变为经营存、贷、汇业务的早期银行，当时意大利的主要银行有1171年设立的威尼斯银行和1407年设立的圣乔治银行等。从17世纪末开始，银行普及到了欧洲其他国家。如1609年成立的阿姆斯特丹银行，1619年成立的汉堡银行，1621年成立的纽伦堡银行等，都是欧洲早期著名的银行。英国在其金匠业的基础上也产生了早期的银行，但早期银行最大的特点就是具有高利贷性质。

（二）商业银行的产生与发展

17 世纪末，随着资本主义工业革命的兴起，早期银行已经不能满足工商企业发展所产生的信贷需求，而且过高的利率也影响了资本家的利润，不利于资本主义经济的发展。新兴的资产阶级迫切需要建立和发展符合他们需要的新型银行，于是，1694 年英国成立了世界上第一家股份制商业银行——英格兰银行。英格兰银行的成立，宣告了高利贷性质的银行业在社会信用领域中垄断地位的结束，标志着商业银行的产生。商业银行从其发展的历史来看，基本上经历了两种类型：一是以英国为代表的传统式的商业银行；二是以德国为代表的综合式商业银行。但是，商业银行发展到现在已经被赋予了更广泛、更深刻的内涵。特别是第二次世界大战以来，随着社会经济的不断发展，银行业竞争不断加剧，传统式商业银行的业务范围也在不断扩大，长期贷款和投资业务在银行资产中所占的比重不断上升，尤其是 20 世纪 70 年代以来，随着混业经营的发展，现在国际上这两种类型银行的界限已经逐渐消失，在大多数的国家，商业银行已经成为万能式的银行，从事着多种综合性的金融服务。

二、我国商业银行的产生与发展

与西方国家的银行相比，我国银行产生的时期比较晚。1845 年英国的丽如银行在我国开设了第一家外国银行，此后，英、美、法、俄、日、意等主要国家相继在我国开设银行。1895 年，中国在甲午战争中失败，由于要赔付巨额赔款，洋务运动出现了严重的资金短缺，于是，在清政府的支持下，盛宣怀于 1897 年在上海外滩采用股份制的方式成立了中国通商银行，它的成立标志着中国现代银行的产生。继通商银行成立之后，1904 年我国成立了户部银行（1908 年改为大清银行，1912 年又改为中国银行）；1907 年设立了交通银行。与此同时，一些民间的民族资本商业银行也开始设立。第一次世界大战后，随着民族工商业的发展，我国的银行业有了较快的发展。1912—1927年新设立了 186 家银行。至此，我国的银行业终于发展起来了。

1927 年以后的国民党执政时期，我国主要的商业银行除了国民党政府直接控制的中国银行、交通银行和中国农民银行外，规模比较大的还有人称"小四行"的中国通商银行、四明银行、中国实业银行和中国国货银行；"南三行"的浙江兴业银行、浙江实业银行和上海商业储蓄银行;"北四行"的盐业银行、金城银行、中南银行和大陆银行。

新中国成立后,在改革开放前相当长的时期中,我国的银行并不具备商业银行的特征和职能,在高度集中的计划管理体制下,银行仅仅是从属于计划和财政部门的会计和出纳,发挥的作用十分有限。这种状况一直延续到20世纪70年代末、80年代初。党的十一届三中全会后,我国金融体制开始了一系列重大和深刻的改革。改革开放以来我国商业银行的建立和发展主要是通过以下两条途径实现的。

(一)　四大国家专业银行向商业银行的转化与发展

我国工、农、中、建四大国有银行的改革与发展经历了四个阶段:1979—1993年的国家专业银行体系的形成与发展阶段;1994—2003年的商业化改革阶段;2004—2010年的股份制改革阶段;2011年至今的进一步深化改革阶段。经过不断的改革和发展,工、农、中、建4家银行的公司治理机制日益完善,业务结构调整步伐明显加快,中间业务的比重提高,资产质量明显改善,抗风险能力显著增强,信息披露和透明度制度建设取得显著进展,信息披露的数量和质量得到明显改善,国际竞争力和影响力不断增强。在客观评价国际竞争力的一级资本、总资产、税前利润、平均资本利润率和银行不良贷款率五个显性指标中的数据均在世界大银行中位列前茅。英国《银行家》杂志公布的上升速度最快的十大银行中,我国四大国有银行也榜上有名。尽管银行改革的成效显著,但四大国有银行在治理结构、风险管理和经营结构等方面还存在着诸多问题,还需进一步深化改革。

(二)　中小商业银行的发展

1987年,按照股份制的形式我国重新组建了交通银行,此后又陆续新建了中信实业银行、中国光大银行、招商银行、华夏银行、上海浦东发展银行、中国民生银行、海南发展银行和渤海银行等一批中小商业银行。这些银行建立伊始就借鉴国际通行的做法,按照商业银行的经营原则运作。由于这些银行实施的是新体制,没有历史包袱,经营比较灵活,因而发展相对较快。

1995年后,我国在对城市信用社进行整顿和改组的基础上建立了城市合作银行,1998年又改组为城市商业银行。城市商业银行的主要功能是为本地的经济发展融通资金，重点为城市的中小企业发展提供金融服务。近年来，城市商业银行发展很快，经营管理水平以及经济效益都在不断提高，抵御风险的能力不断增强，规模与实力不断扩大，许多银行已开始跨地域设立分支机构，并已成功上市。从2001年开始，农村信用社也拉开了改革的序幕，并在条件具备的地区组建农村商业银行。2010年12月，重庆农村商业银行在香港交易所挂牌上市，成为首家登陆资本市场的农村中小金融机构。

随着我国金融市场的对外开放，在中资商业银行发展的同时，1980年我国第一家外资银行在深圳正式开业。这以后，越来越多的外资银行进入我国，设立办事处，开设分行或建立合资及独资银行。截至2014年年底，外资银行在我国27个省份的69个城市设立机构，形成了具有一定覆盖面和市场深度的总行、分行和支行服务网络，营业网点达1 000家，其中约17.2%的机构网点位于我国东北和中西部地区，对提升当地金融覆盖面和金融服务均等化水平发挥了积极作用。

经过30多年的改革，我国银行体系发生了重大变化，目前已经形成以大型商业银行为主导的多种类型银行业金融机构有序竞争、共同发展，协同为国民经济提供多层次、多方面金融服务的银行体系。

案例一　商业银行的组织结构分业与混业之路 ——"平深恋"

一、案例背景

商业银行的组织形式有单一制、总分行制和持股公司制等不同类型，从业务结构上看主要有全能型银行和职能分工型银行两类，从金融体制上看，可以分为混业经营和分业经营两大类。世界上很多国家的金融体制都经历了从混业到分业又到混业经营的过程，其中比较典型的是美国。美国1933年大危机前实行的是混业经营的金融体制，也因此造成了大量银行在危机中破产，因此，危机之后通过的《格拉斯－斯蒂格尔法》开始实施分业经营。经过半个多世纪，在各国金融法规比较健全、商业银行经营较为规范的前提下，发达国家的法律放松了对商业银行的监管，相继扩大了商业银行的业务范围，不仅允许商业银行经营投资银行的业务，还允许其开办信托、保险、租赁、保管和代理咨询等多种业务，银行金融服务的职能不断扩大。一些原本实行分业经营的国家的银行业现在已出现明显的综合化特征，尤其表现在传统商业银行业务与证券业务的结合上，美国的金融产业在国际市场的竞争压力下，1999 年通过了《金融服务业现代化法案》，银行业告别了半个多世纪的分业经营，回归混业经营。混业经营能够提高金融产业资源配置，提高资本流动性和效率，优化运营模式，同时具有规模效应，有助于金融业各领域之间发挥协同作用，有利于金融创新。例如，美国的花旗集团曾在全球掀起银行和保险合作的并购浪潮，通过两者的合并，为顾客提供混业模式下的一站式金融服务，从而实现交叉销售带来的经营协同效应。

我国 1993 年以前是金融混业经营，之后逐步构建了金融分业经营、分业管理的制度，特别是 2003 年银监会从人民银行中分离出来，形成了银行、证券、保险分业经营、分业监管的格局。近年来，随着我国经济总量的攀升、金融体制改革的深化和商业银行影响的不断扩大，我国商业银行综合化经营即混业经营的主要模式在我国商业银行中早已露出端倪。具体来说，在我国商业银行内部，探索混业经营之路早已成为业界热点，许多商业银行在从分业经营到混业经营的道路上已经迈出了跨越性的步伐，从银证通、银基通和银保通等战略联盟模式，到以银行为主体的金融控股公司模式（如中银国际控股中银香港、工商东亚金融控股 – 工银国际等），许多商业银行试点开设基金公司和保险公司，开办租赁信托业务等，相继拿到了证券、保险、信托和基金的"牌照"。其中，在从分业经营到混业经营的道路上，以集团公司为主体的金融控股公司模式如中信、光大、平安、招商和广发等银行控股公司的发展最令人瞩目，大多学者认为这将是我国银行业发展混业经营的主要模式。因此，本案例选取最轰动一时的"平深恋"事件，分析说明平安集团是如何成为集保险、证券、银行三大业务于一身的金融帝国的。

（一）平安集团的主要发展历程

1988 年 5 月 27 日，作为中国第一家股份制保险公司，平安保险公司在改革开放的前沿——深圳蛇口诞生。平安保险公司成立后的第一个五年，在摸爬滚打中学习如何经营保险业务，探索保险业务快速发展的道路；第二个五年，公司进入个人寿险领域；第三个五年，公司建立起综合金融的模式，在信托、证券等金融业务初具规模的基础上，建设一个既符合国际标准又适应国情的综合金融集团控股架构与模式；第四个五年，公司初步形成了"保险、银行、资产管理"三大支柱的业务发展架构；第五个五年，中国平安顺利完成了对原深圳发展银行的收购及与平安银行的整合，掀开综合金融实践的崭新篇章。

（二）"平深恋"的"情感"历程

中国平安保险（集团）股份有限公司是中国第一家以保险为业务核心，融证券、信托、银行、资产管理和企业年金等多元金融业务为一体的综合金融服务集团。深圳发展银行股份有限公司是中国第一家面向社会公众公开发行股票并上市的商业银行，于 1987 年 5 月 10 日以自由认购的形式首次向社会公开发售人民币普通股，并于 1987 年 12 月 22 日正式宣告成立。

1. "情感"历程之相识篇

2002 年，国务院批准中信集团、光大集团和平安集团为三家综合金融控股集团试点，平安集团明确了"集团控股、分业经营、分业监管、整体上市"的金融控股的架构。此后，平安集团老总马明哲及其团队坚定了平安集团综合金融战略目标的信心，即使是在金融危机爆发后综合金融模式饱受质疑的 2008 年，依旧初衷不改。2003 年 12 月，平安集团联手汇丰银行收购福建亚洲银行，2004 年完成收购，福建亚洲银行更名为"平安银行"，此时平安集团的金控架构才得以完善。当时的平安银行局限于福建，平安希望能与保险客户产生协同效应的信用卡业务受到限制。此后几年，马明哲不断试探着对珠海商业银行、广州银行及广东发展银行等银行的收购。2006 年，得益于深圳当地资源，平安集团成功收购第一家城市商业银行——深圳市商业银行。

2004 年 12 月，新桥投资以每股 3.54 元受让深发展 17.89% 的股权成为第一大股东。新桥作为战略投资者，以获取高额溢价回报为目的，不可能长期持有深发展的股票。早在 2008 年 7 月就有报道称，新桥已经启动退出计划，平安集团也有意接替，因此新桥投资退出计划酝酿已久。截至 2009 年 6 月，中国平安集团持有深发展 4.68% 的股权。两次收购，让平安集团的银行板块稍有起色，但银行业务仍旧是平安集团的短板。在平安集团的资产结构中，

一直是保险一股独大，银行板块一直处于劣势，资产规模仅占 1/4。截至
2009 年年末，原平安银行总资产仅为 2 200 亿元，属于地方性银行，缺乏在
全国的网点布局，这就无法满足集团追求的综合金融的要求。

2. "情感"历程之相知篇

早在 2008 年 8 月 21 日召开的深发展半年业绩发布会上，深发展董事长兼
首席执行官纽曼就向平安银行伸出橄榄枝，表示如果平安银行来投资我们，
我们会成为一个比其他银行更好的投资对象。平安银行作为深发展的中小股
东，对深发展银行的公司治理、经营状况等有直接和深入的了解，虑及深发
展作为全国股份制银行这块具有相当含金量的牌照，中国平安收购深发展的
意愿非常强烈。"保险、银行、投资"三驾马车并驾齐驱是中国平安综合金融
战略的梦想，但按照 2009 年中国平安集团的年报，银行业营业收入在中国平
安集团中的比重仅为 2.9%，银行业净利润在中国平安集团中的比重约为
7.45%，银行板块明显偏弱，急需补强，而收购是扩大规模最快捷的方式。
加之平安银行收购同城（深圳）的银行深发展，风险可控性更强。收购双方
知根知底，收购后的整合将更顺利，实现 1 + 1 > 2 的效应更容易。一旦此项
交易成功，对平安集团金融业的综合经营来说将是向前迈出了一大步；对深
发展来说，选择合并是从内涵式增长到外延式增长的必然选择。深发展银行
是我国第一家股份制银行，引进新桥投资作为战略投资者后，在业务创新、
风险管理及流程改革方面取得了显著成效，不良贷款率急剧下降，资本充足
率从 2% 提高到 8% 以上。可以说，新桥投资为深发展带来的是内涵式增长。
除此之外，深发展的增长最迫切的是扩大业务规模的外延式增长，因此资本
就成为其最重要和迫切的需求。对于深发展来说，引入平安集团的资金，能
够获得长期稳定的资本，提升资本实力和资本充足率，增强核心竞争力，并
可借助平安集团的交叉销售和网点布局获得"混业经营"的比较优势。从以
上分析可以看出，"平深恋"是一种双赢选择。

3. "情感"历程之相恋篇

2009 年 6 月 12 日，平安集团宣布接受新桥集团所持深发展的股权，并由
其旗下平安寿险认购深发展定向增发的股份，两项交易金额合计达 230 亿元，
与深发展达成《股份认购办议》和《股份购买协议》。2009 年 6 月 30 日，平

安集团发出公告，筹划平安银行与深发展的资产重组。两行合并完成后，原平安银行全部资产、负债、证照、许可、业务以及人员均由深发展依法承继，附着于其资产上的全部权利和义务也由深发展依法享有和承担。

4．"情感"历程之大婚篇

2012 年 8 月 2 日，昔日深市 A 股银行第一股"000001 深发展"正式退出深市，由"平安银行000001"接棒，续写 A 股传奇。这一变故源于 7 月 26 日深发展总行完成营业执照变更，正式更名为平安银行。同时，"深发展"股票简称自 2012 年 8 月 2 日起变更为"平安银行"，证券代码000001不变。"婚后"的深发展表示："顺利完成整合使银行尽快步入正常发展轨道符合每一个股东的根本利益，我行非常重视小股东问题，我行的控股股东中国平安也承诺将协助解决这个问题，我们会兼顾平安银行和深发展小股东的利益，寻求平衡点，满足多方要求，我们对解决该问题充满信心。""平深恋"修成正果后，新银行将拥有 27 个分行，覆盖到中国平安约 80% 的客户群，资产规模会进一步扩大。未来更有实际意义的是，合并后的银行将依托中国平安强大的资源优势，结合深发展原有的全国性布局，拥有包括约 7 000 万个人客户和200 万公司客户。平安集团并购深发展后，银行板块资产占到 57%，利润贡献也接近 30%。"平深恋"在平安与深发展双双停牌了两个月后，终于在2010 年 9 月 2 日敲定了举行"大婚"的日子，并复牌上市。至此，平安集团拥有了保险、银行、证券、信托、基金等全金融牌照，成为国内金融业"牌

照"最齐全的集团。随着"平深恋"的顺利收官,平安集团综合金融帝国成形。

5. "情感"历程之"婚后"篇

从平安集团自身的数据上也可以看出,2009 年平安集团的总资产仅为 9 357.12 亿元,2012 年 6 月底已经达到了 2.6 万亿元。合并后的平安银行确定了发展方向:为客户提供一揽子金融服务。"就像一个金融超市,里面什么都有。"从长远来看,随着经济发展和个人财富增加,消费者已不再满足单一形态的金融服务,而潜在的综合性理财需求、不同金融产品之间的互为代理和交叉销售必定是一个大趋势。平安银行将这种模式定义为"一个客户、一个账户、多个产品、一站式服务",力求改变当前客户办理存贷款要到银行,买保险要找保险公司,买股票要到证券公司,买基金要找基金公司的现状。

对于平安集团而言,这种模式的核心是增强各板块之间的协同效应。平安集团目前有 7 000 万零售客户,200 万中小企业客户,还有 50 多万的销售大军,这种优势不是单个保险公司或是银行机构能比拟的。有个例子,在深发展时代,信用卡销售采用的是直销方式,每张卡的佣金是 200 元,但激活率仅有 20%,算下来,每张激活卡的成本是 1 000 元。现在新平安银行利用集团的寿险和电销推销信用卡,每张卡的成本是 40 元,激活率是 40%,激活卡的成本降至 100 元。借助集团的资源,目前平安银行的发卡量和业务量增长迅猛,通过交叉销售实现的发卡量占比达到 40%~50%,2012 年一季度末发卡总量达到 964 万张。在其他业务方面,2011 年,平安产险和车险保费收入的 51% 来自交叉销售和电话销售,平安银行新发行的信用卡中有 42.9% 来自交叉销售渠道,新增零售存款中有 34.8% 来自交叉销售渠道;交叉销售对信托业务和平安银行新增公司日均存款贡献度亦有显著提升,分别达到 14.1% 和 21.1%。2011 年,平安信托计划的 9.4%、平安银行新增零售存款中的 42.9% 和平安大华首只基金募集资金的 63.3% 均来自于交叉销售。

深发展与平安银行的正式合并,使得银行板块顺利成为平安金融控股家族中的核心平台,使一直以来"大保险,小银行"的业务格局得到改善。深发展与保险公司合作经营的方式,能够解决资本金不足等诸多问题,是银行发展新模式的重要探索。除了资本金的补充、业务模式的转变之外,深发展在客户市场方面也将受益匪浅。深发展在中小企业融资方面具有明显优势，供应链金融也有独到之处，但其零售银行业务则先天不足。依靠平安集团的客户资源和综合金融服务，未来的深发展将能够提供更全面的一站式服务，具有非常大的发展潜力。一方面可以通过深发展的网络促进保险销售，另一方面通过参股、重组置换整合平安集团旗下的平安银行与深发展，从而有助于金融业创造出更丰富的产品、获得更广泛的客户基础、赢取交叉销售的机会、发挥银行与保险的协同效应。

二、案例分析

20 世纪 90 年代之前，我国的金融体制一直是混业经营的状态，1992 年下半年开始出现了金融秩序混乱、金融市场失控的局面。对此，国务院在 1993 年颁布了《关于金融体制改革的决定》，明确对银行业、证券业和保险业实行"分业经营、分业管理"的原则，到 2003 年银监会成立时，金融业分业经营、分业监管最终得以完善。

从"平深恋"的案例中我们可以看到，在现行的监管格局下，平安集团旗下子公司按业务性质分别接受银监会、证监会和保监会的监管，平安集团依据主要业务性质归属保监会监管。从商业的角度而言，"平深恋"的圆满结局是双赢的选择：平安集团借此实现了获得一个全国范围经营的银行的目标，并购完成后，平安集团将是国内保险业第一个拥有全国性银行控股权的公司，平安集团在拥有自己的资金结算体系、通过银行的平台交叉销售保险及其他理财产品等两个方面的优势也将渐显；深发展通过换股的方式实现了分享保险业丰厚利润的机会。平安集团可凭借丰富的个人客户资源和管理银行的初步经验，助力深发展开拓其零售银行业务。

尽管平安集团与深发展综合经营可能会带来可观的收益，但未来双方还需要面对不少棘手难题，尤其是如何进行有效的风险控制，更好地对深发展进行管理，还值得进一步观察和思考。特别值得关注的是，中国金融业分业监管却存在混业经营的局面是亟须研究的一个问题。由于分业监管，目前金融业务交叉之处存在一些监管空白点，需要有一项专门监管金融控股公司的制度，对基本的管理做出规范，制定相应的监管体系标准，应该预先研究怎样的监管框架更合适。如今，综合化经营再次成为大势所趋，已经对当前的监管模式提出了挑战。一方面，金融机构对混业经营有着相当强烈的内在需求，银行、证券、保险等金融业务之间的依存关系越来越强，不仅以中信集团、光大集团和平安集团为代表的金融控股集团已渐成气候，各国有大行和资产管理公司也日益全牌照化，业务交叉的真空地带亟须更明晰的监管框架；另一方面，金融监管却一再强调专业分工，监管职能一再被拆分，显然已经不符合当前金融体制的发展需求，因此，建立起"一行三会"的协调监管机制迫在眉睫。

案例二　中、美银行业体系比较

当今的全球金融可以说是"美国一马当先，中国一枝独秀"。中国银行业近十年的发展势头喜人，规模已能与华尔街巨人比肩，创造的利润甚至还远超过他们。尽管美国银行业的发展模式并非完全适合中国，但不可否认，中国的银行在体制、管理、产品和人才等方面仍然需要向美国同行学习。与此同时，中国的银行必将陆续踏上国际舞台，中美银行业在国际市场上展开角逐不可避免，在中美银行体系比较中了解美国银行业，有利于中国银行业的国际化竞争。

一、中国银行体系概述

中国银行体系由中央银行、监管机构、自律组织和银行业金融机构组成。中国人民银行是中央银行，在国务院的领导下，负责制定和执行货币政策，防范和化解金融风险，维护金融稳定。中国银行业监督管理委员会（简称银监会），负责对全国银行业金融机构及其业务活动实施监管。当前，中国银行业的金融机构包括政策性银行（国家开发银行、中国进出口银行、中国农业发展银行）、大型商业银行（中国工商银行、中国银行、中国农业银行、中国建设银行、交通银行）、中小商业银行、农村金融机构，以及中国邮政储蓄银行和外资银行。银监会监管的非银行金融机构包括金融资产管理公司、信托公司、企业集团财务公司、金融租赁公司、汽车金融公司和货币经纪公司。

截至 2014 年年底，中国银行业金融机构包括 3 家政策性银行、5 家大型商业银行、12 家股份制商业银行、133 家城市商业银行、665 家农村商业银行、89 家农村合作银行、1 596 家农村信用社、1 家邮政储蓄银行、4 家金融资产管理公司、41 家外资法人金融机构、5 家货币经纪公司、18 家汽车金融公司、6 家消费金融公司、1 153 家村镇银行、14 家贷款公司以及 49 家农村资金互助社（见图 1-1）。2014 年，5 家民营银行获批筹建，其中 1 家开业，1 家信托业保障基金公司设立。截至 2014 年年底，我国银行业金融机构共有法人机构 4 091 家，从业人员 376 万人。

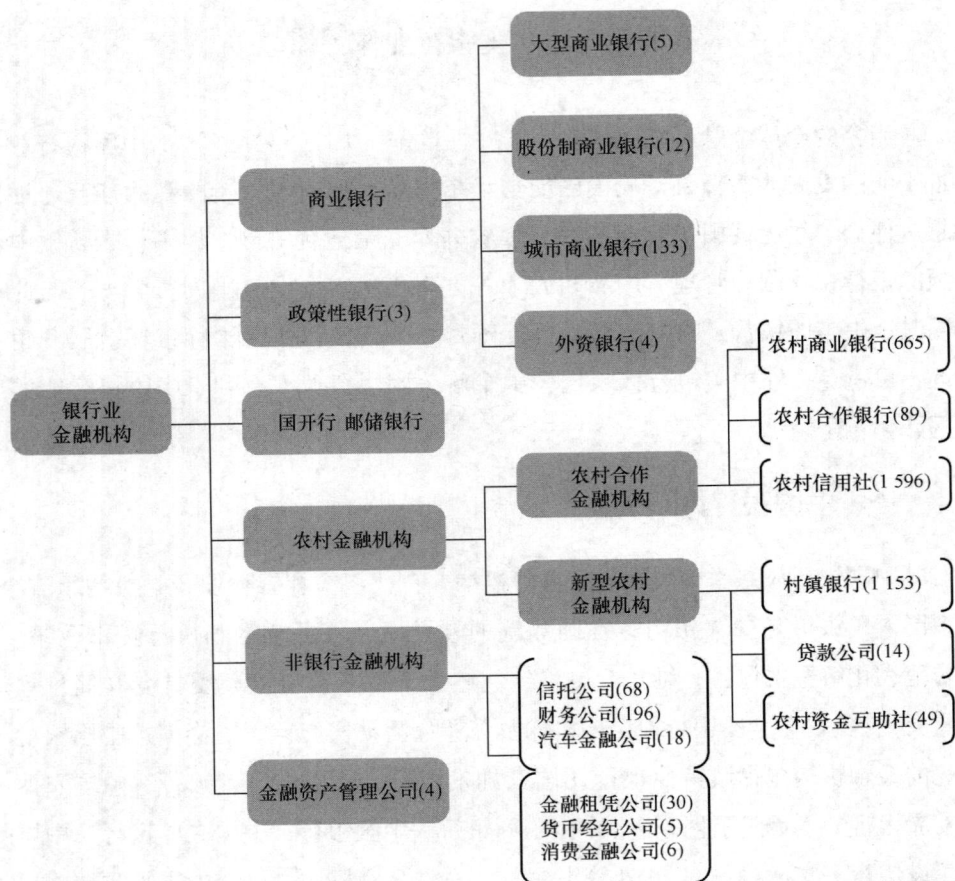

图 1-1　中国银行业金融机构体系

资料来源：中国银行业监督管理委员会 2014 年年报。

2003—2014 年中国银行业金融机构资产占比如图 1-2 所示。

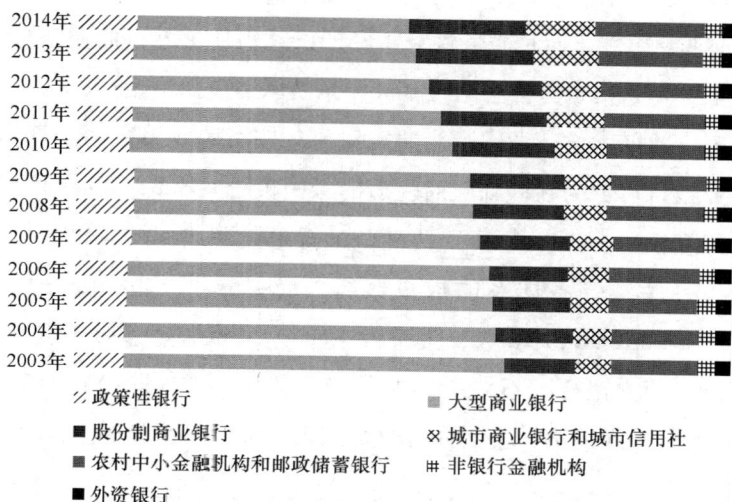

图 1-2　中国银行业金融机构资产占比

资料来源：中国银行业监督管理委员会 2014 年年报。

二、美国银行体系概述

美国银行体系自 1782 年美国第一家银行——北美银行（Bank of North America）成立以来经过了长达 200 多年的发展，目前已形成了一个以商业银行为主，包括储蓄机构（S&L）、信贷联盟（Credit Union）和政府专业性银行在内的银行体系。美国的商业银行体系形成了其独特的形式，主要有以下两方面的特点。

（一）双轨银行制度下多类型的银行业机构

总体而言，美国银行体系分为三大类型：商业银行（Commercial bank）、储蓄信贷协会（Savings and Loan associations，S&L）和信贷联盟（Credit Union）。其中，储蓄信贷协会（S&L），是在政府支持和监管下专门从事储蓄业务和住房抵押贷款的非银行金融机构，最初为鼓励家庭储蓄、购买住房而筹办，通常采用互助合作制或股份制的组织形式。美国的信贷联盟（Credit Union）是非营利性、合作的金融机构，由其成员所拥有并经营，以服务为目的，实行民主控制管理的信贷联盟，为其成员提供可以安全存款和能以合理利率借款的地方。绝大多数信贷联盟组织起来服务于一个特定的社区、一组或几组雇员、某一组织或社团的成员。各个信贷联盟由其成员所选举出的理事会管理，联盟的宗旨既非营利性亦非慈善性，而是服务性。从资产份额占比上看，商业银行资产占比在84%左右，储蓄信贷协会占比约10%，信贷联盟占比不足6%。

以规模占比最大的商业银行为研究对象，按对商业银行的监管体制划分，美国的商业银行可分为在联邦政府注册的国民银行（National bank）和在州政府注册的州立银行（State bank）两种，这就是美国独特的双轨银行制度。国民银行必须是联邦储备体系的成员银行，受财政部货币监理署（Office of Comptroller of Currency，OCC）、美联储（Fed）和联邦存款保险公司（FDIC）的监督管理，州立银行则不一定参加联储及联邦存款保险公司。美国银行业机构体系如图1-3所示，美国银行业金融机构资产占比如图1-4所示。

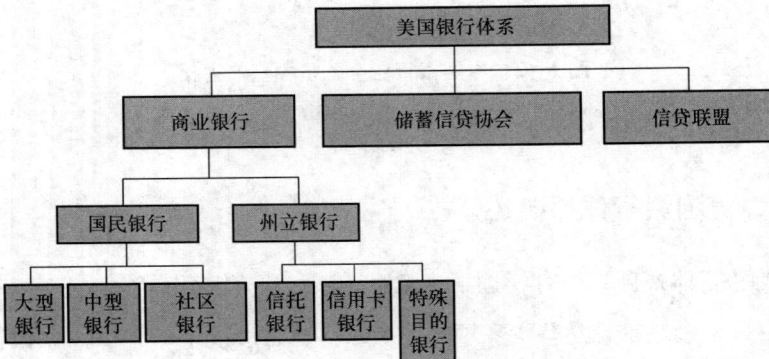

图 1-3　美国银行业机构体系图

注：商业银行、储蓄信贷协会、国民银行及其下辖的三种类型的银行归美国货币监理署（OCC）监管；信贷联盟（Credit Unions）监管机构是国家信贷委员会（National Credit Union Administration）；州立银行（State Banks）由州监管机构管理，同时受美国联邦储蓄保险公司（Federal Deposit Insurance Corporation）或美联储（Federal Reserve System）的管理。

（二）单一银行制度下多数量的银行业机构

单一银行制度是20世纪30年代世界性经济危机后在美国实行的，其目的是为了保证银行经营的安全性。单一银行制度的内容是不允许银行跨州设立分支机构，同时商业银行也不能经营投资银行业务。因此，美国商业银行

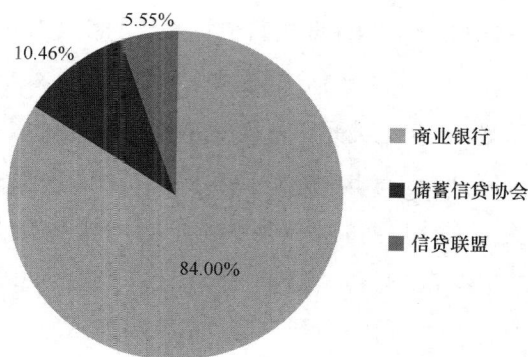

图1-4 美国银行业金融机构资产占比

资料来源：Source：Barth J R, Caprio G, Levine R., Bank Regulation in the United States, CESifo Economic Studies.

的经营无论是在地域范围还是业务范围上都受到很大限制。20世纪80年代以来，金融自由化的浪潮波及全球，美国的单一银行制度也受到了很大冲击，商业银行纷纷要求放松这方面的限制以适应日趋激烈的竞争，有关法律已有所松动，美国商业银行经营的自由度逐步扩大，并出现了兼并收购浪潮。虽然单一银行制废除后兼并收购浪潮下美国商业银行的数量不断减少，但长期以来，美国的商业银行总数一直保持1万家左右的数量。其中，国民银行占50%左右，国民银行中有许多是实力雄厚的大银行，如花旗银行（City Bank）、大通银行（Chase Manhattan Bank）和美洲银行（Bank of American）等，这些银行也是美国主要的国际性大银行。据市场研究公司SNL Financial提供的数据，美国银行系统诞生了五大银行，它们控制的资产占到行业总量的44%。截至2015年9月30日，这些银行——摩根大通、美银、富国、花旗以及美国合众银行，总计控制着6.8万亿美元的资产。

三、中美商业银行划分标准的比较

（一）美国监管部门及主要法规对商业银行的划分

1. 美国货币监理署

为了监管方便，美国货币监理署（OCC）将国家银行（National bank）划分为大银行（Large bank）、中等规模银行（Midsize bank）和社区银行（Community bank）1994—2011 年美国商业银行机构数量的变化如图 1-5 所示。大银行、中等规模银行和社区银行划分的主要依据是银行资产的规模。其中，社区银行资产规模不超过 10 亿美元，可能包括特定目的的银行，例如，Trust banks 和 Community development banks，在特定社区范围内提供针对客户的个性化金融服务，与客户保持长期的业务联系。而资产规模超过 10 亿美元被视为规模较大银行[1]，中型银行资产规模一般大于 10 亿美元而小于 250 亿美元[2]。截至 2014 年年末的美国国家银行概况如表 1-1 所示。

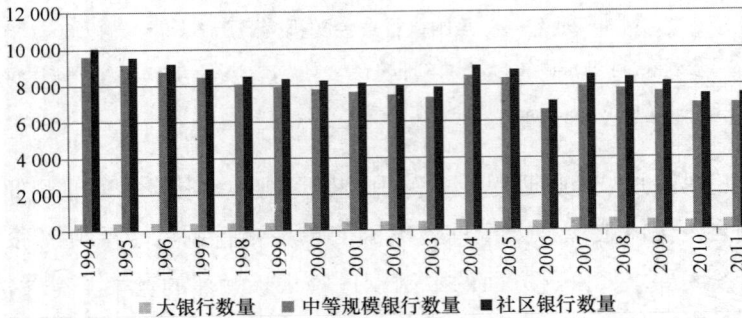

图 1-5   1994—2011 年美国商业银行机构数量变化

资料来源：美国 FDIC 网站数据。

表 1-1   美国国家银行概况

国家银行机构种类	数量（家）
所有被 OCC 监管的机构数量	2 036
其中：大型银行（Large banks）	45
中型银行（Midsize banks）	51
社区银行（Community banks）	1 303
联邦储贷协会（Federal savings associations）	637
所有被 OCC 监管的机构资产总额	9.6 万亿美元

资料来源：OCC2012 年年报，数据截至 2014 年 12 月 31 日。

---

[1] OCC（Comptroller's Handbook），"Bank Supervision Process Comptroller's Handbook"，"Large Bank Supervision Comptroller's Handbook"，"Community Bank Supervision Comptroller's Handbook"．

[2] OCC，"Guide to the National Banking System"，April，2008.

2. 美国联邦保险公司

美国联邦保险公司 FDIC 在对被保险机构进行以风险为基础的保费比例测算时，对不同规模机构的划分标准如下①：

（1）小机构（small institutions）：截至 2006 年 12 月 31 日，资产金额小于 100 亿美元（10 billion）的被存款保险机构；在 2006 年 12 月 31 日之后，原本的大机构如连续 4 个季度资产小于 100 亿美元，则从下个季度起也被确认为小机构。

（2）大机构（large institutions）：截至 2006 年 12 月 31 日，资产余额大于 100 亿美元的被存款保险机构（除被保险的外国银行分支机构和高度复杂机构）；原本的小机构如连续 4 个季度资产大于 100 亿美元，则从下个季度起也被确认为大机构。

（3）高度复杂机构（highly complex institutions）包括以下两类：

第一类，被保险的存款机构（除信用卡银行②以外）：持续 4 个季度资产总额不低于 500 亿美元（50 billion），且被连续 4 个季度资产总额不低于5 000亿美元（500 billion）的美国控股母公司所控制，或者被一个或几个中等的美国母公司所控制，而这些中等的美国母公司又被连续 4 年资产总额不低于 5 000 亿美元的控股公司所控制。

第二类，过程银行或信用公司（processing bank or trust company）：这类机构其最后 3 年非借贷利息收入、信托收入和投资银行手续费收入的总和超过了总收入的 50%（且其最后 3 年的信托收入非 0），而且其信托资产总额在 5 000亿美元以上，至少连续 4 个季度总资产额均在 100 亿美元以上。

此外，FDIC 的一些研究文章中还有另外一种划分方法：大的复杂机构（large, complex banking organizations）指定为资产规模排名前 25 位的机构；社区银行（community banks）是指资产规模小于 10 亿美元的机构；中等规模银行则处在资产规模大于 10 亿美元和前 25 位大银行机构之间，当前资产大

---

① Federal Deposit Insurance Corporation, "Assessments, Large Bank Pricing", 12 CFR Part 327, RIN 3064 - AD66.

② 信用卡银行是指银行其信用卡营收账款加上证券化的应收账款超过了总资产的 50% 与证券化应收账款的和。

约为 420 亿美元①。

3. 社区再投资法案

2005 年 9 月，监管机构通过精简贷款评估项目和免除数据报告制度减轻了资产 10 亿美元以下银行的监管负担。另外，将资产规模在 2.5 亿美元和 10 亿美元之间的小银行定义为"中等小银行（intermediate small banks）"，并且每年根据 CPI 调整定义小银行（small banks）和中等小银行（intermediate small banks）的资产标准。此消费物价指数为"城市工薪人员和办事处的消费者价格指数（Consumer Price Index for Urban Wage Earners and Clerical Workers，CPIW）"，并在每年 11 月公布，调整周期是 12 个月。以最近一期经调整后的界定标准为例，2012 年 1 月 1 日起，银行或储贷协会（savings associations）只要前两年中有一年 12 月 31 日的资产总额小于 11.6 亿美元（$1.160 billion），即被界定为"小银行"或"小储贷协会"，其中前两年中只要有一年 12 月 31 日的资产总额大于 2.9 亿美元（$290 million）、小于 11.6 亿美元（$1.160 billion）的"小银行"或"小储贷协会"就被界定为"中等小银行"或"中等小储贷协会"②。

4. 美联储对大小银行控股公司的界定③

2006 年 3 月，美联储修订了对小银行控股公司的界定范围，资产总额的门槛由 1.5 亿美元（150 million）提升为 5 亿美元（500 million），这一调整的量化标准反映了 1980 年以来通货膨胀、行业合并及资产规模的增长。

小银行控股公司：形式上合并资产总额小于 5 亿美元，并且需满足三个条件：①不直接且不通过非银行附属机构，从事重大的非银行类活动；②不直接且不通过非银行附属机构，从事重大的表外活动（包括证券化、资产管理类业务）；③未在 SEC（Securities and Exchange Commission）注册登记的、大量的未偿付的债券和股权证券（非托管的优先证券 trust preferred securities）。

---

① George Hanc，"The Future of Banking in America: Summary and Conclusions"，FDIC BANKING REVIEW，Vol. 16，NO. 1，2004.

② Office of the Comptroller of the Currency，"Rules and Regulations"，Federal Register 79529，Vol. 76，No. 246，2011.

③ 信息来源的联邦法规编号：12 CFR 225 Y.

　　大银行控股公司：包括合并资产总额在 5 亿美元以上的任何一家银行控股公司；同时包括虽然资产总额小于 5 亿美元，但是满足其中一个条件的即视为大银行控股公司：①不直接且不通过非银行附属机构，从事重大的非银行类活动；②不直接且不通过非银行附属机构，从事重大的表外活动（包括证券化、资产管理类业务）；③未在 SEC（Securities and Exchange Commission）注册登记的、大量的未偿付的债券和股权证券（非托管的优先证券 trust preferred securities）。

　　5. 监管弹性法案（Regulatory Flexibility Act）对小银行机构的界定

　　美国小企业协会（Small Business Administration）发布了 Regulatory Flexibility Act（13 CFR 121.201.），要求一项政策出台时相关部门要组织公众研讨，分析这一政策对小机构的影响。而在此提到的小机构包括资产规模小于 1.75 亿美元的商业银行或银行控股公司。截至 2010 年 6 月 30 日，基本符合这项标准的小银行控股公司（small bank holding companies）有 2 561 家，小国家银行（small national banks）690 家，小的州会员银行（small state member banks）400 家，小的州非会员银行（small state nonmember banks）2 706 家。

（二）中国监管当局对商业银行类型的界定

1. 银行业监督管理委员会

　　作为中国银行业最主要的监管机构——中国银行业监督管理委员会（简称"银监会"）对大型、中小型商业银行的明确归类如表 1 – 2 所示。

表 1 – 2　银监会对大型、中小型商业银行的界定

银行类型	银 行
商业银行	包括大型商业银行、股份制商业银行、城市商业银行、农村商业银行、外资银行
大型商业银行	包括中国工商银行、中国农业银行、中国银行、中国建设银行、交通银行
中小型商业银行	包括股份制商业银行、城市商业银行

资料来源：银行业监督管理委员会 2014 年年报（附录 6）。

2. 中国人民银行

　　自 2010 年 1 月起，中国人民银行按照国际货币基金组织（货币与金融统

计手册）的概念、定义和分类，以中国境内各金融机构的本、外币业务统计数据为基础编制货币统计报表。这份报表中对中资大、中、小型商业银行的界定范围如下[①]：

大型银行是指本、外币资产总量超过 2 万亿元的中资银行（以 2008 年年末各金融机构本、外币资产总额为参考标准）。包括中国工商银行、中国建设银行、中国农业银行、中国银行、国家开发银行、交通银行和中国邮政储蓄银行。

中型银行是指本、外币资产总量小于 2 万亿元且大于 3 000 亿元的中资银行（以 2008 年年末各金融机构本、外币资产总额为参考标准）。包括招商银行、中国农业发展银行、上海浦东发展银行、中信银行、兴业银行、中国民生银行、中国光大银行、华夏银行、中国进出口银行、广东发展银行、深圳发展银行、北京银行、上海银行和江苏银行。

小型银行是指本、外币资产总量小于 3 000 亿元的中资银行（以 2008 年年末各金融机构本、外币资产总额为参考标准）。包括恒丰银行、浙商银行、渤海银行、小型城市商业银行、农村商业银行、农村合作银行和村镇银行。

四、案例启示

通过上述对中美银行业体系的比较，进一步思考和比较中国与美国银行业的差距，主要表现在以下五个方面。

第一，数量差距。目前美国有银行 8 000 多家，专门为中小企业服务的中小银行占全部金融机构数量的比重高达 75%。而中国加上外资银行、信用社只有近百家，专门服务于中小企业的银行只有北京银行、浙商银行和民生银行等少数几家银行。美国 8 000 多家银行服务着 7 000 多万家企业，中国 183 家银行服务着 4 200 万家企业，这意味着中国的银行数量严重不足，发展空间巨大。

中国目前还没有过多的银行或过多的银行分支机构。以银行的覆盖程度而言（以每百万人口和每万平方公里拥有的银行分支机构衡量），中国尚不及

---

① 资料来源：中国人民银行 2010 年年报。

许多发达国家。在美国，每人拥有的银行分支机构选择是中国的 3.8 倍，并且，与法国相比，在中国一个人要行走法国人两倍的距离才能得到 1 家银行分支机构的服务。

第二，布局差距。美国的大银行、中小企业银行、社区银行和村镇银行分布于全国各地，它们能够及时、充分地了解当地中小企业的经营状况、项目状况和信用状况，有条件克服信息不对称，降低金融交易成本。而中国的银行除了传统的四大商业银行在全国各地有分支机构外，许多地方只有当地政府出资的商业银行和信用社，外资银行则主要集中在北京、上海等外资企业相对集中的几个城市。

第三，金融产品差距。仅以中小企业金融产品服务为例，美国中小企业管理局是美国目前最大的以中小企业为唯一支持对象的金融机构，其功能在于为中小企业提供直接贷款和信用担保，贷款品种有 20 多种，同时，其他商业银行的贷款种类也相当多。而中国还没有这样专门为中小企业提供金融服务的机构，银行的贷款品种主要集中在流动资金贷款方面，品种单一，大部分业务还是借鉴 20 世纪 60 年代至 80 年代美国商业银行的产品，市场化程度高、科技含量高的品种，如期货、期权、利率调换、消费贷款证券化和衍生金融产品交易在中国则刚刚开始。

第四，收入能力差距。中美银行业收入能力的差距主要源自分业监管以及资本市场发达程度的不同。1997 年，花旗集团与旅行者集团合并，从事实上打破了美国银行业的分业经营限制，1999 年，美国通过《金融现代化法案》正式打破了分业经营的限制；金融危机后，沃尔克法则的出台在一定程度上限制了银行业从事对冲基金等高风险业务，至此，美国银行业完成了从分业到混业再到有限混业的过程。而在这一过程中，美国银行业的非利息收入占比提升了近 10 个百分点，收入与总资产之比也提高到 5.5%。与之相对，国内银行业仍实施分业监管，这在一定程度上限制了银行资本市场业务的发展。当前，上市银行的非利息收入占比仅为 15%，收入与总资产之比为 2.5%。未来，随着中间业务的增长，我们预期上市银行非利息收入占比将提升到 30% 的水平，相应的，收入与总资产之比提高到 3%～4%。

第五，金融总量较小。目前，美国金融服务业的比重占国内 GDP 的

10%,而中国金融服务业的比重占国内 GDP 还不足 1%。占美国企业数量 98% 的中小企业之所以能够创造出 70% 的科技创新成果,美国的金融服务业 可谓功不可没。我国 GDP 增长速度在 7% 左右,金融领域的增长势必要跟上 GDP 的增速,以确保增长的稳定性。除了开设新的金融渠道之外,银行借贷 将依然是多数企业资金来源的主要方式。考虑到货币供应的效应,银行借贷 应至少保持 15% 的增长率,才能维持 7% 的 GDP 增长。由于中国人口是美国 人口的 4 倍,加上许多潜在的客户需求尚未被开发,中国银行体系需要数倍 的扩张才能服务于社会并支持经济发展。

参 考 文 献

[1] 庄毓敏. 商业银行业务与经营[M]. 北京:中国人民大学出版社,2014.

[2] 倪壁东. "平深恋"成就平安模式　试探中国金融混业经营[J]. 华南金融电脑,2010(9).

[3] 和讯网. 金融混业帝国[OL]. http://bank. hexun. com/2012 - 09 - 02/ 145392093. html.

[4] Barth J R, Caprio G, Levine R., Bank Regulation in the United States [J]. CESifo Economic Studies, 2013(9).

[5] 林强. 中美银行的较量:中美银行经验管理比较[M]. 成都:西南财经大学出版社,2011.

[6] 康书生. 银行制度比较与趋势研究[M]. 北京:中国金融出版社,2005.

[7] 王兴业. 商业银行公司治理机制的发展趋势研究[J]. 金融论坛,2006 (12).

第二章　商业银行资本管理

引　言

无论从商业银行自身管理还是从监管当局的角度看，商业银行资本管理都是商业银行经营管理的重要组成部分，这主要是因为资本对商业银行的经营管理具有非常重要的意义。从商业银行自身管理角度看，资本不仅是商业银行维持长期稳健经营必需的长期资金，而且是冲抵商业银行经营风险、减少损失的必要保障。而从监管当局层面来看，商业银行资本的多寡表明了其实力的大小和抵御风险的能力，有助于维护公众信心，防范银行危机。

商业银行的资本可以从会计资本、经济资本和监管资本等角度进行考察。

会计资本即所有者权益，也称为账面资本、产权资本或自有资金，从一般企业的角度讲，它指的是经济主体资产负债表中资产减去负债后剩余的部分。与一般企业不同的是，商业银行资本除所有者权益外，还包括一定比例的如呆账准备金、坏账准备之类的债务资本。目前，我国商业银行的资本主要由实收资本、资本公积、盈余公积、未分配利润、一般准备以及外币报表折算差额六部分组成。

经济资本是指商业银行的内部管理人员依据银行自身所承担风险的大小计算的、银行为弥补非预期损失而应该保有的最低资本，为此，商业银行的经济资本又被称为风险资本。

监管资本是指一个国家的监管部门为了保证银行经营的稳健审慎、维护公众信心和维持银行业稳定而要求商业银行必须持有的、弥补预期损失和非预期损失的最低资本，是监管部门实施资本监管的重要体现。虽然目前人们对资本监管尚存在质疑、批评和争议，但从20世纪80年代末开始，伴随着国际清算银行（BIS）的巴塞尔委员会 1988 年 7 月 15 日通过的《关于统一国际银行的资本计算和资本标准的报告》（简称《巴塞尔报告》或巴塞尔协议），商业银行资本充足率监管已经成为世界大多数国家和地区银行监管的核心，其基本思想是确保银行持有适量的资本，以弥补其业务经营过程中可能产生的风险损失。从 1988 年的巴塞尔协议算起，时至今日，国际清算银行巴塞尔委员会主要有四个有关银行资本的协议：1988 年 7 月的《关于统一国际银行的资本计算和资本标准的报告》，也称为巴塞尔协议 I（定义银行资本、规定风险权重、表外纳入监管，即设计转换系数、设定达标目标）；1996 年 1 月的《包括市场风险的资本协议修正案》（将市场风险纳入监管框架、引入了第三级资本，即短期次级债务的概念、同意具备条件的银行可以以内部模型为基础计算市场风险的资本金要求）；2004 年 6 月的《统一资本计量和资本标准的国际协议修订框架》，也被称为巴塞尔协议 II 或新资本协议（建立三大支柱、引入内部评级：初级内部评级和高级内部评级、纳入操作风险）；2010 年 12 月同时公布的《巴塞尔第三版协议：更具稳健性的银行和银行体系的全球监管框架》与《巴塞尔第三版协议：流动性风险计量、标准和监测的国际框架》，也被称为巴塞尔协议 III（改革监管治理架构、构建宏观审慎监管、提高资本监管标准、引入杠杆率和流动性监管）。

在这种背景下，我国从 20 世纪 90 年代初开始，同样加强了对商业银行的资本监管，并不断根据国际上商业银行资本监管的发展、我国商业银行自身经营以及宏观经济金融环境的变化对我国已有的资本监管框架进行动态调整，基本适应了国际商业银行资本监管的趋势。

一、《巴塞尔协议》的演进及对我国的影响

（一）巴塞尔协议的演进

1. 1988 年资本协议——巴塞尔协议 I

巴塞尔协议诞生于经济全球化和金融创新发展的初期。1974 年美国富兰克林国民银行（Franklin National Bank）与德国赫斯塔特银行（Herstatt Bank）的倒闭，促成了巴塞尔委员会的产生及 1975 年 9 月第一个协议的发布，这个

巴塞尔协议的雏形明确了母国和东道国监管当局的监管责任。1988 年 7 月，巴塞尔委员会公布了《统一国际银行资本计量和资本标准的协议》，即巴塞尔协议Ⅰ。巴塞尔协议Ⅰ包括资本的分类、风险权重的计算、标准比率以及实施中一级资本所占比率至少为 4%。巴塞尔协议Ⅰ的推出，确立了资本监管的基本安排等内容。资本监管方面，把总资本对风险资产总额的比率最低标准定为 8%，这一模式所体现的监管思想是：以资本约束风险，进而保持银行体系的稳健。协议发展至今，这个核心思想实际成为现代银行业监管乃至金融监管的基本规范。

2. 2004 年新资本协议——巴塞尔协议Ⅱ

巴塞尔协议Ⅱ的突破在于加入了操作风险和信息披露准则。此外，它还修改和扩展了巴塞尔协议Ⅰ关于信用风险加权的方法，允许银行采用内部模型来计量信用风险和操作风险。尽管巴塞尔协议Ⅱ比巴塞尔协议Ⅰ更加细致，但它仍然保留了巴塞尔协议Ⅰ的基本特征，甚至在简化的风险权重划分方面降低了标准，例如，把住房抵押贷款的风险权重由 50% 减少到 35%，把银行间融资风险权重由 30% 减少到 20%，加上前几年盛行的资产证券化，进一步加剧了监管资本的"套利"。表 2-1 描述了监管资本"套利"的简化过程：A 银行购买了一家 BBB 级公司发行的面值为 1 000 美元的债券，实际上是向这家公司提供了 1 000 美元的融资，风险权重为 100%，如果最低资本为 8%，则 A 银行的监管资本为 80 美元。A 银行随后向 B 银行购买了该债券的信用违约互换（CDS），实际上是卖空了该债券。由于 CDS 是银行间交易的产品，根据巴塞尔协议Ⅱ，风险权重为 20%，因此，A 银行的监管资本从 80 美元减少到 16 美元（80×20%）。与此同时，B 银行也没有为 CDS 承担 100% 的风险权重，因为它又向银行系统外的某家再保险公司转移了风险，此时，该债券的风险已经转移到银行系统外且巴塞尔协议Ⅱ已经不能实施资本监管了。B 银行的监管资本可以这样计算：CDS 的基差价格为 50 美元（即 500 基点），加上按照债券面值 1.5% 计算的额外资本；由于 CDS 属于表外资产，所以还要乘以 50% 的转换系数，最终的监管资本只有 2.6（8%×65×50%）美元。

表 2 - 1　监管资本套利

套利过程	A 银行 加权风险资产权重为100%; 8%的监管资本	A 银行	B 银行
A 银行购买面值1 000 美元的 BBB 级企业债券	80		
A 银行从 B 银行购买 BBB 级企业债券的 CDS		16	
B 银行向银行系统外的再保险公司发行债务			2.6
银行的监管资本	80	16	2.6

3. 巴塞尔协议Ⅲ

2007—2009 年金融危机爆发后，巴塞尔协议Ⅱ暴露出一些缺陷，例如，全球银行资本质量不佳导致抵御风险的可得性差、对系统性风险和顺周期效应未引起足够重视等问题。这些问题的暴露，体现为巴塞尔银行监理委员会（BCBS）监管的核心思想仍然是资本对风险的覆盖不能反映资本对风险真实性约束的要求。如果我们归纳巴塞尔协议的改进，集中体现在资本充足率模型的分子与分母计算，以及计算所涵盖的内容变化的话，比较于巴塞尔协议Ⅱ，这一次的问题主要不在于资本充足率计算模型的分母部分，而是在于计算模型的分子的质量方面。巴塞尔协议Ⅲ是对巴塞尔协议Ⅱ的完善而非替代，创新的重点体现在三个方面：①提高了单个银行的资本充足率和流动性标准；②对系统重要性的银行实施重点监管；③强化对系统性金融危机的防范，从而实现微观审慎监管与宏观审慎监管的结合。从时代意义上来说，巴塞尔协议Ⅲ应该是全球金融危机的直接产物，但是，从 1988 年资本协议所建立的监管核心思想的进化来说，这是一个必然过程。巴塞尔协议Ⅲ围绕"以资本约束风险，进而保持银行体系的稳健"这一监管核心思想，使资本风险覆盖更精细化：既强调单一风险也强调系统风险，以完成资本对风险时间长度的覆盖。

（二）巴塞尔协议对我国商业银行的影响

1. 减少派息和降低分红力度，主要融资手段由次级债融资转向股权融资

按照巴塞尔清算银行的研究，在过渡期间，一国银行业整体资本充足率每提高一个百分点，将导致该国 GDP 增速比基准水平低 0.32%，滞后影响期为 4 年半；在流动性监管方面，流动性指标的实施会导致 GDP 增速比基准水平低 0.08%。截至 2010 年 9 月末，我国银行业加权平均核心资本充足率为 9.5%，核心资本占总资本的比例超过 80%，加权平均资本充足率为 11.6%，较年初上升 0.3 个百分点。随着商业银行融资工作的有序完成，2011 年年底的核心资本充足率保持在 9% 以上，国内银行业的资本充足率水平高于国际同业平均水平。因此，在我国经济未发生较大变化、商业银行经营状况未有明显起伏的情况下，新资本协议对我国银行不会形成较大的冲击。但在新办议中，由于核心一级资本充足率进一步得到提高，这意味着普通股在监管资本中的地位越来越重要，因此，在融资方式上，商业银行将由侧重于发行次级债补充附属资本的方式向发行股票筹集核心资本的方式转变。同时，为了尽可能地降低融资成本，商业银行将会减少分红派息的额度，这将造成短期内股东回报水平的下降。

2. 降低经营杠杆系数，迫使我国商业银行从传统的信贷业务向多元化经营方式转变，扩大表外业务

根据新协议规定的核心一级资本的比例标准，在银行业全面实施该协议后，将使得经营杠杆倍数从理论上的 50 倍降低至 15 倍左右，因此，银行业的筹资和放贷能力明显下降，盈利能力或将受到一定影响。对于严重依赖利差收入的我国商业银行机构而言，将不得不寻求其他手段，以增强盈利能力，如更加重视表外业务等。与巴塞尔协议 II 强调如何计量风险资产不同，巴塞尔协议 III 则更加强调对资本尤其是核心资本的计量，诸多条款的核心要求便是增加资本、提高资本的充足率。对于商业银行来说，为了满足新协议的要求，就必须提高储备资金，以防范潜在风险，从而减少可动用的信贷资金数量。这对于我国粗放式增长的商业银行来讲，将被迫加快经营方式的转变，由过度依赖利差收益转向多元化经营，由粗放式发展向细分客户、细分产品、细分行业及细分区域的精细化经营方式转变，例如，在投放信贷资金时，重点考虑风险调整后的资本收益率（RAROC）等。

3. 提高我国银行业的经营稳定性

新协议不仅对资本充足率等指标的监管要求有所提高，还对流动性风险和"顺周期效应"等在巴塞尔协议 II 中尚未涉及的风险层面进行了探讨。所

有这些改进，都是朝着提高银行业经营稳定性的目标进行的。因此，我国商业银行通过巴塞尔协议Ⅲ，可以建立一整套更加合理的旨在强化自身风险管理的手段和措施，以提高风险抵御能力，同时可以对跨市场的风险积累进行合理监管，防范系统性风险爆发。

（三）我国商业银行资本监管的实践

为了顺应国际商业银行监管发展的潮流与趋势，我国银行监管当局从我国国情出发，积极进行资本监管方面的有益探索和制度安排。

1992年中国人民银行向国际社会做出承诺，将按照《巴塞尔协议》的规定监管和规范我国银行业的资本构成和资本数量，并于1994年年初发布了《关于资本成分和资产风险权数的暂行规定》，首次公布了资本充足率的测算标准，这意味着我国已经将资本充足率纳入银行监管内容中。

2003年银监会成立后，我国加快了商业银行资本监管制度建设的步伐。

2003年7月31日，在国际清算银行巴塞尔委员会《巴塞尔新协议》第三次征求意见稿征求意见的最后一天，时任中国银监会主席的刘明康致信巴塞尔银行监管委员会主席卡如纳先生，表示基于中国银行业国内和海外经营的性质和规模，至少在十国集团2006年实施新巴塞尔协议的几年后，中国仍继续执行1988年的老协议，但与此同时，大型银行将建立有效的、与新协议一致的内部评级体系，而小银行则尽可能多地引进信用风险管理的经验与实践，并在将来银行条件具备和条件容许的情况下，中国将考虑使用内部评级法实施资本监管，并会为激励银行改进风险管理提供相应的机制安排。

2004年2月23日，为加强对商业银行资本充足率的监管，促进商业银行安全、稳健运行，根据《中华人民共和国银行业监督管理法》《中华人民共和国商业银行法》和《中华人民共和国外资金融机构管理条例》等法律法规，银监会制定公布了《商业银行资本充足率管理办法》，自3月1日起施行。这项管理办法包括5章55条以及5个附件，除总则和附件外，主要对资本充足率的计算、检查监督以及信息披露做出了相应的规定，并要求商业银行最迟在2007年1月1日达到8%的最低资本要求。

2006年4月10日，前中国银监会主席刘明康在"中西银行业重组经验高层研讨会"开幕式发言中讲到，在执行新资本协议方面，银监会确立了"两步走"和"双轨制"的总体战略，并表示从 2010 年到 2012 年，将要求在海外有较多分行的中资银行实施新的巴塞尔协议。

2006 年 12 月，为了适应新的发展情况，银监会对《商业银行资本充足率管理办法》进行了修改，在基本符合 1988 年《巴塞尔资本协议》框架的基础上吸收了《巴塞尔新资本办议》有关监管和信息披露的规定。

2007 年 2 月，为稳步推进新资本协议在我国的实施，推动商业银行增强风险管理能力，提升资本监管的有效性，中国银监会发布了《中国银行业实施新资本协议指导意见》，明确了我国银行业实施新资本协议的目标、原则、范围、方法和时间表，目的在于通过实施新资本协议，借鉴先进的风险管理理念和方法，促进商业银行改进风险计量手段，健全风险管理组织体系，全面提升风险管理能力，尽快缩小与国际先进银行的差距，增强我国商业银行的国际竞争力；同时，完善商业银行资本监管制度，提高银行监管的有效性，促进银行体系稳健运行和可持续发展，这标志着我国正式进入按照《巴塞尔新资本协议》实施银行资本监管的时代。为保证新资本监管措施的顺利实施，《中国银行业实施新资本协议指导意见》确立了分类实施、分层推进和分步达标的基本原则。

2008—2010 年，为配合新资本监管措施的执行，银监会起草并发布了实施新资本协议的一系列包括信用内部评级法、市场风险内部模型法、操作风险资本计量方法、专业贷款、风险缓释、流动性风险、银行账户利率风险、资本充足率监管检查和资本充足率信息披露等在内的配套监管规章。

2009 年 10 月 18 日，为了加强商业银行资本管理，引导商业银行建立动态资本补充机制，提高资本质量，强化资本约束，促进商业银行科学、可持续发展，根据《中华人民共和国商业银行法》《商业银行资本充足率管理办法》《商业银行次级债券发行管理办法》等有关法律法规，银监会发布了《关于商业银行资本补充机制的通知》。

2011 年 4 月 27 日，基于 2010 年 12 月 16 日巴塞尔委员会发布《第三版巴塞尔协议》，并要求各成员经济体两年内完成相应监管法规的制定和修订工作，中国银监会为推动中国银行业实施国际新监管标准，增强银行体系稳健性和国内银行的国际竞争力，发布了关于《中国银行业实施新监管标准的指导意见》，构建了一套维护银行体系长期稳健运行的审慎监管制度及安排。

《中国银行业实施新监管标准的指导意见》从宏观审慎监管与微观审慎监管有机结合的角度出发，按照监管标准统一性和分类指导统筹兼顾的总体要求，明确了资本充足率、杠杆率、流动性及贷款损失准备监管标准，并根据不同机构的情况进行了差异化的过渡期安排。其中，在资本监管方面设定了三个层次的资本充足率监管标准：一是三个最低资本充足率的要求，即核心一级资本充足率、一级资本充足率和资本充足率分别不低于 5%，6% 和 8%；二是引入逆周期超额资本的要求，包括要求商业银行基于跨周期的风险参数计量资本，计提 2.5% 的留存超额资本，计提 0～2.5% 的逆周期超额资本；三是系统重要性银行的附加资本要求暂定为 1%。新标准实施后，正常条件下系统重要性银行和非系统重要性银行的资本充足率分别不低于 11.5% 和 10.5%。

2012 年 6 月，银监会在《中国银行业实施新监管标准的指导意见》的基础上，发布了适用于中华人民共和国境内商业银行的《商业银行资本管理办法（试行）》，被称为中国版巴塞尔协议Ⅲ。这项管理办法由 10 章、180 条和 17 个附件组成，对监管资本要求、资本充足率计算、资本定义、信用风险加权资产计量、市场风险加权资产计量、操作风险加权资产计量、商业银行内部资本充足评估程序、资本充足率监督检查和信息披露等做出了全面性的规范。这项管理办法拟于 2013 年 1 月 1 日开始实施，规定商业银行应在 2018 年年底之前达标，同时鼓励有条件的商业银行提前达标。这项管理办法主要体现了五个方面的要求：建立统一配套的资本充足率监管体系；严格明确资本定义；扩大资本覆盖风险范围；强调科学分类、差异监管；合理安排资本充足率达标过渡期。2015 年我国 16 家上市银行资本充足率的情况如表 2－2 所示。2014 年 4 月 3 日，为拓宽商业银行一级资本补充渠道，规范商业银行优先股发行，提升商业银行资本质量，保护利益相关方的合法权益，根据国务院《关于开展优先股试点的指导意见》、中国银监会《商业银行资本管理办法（试行）》、中国证监会《优先股试点管理办法》，中国银监会和中国证监会联合发布了《关于商业银行发行优先股补充一级资本的指导意见》。这项指导意见确定了商业银行发行优先股的准入条件，指明了商业银行发行优先股的申请程序，明确了优先股作为其他一级资本工具的合格标准，从而为商业银行发行优先股补充资本提供了明确的指导方针。

表 2-2　2015 年我国 16 家上市银行资本充足率　　　单位：%

上 市 银 行	资本充足率	上 市 银 行	资本充足率
平安银行	10.96	宁波银行	12.64
浦发银行	11.03	华夏银行	10.72
民生银行	11.57	招商银行	11.77
南京银行	12.3	兴业银行	11.03
北京银行	11.51	农业银行	12.95
交通银行	13.12	工商银行	14.17
光大银行	11.92	建设银行	14.70
中国银行	13.69	中信银行	11.88

资料来源：各家上市银行 2015 年半年年报。

二、内部评级法及其在我国商业银行中的应用

(一) 内部评级法概述

新巴塞尔资本协议内部评级法（Internal Ratings. Based Approach，IRB）是巴塞尔委员会通过总结国际银行业先进的风险管理技术提出的计算信用风险监管资本要求的一整套框架和方法，是新巴塞尔资本协议的核心，也是商业银行风险管理的重点。内部评级法要求商业银行在满足监管当局规定的一系列监管标准的前提下，由银行专门的风险评估人员利用银行内部信用评级体系确定信用风险最低资本要求，从而确保银行资本充足，反映银行的特殊风险。巴塞尔委员会在巴塞尔新资本协议中充分肯定了内部评级法在风险管理和资本监管中的重要作用，并鼓励有条件的银行建立和开发内部评级模型及相关的计算机系统。

巴塞尔委员会规定的内部评级法框架主要包含四个方面的内容：风险敞口类别的定义、风险要素的评估值、代入风险权重函数及银行实施内部评级法的最低技术要求。在内部评级法下，风险敞口分为五个大的信用风险资产类别：公司、主权、银行、零售、股权。对每一风险资产类别，银行首先需要自行测算其违约率、违约损失率和违约风险值等风险要素，也就是风险要

素的评估值。然后，利用新巴塞尔资本协议规定的基准风险权重 BWR 函数，计算出各类风险资产的风险权重，即代入风险权重函数。最后，再根据各类资产的风险权重，计算出各类资产的加权风险资产，以及银行总信用风险加权资产，从而提出信用风险监管资本要求，即银行实施内部评级法的最低技术要求。其中，在内部评级法中，对公司、主权、银行采用相同的方法计算其风险加权资产。计算方法如下：

风险加权资产 = 违约率×违约损失率×违约风险暴露量×期限

从上述计算方法可以看出，内部评级法主要依靠四个方面的数据，即违约率、违约损失率、违约风险暴露量以及期限。通过计算可以较为精确地掌握各类资产的信用风险。

内部评级法具体有两种类型：初级法和高级法。初级法的要求比较简单，银行只需计算违约率，其余三个风险要素值由监管当局设定；高级法则需银行对四个风险要素全部进行估算，是银行通过采用商业银行创建的资产组合信用模型衡量和管理信用风险的方法。实行高级法，银行必须获得监管当局的认可。内部评级初级法和高级法的区别如表 2 – 3 所示。

表 2 – 3　内部评级初级法和高级法的风险要素提供方式

风险要素	初　级　法	高　级　法
违约率	银行提供的估计值	银行提供的估计值
违约损失率	委员会规定的监管指标	银行提供的估计值
违约风险暴露量	委员会规定的监管指标	银行提供的估计值
期限	委员会规定的监管指标或者由各国监管当局决定允许采用银行提供的估计值（但不包括某些风险暴露）	银行提供的估计值（但不包括某些风险暴露）

（二）国际银行内部评级法的实施——以美洲银行为例

美洲银行将风险评级体系（包括客户评级和债项评级）定位于整体银行内部评级和风险管理的核心。在美洲银行的风险评级中，对公司贷款，无论是大型客户还是中小型客户，评级的方法都是一样的，但零售贷款有专门的评级方法。根据内部评级法的要求，美洲银行正在整合创建一个一致的、量化的风险评级过程。美洲银行风险评级体系的整合包括四部分，即客户评级、债项评级、标准范围和风险评级打分卡。四部分的具体内容为：①客户评级结果要与客户违约概率相对应（违约概率的计算主要考虑借款的资产负债表、损益表、现金流以及包括管理层、行业趋势和市场因素在内的其他定性因素）；②债项评级结果要与债项平均的预期损失相对应，其中客户违约概率和平均的预期损失都有一高一低两个数据；③标准范围的含义是设定内部评级标准的共同适用范围，以确定不同产品线和不同地区的评级结果有对应关系；④风险评级打分卡即评级人员对评级考虑的范畴（如财务杠杆率、债务比率等），不仅设定了不同的区间，而且对每个区间给出相应的分数，评级人员根据企业情况，对照每个范畴所在的区间获得对应的分值，最后加总得到总分值，从而确定风险评级结果。

美洲银行虽然已经建立起具有自己特色的风险评级方法和模型及软件应用系统，但通过美洲银行这种风险评级打分卡的方式，并不能直接计算出客户的违约率，计算违约率还需使用专门的计算工具。根据该行的清偿经验，这种内部评级法所设立的违约损失值明显偏高，而且收集这方面的数据也具有相当的难度。可见，虽然美洲银行的内部评级法已经相对健全，但仍然存在不合理和需要改进的地方。

（三）内部评级法在我国商业银行中的应用

1. 我国商业银行实施内部评级法的现状

与西方发达国家相比，我国商业银行的内部评级基础较差，实施较晚，在风险的计量水平、风险的识别和参数的质量等方面远远落后于西方发达国家。但经过多年的努力，我国商业银行已初步建立起二维评级体系，并且通过制定评级模式、扩大评级范围、规范评级程序，内部评级建设有了很大进步。

我国银行信用评级工作最早始于 20 世纪 80 年代，由中国工商银行和中国农业银行最早制定了企业评级办法。随后，各家商业银行纷纷开始建立内部信用评级体系，逐步加强对信用风险的管理和控制，用以规避信用风险，但是内部评级体系真正完善地建立起来则是近几年才实现的。中国工商银行经过两年多的研究，已达到了实施内部评级法的基本要求，建立了评级模型和数据框架，完成了内部评级体系的创建；中国银行已建立了自己的信息集合系统，基本达到了内部评级法对数据信息的要求；其他股份制银行如交通银行、招商银行、光大银行和中信银行也建立了自己的内部评级体系。商业银行通过建立内部信用评级体系，改变了先前粗放的信贷风险管理模式，实施了严格的信用风险管理方法，大大降低了信贷风险和违约损失率。商业银行在不断完善现有评级方法的基础上，努力向内部评级体系已经比较完备的国际银行学习，并与它们加强合作，建立适合我国银行的内部评级模型。

2. 我国商业银行内部评级法实例分析——以中国建设银行为例

中国建设银行客户信用评级采用定性指标与定量指标相结合的方法。定性指标由评价人员根据企业的实际情况给出一定的分数，定量指标则是在选定指标体系的基础上，对每一个指标都设定一个满意值与不满意值，计算各企业实际情况所符合的满意值，并转化为相应的分数，再将分数乘以该指标对应的权数，得出该项指标对应的评价分数。最后，将所有项目指标的评价分数相加，得出该企业信用评级分数（对此不再进行具体的企业案例分析）。中国建设银行客户信用等级各级别的参考定义、客户信用评级标准和客户信用等级基本得分计算如表2-4，表2-5和表2-6所示。

表2-4　中国建设银行客户信用等级各级别的参考定义

信用等级	市场竞争力	流动性	管理水平	偿债能力	发展前景	风险状况
AAA	很强	很好	很高	很强	很好	很小
AA	好	好	高	强	很好	较小
A	较好	较好	较高	较强	好	小
BBB	一般	一般	一般	一般	一般	可以计量
BB	较差	较差	较弱	较差	较差	较大
B	很差	很差	很差	很弱	很差	很大
F	不符合环保政策、产业政策和信贷政策的客户或存量可疑损失类客户					

表2-5　中国建设银行客户信用评级标准

信用等级	总得分 S	市场竞争力得分 C	流动性得分 L	管理水平得分 M	其他指标 P	说明
AAA	70≤S	15≤C	12≤L	15≤M	不设定	单项不满足条件下调一级
AA	60≤S<70	12≤S	10≤L	12≤M	不设定	同上
A	50≤S<60	9≤S	8≤L	9≤M	不设定	同上
BBB	45≤S<50	不设定	不设定	不设定	不设定	
BB	40≤S<45	不设定	不设定	不设定	不设定	
B	S<40	不设定	不设定	不设定	不设定	
F	不符合环保政策、产业政策和信贷政策的客户或存量可疑损失类客户					

表2-6　中国建设银行客户信用等级基本得分的计算

指标		计 分 标 准
市场竞争力 C	经营环境 5分	企业得到国家、地方的多方面支持，交通、信息等软硬条件很好，所在行业竞争环境、地区法律环境较好，得5分；虽然得到一定的支持，但条件有限，环境一般，得2分；经营环境不好，不得分
	经营设施的先进性 5分	运用的技术手段，使用的技术设备、经营装备等很先进，企业的经营设施良好，企业具有较强的竞争优势，得5分；使企业具有竞争优势，得4分；经营设施处于中上水平，得3分；经营设施一般，得2分；较差，不得分
	质量管理体系 5分	通过ISO9000系列质量管理认证或未参加认证但企业有严格、规范的质量管理制度，得5分；有规范的质量管理制度，得4分；有较规范的质量管理制度，得3分；企业质量管理体系不完善，得1分；没有质量管理体系，不得分
	市场拓展和销售渠道 5分	企业市场拓展能力强，拥有很好的销售网络和经营渠道，运作良好，得5分；市场拓展能力较好，具有较好的经营渠道，得4分；市场拓展能力和销售渠道一般，销售网络和经营渠道初具规模，得3分；市场拓展能力较差，销售网络和经营渠道存在一定问题，得1分；市场拓展能力差，缺乏有效的渠道，不得分

	指标	计 分 标 准
流动性 L	流动比率 5 分	5×（比率 – 不允许值）/（满意值 – 不允许值）
	速动比率 5 分	5×（比率 – 不允许值）/（满意值 – 不允许值）
	应收账款周转率 5 分	5×（比率 – 不允许值）/（满意值 – 不允许值）
	本息保障倍数 5 分	5×（比率 – 不允许值）/（满意值 – 不允许值）
管理水平 M	主要管理人员的素质和经验 5 分	企业领导人有丰富的管理经验，管理能力很强，经营历史业绩显著，个人有良好的社会声誉，得 5 分；企业领导人管理能力强，有较好的管理经验，得 4 分；企业领导人管理能力强，有一定的管理经验，得 3 分；企业领导人管理能力、管理经验一般，但其信誉较好，得 2 分；其余不得分
	管理结构的合理性 5 分	企业有合理的班子结构（班子年龄结构合理、文化程度较高，专业水平高、富于开拓创新等），领导班子团结，相对稳定，信息流通顺畅，内部监督制度完善，激励约束制度健全，人力资源配置合理，得 5 分；上述各方面较好，但存在某些不足，得 4 分；上述各方面中个别方面存在一定的缺陷，得 2 分；在上述各方面都存在较大缺陷，不得分
	资产报酬率 5 分	5×（比率 – 不允许值）/（满意值 – 不允许值）
	贷款本息按期偿还率 5 分	5×（比率 – 不允许值）/（满意值 – 不允许值）
其他指标 P	资产负债率 5 分	5×（比率 – 不允许值）/（满意值 – 不允许值）
	销售收入 5 分	销售收入有稳定的来源，并保持很好的增长势头，得 5 分；收入稳定，得 3 分；销售收入来源不稳定，下降严重，不得分
	行业的稳定性和前景分析 5 分	行业稳定且前景较好，得 5 分；行业稳定且前景一般或行业不稳定但前景较好，得 3 分；行业变动大且前景差，不得分；其他得 1 分
	重大事项分析 5 分	重大事项对企业有积极的正面影响，基本没有负面影响，得 5 分；正面影响较大，得 3 分；负面影响比较明显，企业面临很多问题，不得分

从上述中国建设银行客户信用等级各级别的参考定义表、客户信用评级标准表和客户信用等级基本得分计算表可以分析得出中国建设银行企业内部评级法存在三方面的缺陷。

（1）定量指标设置内容不够全面。中国建设银行的内部评级法所设置的定量指标包括流动性指标（流动比率、速动比率、应收账款周转率和本息保障倍数）、管理水平指标（资产报酬率、贷款本息按期偿还率）和其他指标（资产负债率）。而分析企业现金来源和现金运用水平的重要指标——现金流量指标则较少运用。分析企业的现金流量也是对企业资产负债表和损益表的剖析。除此之外，市场竞争力指标和盈利能力指标等也未列入定量指标中。

（2）评价人员在判断过程中人为因素影响较大。由以上各表可以看出，中国建设银行在对企业进行评级时，定性指标所占比重很大。如市场竞争力和管理水平中许多指标都依靠银行评价人员进行评估打分，这就意味着评价人员的主观因素会在较大程度上影响评价结论的准确性。

（3）对不同行业、不同规模的客户未做差别化处理。中国建设银行在对企业信用评级上未对不同行业和不同规模的客户做出差别化处理，没有对不同行业的特殊因素做出指标分析。在面对不同规模的企业客户上，也未对企业年收入、总资产和员工数量等方面的差别给予特殊性考虑。

3. 我国商业银行内部评级体系的改进建议——以中国建设银行为例进行拓展延伸

（1）银行要重视对行业风险的分析研究。要把握好客户的信用风险，必须对行业风险进行高度的分析研究，因为行业风险是客户主要的系统性风险之一，且商业银行的许多信贷政策都与行业高度相关。在对企业进行信用评级时要对企业的行业环境风险、行业经营风险和行业财务风险分别进行定性与定量的分析研究，给予相应的指标和评级分数。

（2）银行要加强对企业情况真实性的审查。银行在对企业情况的真实性进行审查时，要实施独立的内外部审计制度。为了规避信用风险，银行在进行内部评级时，需要建立会计实地审核制度，实施独立的内外部审计，尤其是要杜绝企业财务报表中的虚假账目对银行可能带来的潜在风险。同时，银行评级人员要对被评企业进行现场检查，对财务报表中的实际内容进行核实，对企业实际的生产经营状况进行了解，确保财务报表及其他企业内部情况的真实性。

（3）增强商业银行防范风险的意识。虽然许多商业银行自身都已建立了一套符合本行的风险规避制度，但是这套制度对于大多数银行形同虚设，银行的风险意识并未得到强化，而淡化风险意识则会使银行面临整体的风险。因此，要在全行推广信用风险文化，加强对银行员工风险文化的培养，使员工树立风险观念，强化风险意识，能够感受到风险的存在。

（4）完善评级流程，减少人为因素，培养专业化的评级队伍。我国商业银行要设定规范的评级操作流程，尽可能避免人为因素造成的过高或过低评级，从而提高评级结果的客观性、准确性和可靠性。同时，还要建立健全评级监督检查制度，对评级人员的评级全程实行监督管理，防止个人对定性指标随意或故意提高、降低分值。此外，商业银行要大力培养专业的评级队伍，通过对内部人员提拔培养或与高校进行战略合作，培养后备人才，从而促进商业银行内部评级的合理性和公平性，推动银行更好地发展。

案例一　对中国银行资本结构的分析

一、案例背景

中国银行的全称是中国银行股份有限公司（Bank of China Limited，简称BOC），总行（Head Office）位于北京复兴门内大街 1 号，是五大国有商业银行之一。中国银行的业务范围涵盖商业银行、投资银行、保险和航空租赁，旗下有中银香港、中银国际和中银保险等控股金融机构，在全球范围内为个人和公司客户提供金融服务。中国银行作为中国国际化和多元化程度最高的银行，在中国内地、香港地区、澳门地区、台湾地区以及 37 个国家为客户提供全面的金融服务，主要经营商业银行业务，包括公司金融业务、个人金融业务和金融市场业务等多项业务。2013 年 7 月，英国《银行家》（The Banker）杂志公布了 2013 年"全球 1 000 家大银行"排名，中国银行位居第 9 位，与

2012 年排名一致。此外，世界品牌实验室发布了 2012 年"中国 500 最具价值品牌"排名结果，中国银行以 885.16 亿元的品牌价值排名第 10 位，较 2011 年排名上升 1 位，位居银行业第 2 位。截至 2014 年年末中国银行相关资产负债表的数据如表 2 - 7 所示。

表 2 - 7　2014 年年末中国银行相关资产负债表的数据　单位：万元

项　　目	金　　额
货币资金	239 121 100.00
贵金属	19 453 100.00
存放同业款项	72 793 100.00
拆出资金	29 911 100.00
衍生金融工具资产	4 796 700.00
交易性金融资产	10 452 800.00
买入返售金融资产	10 316 900.00
应收利息	7 681 400.00
发放贷款及垫款	848 327 500.00
减：贷款损失准备	18 853 100.00
可供出售金融资产	75 068 500.00
持有至到期投资	142 446 300.00
长期股权投资	1 437 900.00
投资性房地产	1 865 300.00
应收投资款项	43 069 900.00
固定资产净额	17 219 700.00
无形资产	1 321 700.00
商誉	195 300.00
递延税款借项	2 504 300.00
其他资产	16 008 700.00
资产总计	1 525 138 200.00

续表

项　　目	金　　额
向中央银行借款	34 827 100.00
同业存入及拆入	196 851 600.00
其中：同业存放款项	178 024 700.00
拆入资金	18 826 900.00
衍生金融工具负债	4 073 400.00
交易性金融负债	1 300 000.00
卖出回购金融资产款	3 706 100.00
客户存款	1 088 522 300.00
应交税费	4 163 600.00
应付利息	16 322 800.00
预计负债	261 600.00
应付债券	27 804 500.00
递延所得税负债	428 700.00
其他负债	25 461 300.00
负债合计	1 406 795 400.00
股本	28 873 100.00
资本公积	13 079 700.00
减：库藏股	2 500.00
盈余公积	9 610 500.00
一般风险准备	15 934 100.00
未分配利润	40 783 600.00
归属于母公司股东的权益	114 085 900.00
少数股东权益	4 256 900.00
股东权益合计	118 342 800.00

资料来源：新浪财经。http://money. finance. sina. com. cn/corp/go. php/VFD_BananceSheet/stockid/ 601988/.

截至 2015 年 6 月 30 日，中国银行股权结构的分布为：中央汇金
64.02%；香港中央结算公司（代理人）27.78%；华夏人寿保险 0.19%；日
本三菱银行 0.18%；香港中央结算公司 0.12%；鹏华中证银行指数分级证券
投资基金 0.1%；中国人寿 0.07%；国泰君安 0.07%；中信证券 0.07%；上
证 50 交易型基金 0.06%；其他股东 7.34%[①]。

2006 年 6 月至 2014 年年末中国银行股东数量的变化趋势如图 2 - 1 所示。

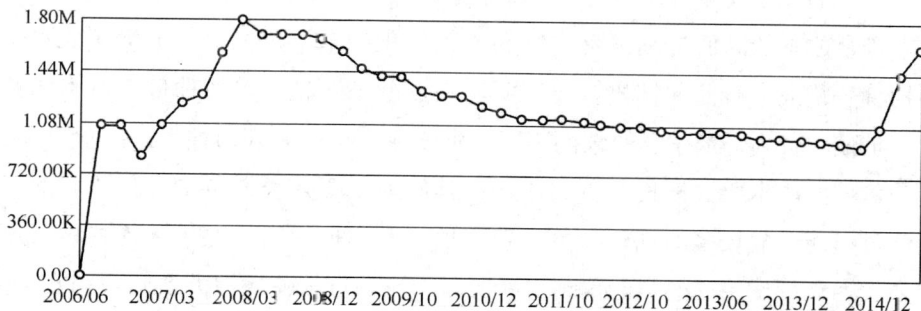

图 2 - 1　2006 年 6 月至 2014 年年末中国银行股东数量变化趋势

资料来源：新浪财经。http://money.finance.sina.com.cn/corp/go.php/VFD_BalanceSheet/
stockid/601988/.

二、案例分析

从中国银行资产负债表（表 2 - 7）中的资产项目来看，流动资产总额
（包括货币资金、贵金属、存放同业、拆出资金、衍生金融工具资产、交易性
资产、买入返售金融资产、应收利息、发放贷款及垫款、贷款损失准备）为
1 306 594 900 万元，占资产总额的 80.17%。从各项资产期限结构的角度来分
析，中国银行流动资产与非流动资产的比例关系较为理想，银行资产能够保
持一定的流动性。这部分具有流转周期短、易于变现特点的资产，对于银行
持续稳定的经营、增强银行自身抵御金融风险的能力具有突出的积极作用。

---

① 资料来源：新浪财经。http://money.finance.sina.com.cn/corp/go.php/VFD_BanlanceSheet/
stockid/601988/.

从中国银行资产负债表（表2-7）中的负债项目来看，负债合计为 1 406 795 400万元，其中流动负债（包括向中央银行借款、同业及金融机构存放款项、拆入资金、交易性金融债券、衍生金融债券、卖出回购金融资产款、吸收存款、应交税费和应付利息）为 1 368 593 800 万元，占比为 97.28%。由于对于包括银行在内的所有企业来说，负债的成本都是需要考虑的一个重要因素，所以首先应从成本要素的角度进行负债资本结构的分析。这里所说的成本要素是指银行筹集资金的融资费用和使用费用，即资金成本。

资金成本的高低是确定资本结构是否优化的基本依据，一个优化的资本结构首先是成本最低的结构，要说明这一点，必须先了解各种资金成本的特性。负债融资内部因偿还期限的不同，资金成本也会表现出差异。一般来说，流动负债的成本要低于长期负债成本，其原因主要是长期负债的使用相对于流动负债能形成较多的周转次数，每一次周转完成后再参与下一次周转，所以，长期负债使用后的实际盈利水平要高于流动负债使用后的实际盈利水平，这种差别为长期债权人要求更高的回报提供了可能。同时，倘若考虑到复利的因素，长期负债的资金成本高于流动负债的资金成本，才能使两者的终值实际上等值。并且，长期负债相较于流动负债面临着更大的通货膨胀影响，按照公式（名义利率=实际利率+预期物价变动），长期负债的名义利率也必然高于流动负债的名义利率。另外，由于长期负债使用期限更长，因而受银行经营不稳定性的影响就更大，使长期负债面临更大的信用违约风险。这样，非流动负债的债权人必然会要求更高的回报率作为风险的补偿。

通过表2-7中的数据可以看到，中国银行的流动负债主要以吸收存款为主，吸收客户存款为 1 088 522 300 万元，占比约为全部流动负债的1/3，排在第二位的同业存入及拆入共计 196 851 600 万元，相比吸收客户存款已经少了很多。其中的原因为：作为特殊的金融行业，银行具有独特的融资特点，作为少数可以直接吸收公众存款的行业，其融资天生就带有总额巨大、融资成本较低的优势，加上国家的重点扶持，使得银行业长期忽视了对其自身融资能力的判断与提升。但是，目前利率市场化已经成为发展的必然趋势，包括发展直接融资市场的议题被提上了日程，银行业的垄断正在不断被打破，银行业过去低成本融资的优势也逐渐消失，这就要求中国银行不断拓展新的融资渠道,如发行债券等,以逐渐适应新的市场环境。

在论述资金成本对资本结构的影响时,风险因素也是不可不考虑的问题。一般来说,主权性融资风险低于负债融资风险。这是因为两个原因:其一,在债务融资方式下,资金不能如期偿还的风险由银行自身承担,银行必须将到期债务如数偿还才能持续经营下去,否则银行就要面临丧失信誉、负担赔偿甚至变卖资产的风险,而主权性融资一旦投入,就成为银行永久性资金,没有上述负债融资的偿还要求;其二,对于债务性融资银行还面临不能付息的风险,银行支付债权人利息是按约定利率定期支付,不随银行经营优劣而改变,当银行经营亏损时就面临着付息的风险,而对主权性融资的投资者的报酬则是根据银行盈利水平支付,当银行亏损时,银行没有必须分配其利润的压力。

具体来说,中国银行 2014 年年底的负债合计为 1 406 795 400 万元,而股东权益合计为 118 342 800 万元,权益资本约占负债总额的 8%。前文中在分析负债的成本时也提到,银行业的负债数量是十分庞大的,以至于权益资本与负债的比率普遍比较小。不过中国银行的权益资本数量还是偏低的。负债资本过高将导致可能的流动性风险与经营风险暴露,虽然从资本运作上来讲,高负债可以获得很高的财务杠杆利益,但是也会带来很高的财务风险,形成金融动荡等一系列隐患。

从中国银行股权结构的分布来看,中央汇金投资公司持有超过 60% 的股权,其次为香港中央结算公司,持有接近 30% 的股权。权益资本是商业银行的自有资金,代表着商业银行的所有权。权益资本的来源有两条渠道:一是通过内部融资,即银行通过自身经营所获利润积累的资金,主要体现为盈余公积和未分配利润;二是外部权益资本融资,即外部投资者投入的权益性资金。根据投资主体的身份不同,权益资本又划分为国家资本金、法人资本金、个人资本金及外商资本金。

结合中国银行股东数量的变化趋势图分析,中国银行的股东总数在近些年有了明显的上升,截至 2015 年 6 月 30 日,股东总数达到了 1 617 751 个。对前十大股东的性质进行分析,主要为国家资本金,也有少量法人资本金、个人资本金以及外商资本金。对股东数量进行分析,股东总数虽然很多,但是前两大股东就持有接近 90% 的股权，可以说股权分布十分不均，且剩余股东的股权基本是从我国 A 股市场上直接购买的，购买目的主要是保值增值，并不追求任何管理与分红的利益。所以，综上所述，中国银行的股权结构十分集中，且以注重长期效益、稳健经营的国家资本金为主，在股权高度集中的情况下，能较好地解决传统的代理问题，而在存在相对控股股东和其他大股东的情况下，有利于银行治理机制作用的发挥，银行业绩也比其他两种股权高度集中情况下的业绩要好。

三、案例启示

对于商业银行来说，资本结构在狭义上是指其债务性资金来源与自有资本之间的比例关系，是银行在一定时期之内实施筹资组合的结果；在广义上则是指银行全部资本的构成及其比例关系。

资本结构在商业银行的经营中起到了至关重要以及不可替代的作用。一个合理的资本结构，从短期来看可以保证商业银行经营的稳定性，改善商业银行的盈利状况；从长远的角度看则可以影响商业银行长期的发展前景与生存状况。

鉴于合理的资本结构可以为我国商业银行提供诸多优势，因此，如何确定适合于自身的合理的资本结构，是每一家商业银行财务决策需要考量与研究的重要课题之一。

当前金融全球化已经发展到相当成熟的程度，国际经济体系也日新月异地发生着变化，这既为我国商业银行的发展提供了契机，又形成了巨大挑战。最近一段时期以来，我国商业银行的经营规模迅速扩张，但与此同时，一部分商业银行资产的质量与效益却越来越低下，发展后劲明显不足，高速增长的利润之下掩盖着经营结构失衡与盈利模式单一的问题，诸多矛盾正在暗处不断发展、不断加剧。面对这样的不利局面，我国商业银行需要按照现代财务管理的要求对商业银行各项资产进行优化组合，调整现有商业银行资本结构，实现在经营规模得到有效扩张的同时改善资本结构，获取最佳效益，提升银行整体价值，并增强商业银行的长期竞争能力，保障商业银行体系的健康发展。在这样需要不断创新的背景下，我国商业银行若想充分适应市场环境，并且在金融全球化的发展趋势下充分发挥自身的优势，就需要通过对自身资产结构进行全面、详细的分析，并适度借鉴国际经验，以此为依据，科学、适当地调整资本结构，最终达到国内金融秩序稳定、提高商业银行自身的国际竞争力和改善银行内部结构治理的目的。

案例二　农业银行在优先股发行上的突破

一、案例背景

我国大型银行以前一直以存贷为主要盈利模式，不良贷款率高，不断扩张规模，造成资源浪费，银行业的资本结构不完善。为此急需降低银行业风险，提高资本充足率，而资本需求成为银行发行优先股的动力。

2014 年 5 月 9 日，中国农业银行股份有限公司召开股东大会，审议并通过了中国农业银行优先股发行方案的议案。2014 年 8 月 14 日，中国农业银行股份有限公司取得《中国银监会关于农业银行发行优先股和修改公司章程的批复》，正式启动向中国证券监督管理委员会的申报程序，申请发行不超过 8 亿股的优先股，募集金额不超过 800 亿元。其中，2014 年发行不超过 4 亿股，募集金额不超过 400 亿元。2014 年 10 月 24 日，发布《2014 年中国农业银行股份有限公司非公开优先股信用评级报告》，农业银行的信用展望是稳定状态，关于优先股的信用等级为 AA + 。

农业银行发行优先股的方案为：发行规模不超过 8 亿股；发行方式为非公开、分次发行；股息分配条款是浮动股息率；前 5 年不可赎回；强制转股的条件有核心一级资本充足率低于 5.125%（或以下）全额或部分转股，以及当二级资本工具触发事件发生时优先股要全额转为普通股；强制转股的价格为董事会决议公告日前 20 个交易日普通股股票交易均价（2.43 元人民币/股），并且除权不除息；表决权恢复转股的价格为董事会决议日前 20 个交易日普通股股票交易的均价（2.43 元人民币/股），并且未来不做调整；股息率为不高于中国农业银行最近 2 个会计年度的加权平均净资产收益率，即不高于 20.82% 。

2014 年中国农业银行募资 50%，用于补充其他一级资本，首单优先股发行完成，农业银行募集的 400 亿元资金被 26 个机构认购。中国农业银行 2014 年与 2013 年资本充足率的对比如表 2 - 8 所示。2015 年以来，资金价格的一路走低为上市银行的优先股发行奠定了良好的基础。2015 年一季报的数据显示，上市银行目前的资本充足率普遍比较平稳，中国农业银行的优先股发行取得了成功。

表 2 - 8   中国农业银行 2014 年与 2013 年资本充足率的对比   单位:%

年份	核心一级资本充足率	一级资本充足率	资本充足率
2013	9.24	9.24	11.85
2014	9.50	9.89	12.46

二、案例分析

(一) 中国农业银行发行优先股对自身的影响

中国农业银行优先股的发行一方面是对自身结构的良好调整，另一方面也为其他商业银行提供了优先股发行方案的参考。以存贷为主的盈利模式需要不断地扩大规模，在此基础上易造成资源浪费，不符合商业银行资源优化配置的目标；与此同时，规模效应的扩大也使得不良贷款率提高，商业银行经营风险增加，提高资本充足率至关重要。随着经济的发展，资本充足率的要求也在不断地提高。

资本充足率是资本总额与加权风险资产总额的比值，若银行遇到经营危机，可以保证银行及投资者不受损失或尽量减少损失。银行资本可以分为两个层次：一是核心资本；二是补充资本或附属资本。附属资本只能在有限的时间内起到吸收损失的作用，附属资本包括未公开的储蓄、重估储蓄、普通呆账准备以及混合型债务资本工具，优先股的发行就属于附属资本。

优先股的优势是债性强，优于普通股股权再融资。发行优先股可以用来补充其他一级资本，这也就变相地降低了中国农业银行的核心一级资本充足率的要求。优先股注重稳定的回报，为中国农业银行的发展带来了活力。中国农业银行发行优先股开启了金融业资本结构的新时代。农业银行发行优先股以来，资本充足率进一步提高，由 2013 年的 11.85% 增长到 2014 年的 12.46%，带来利润的同时也增强了防范风险的能力。

中国农业银行的优先股发行大幅度减轻了银行普通股融资的压力，优先股开辟了新的融资渠道，并且更加具有债性，注重稳定的回报，避免了在二级市场上增发或者配股导致股票价格下跌。发行优先股是所有者权益的一部分，但其性质更加接近于永续债，优先股的股价波动小，相对稳定，收益也相对稳定。融资渠道的增加以及融资效率的提高使得中国农业银行的经营更加稳健。资本充足率的提高意味着加权风险资产总额也会有相应的增多，资本总额增速会大于加权风险资产总额的增速。

（二）中国农业银行发行优先股对证券市场的影响

除了在证券市场内可融资的资金外，还有每年大幅度增加的保险资金、企业年金、养老资金和信托等各类资产管理以及银行的理财产品的余额等大量的资金来源，中国农业银行优先股的发行可以融合这些资金，也就是从证券市场外融资。虽然从优先股特点的角度上说其流动性较弱，但是从引入证券市场外资金的角度来说，优先股的发行使得证券市场的流动性大大增强了。

中国农业银行优先股的发行对于普通股的每股盈余的计算几乎没有影响，甚至还会有积极的作用，发行优先股促进农业银行的经营规模扩大、税后利润增多，即使优先股的存在要扣除优先股股东的股息，但还是相对增加了利润，对于普通股的每股盈余有正面的推动作用。

（三）中国农业银行发行优先股对股东的意义

优先股是相对于普通股而言的，优先股优先于普通股表现在：首先，分配利润和剩余财产的权利优先于普通股，但是其权利排在债权人之后；其次，优先股可以预先设定股息的收益率，不受经营状况的影响。对于股东来说，优先股绑定了股东的效益，有利于促进中国农业银行经营的效率，实现更高的经营水平。

（四）中国农业银行发行优先股对投资者的意义

中国农业银行发行不超过 8 亿股的优先股，募集金额不超过 800 亿元，为各大投资者、投资机构带来了机遇，如保险资金等大型机构。强制转股是有条件的，只要触及转股的条件，则普通股的总股数就会增加，这会吸引投资者对于优先股的投资，也会稀释每股权益，相对于普通股持有者来说也有积极的作用。

（五）中国农业银行发行优先股对市场的利好有限

虽然中国农业银行发行的优先股对自身、证券市场、股东、投资者以及市场的好处多多，也为中国金融行业资本结构的调整做出了贡献，但是这样的利好是有限的。优先股虽权利优先于普通股，但没有经营权，并且一般情况下不能赎回。优先股发行后对中国农业银行带来业务上的开拓和业绩上的增长，但是通过融资而来的资金在市场中还是会经过分流的，也就不能够带来很大程度上的利好。从证券市场的角度来说，发行优先股的银行还占少数，并且发行规模有限，不同的优先股发行方案会带来不同的效益，总体来说就会使市场的利好有限。优先股作为诸多融资工具中的一种，虽然会带来一些效益，但对市场本身的影响有限。

三、案例启示

通过对中国农业银行发行优先股这一突破性进展的描述和分析，我们能够获得很多启示。

（一）中国农业银行优先股发行方案对其他银行有借鉴意义

中国农业银行的优先股发行方案考虑全面，涉及发行规模、发行方式、股息分配条款、前 5 年不可赎回、强制转股触发的条件、强制转股的价格、表决权恢复转股价格以及股息率等各个方面，并且个别条款考虑细致，作为第一单发行优先股的方案，对其他银行来说具有借鉴意义。中国农业银行优先股发行的整体方案既符合证监会的监管要求，也平衡了投资者、股东和发行者三方的利益，这个参照成为银行业的一个借鉴，并且也值得其他行业学习借鉴。

（二）开启中国金融业资本结构新时代

银行业以存贷为主的盈利模式带来的不适应当进行调整，开辟出更多有可能性的道路势在必行，优先股的发行给市场带来活力，促进其发展。优先股的优势是债性强，优于普通股股权再融资。发行优先股可以用来补充其他一级资本，这也就变相地降低了中国农业银行的核心一级资本充足率要求，优先股注重稳定的回报，为中国农业银行的发展带来了活力。中国农业银行发行优先股开启了金融业资本结构新时代。我们应该以此为契机，形成相应的思维模式，在找寻道路方向的时候开拓思维，争取找到更多更好的发展模式，推动市场发展。

（三）监管与经营与时俱进

以资本充足率要求这一问题来说，1988年巴塞尔委员会第一次签订《资本充足协议》，该协议是以风险为基础的，要求银行核心资本对风险加权后资产价值的比率保持在4%以上，而总资本对风险资产的比率要高占8%。而后，随着经济的快速发展，对于资本充足率的要求也不断提高，比如，2010年9月12日，巴塞尔银行监督管理委员会发布了《巴塞尔协议Ⅲ》，要求资本充足率不低于7%。我国从2013年1月1日起实行资本管理新规：对大型银行和中小型银行的资本充足率监管要求分别为11.5%和10.5%，这个目标应该在2018年年底前达到。由此看出，我们的监管和经营都要与时俱进，共同进步，一直保持开拓创新的思维，这样才有可能适应社会发展，实现共赢。

参 考 文 献

［1］王婷．我国商业银行资本结构影响因素的实证分析［D］．西南财经大学,2012.

［2］毛金龙,唐梦龙．农业银行优先股发行方案解读［J］．农村金融研究,2014（12）.

［3］尚金峰．内部评级法在国内商业银行实施的本土化研究［J］．金融论坛,2006（3）.

[4]丁剑.我国商业银行实施内部评级法的研究[J].财经视线,2008(1).

[5]张建新.巴塞尔协议Ⅲ对我国银行业的影响研究[D].吉林大学,2015.

[6]聂玲.从巴塞尔协议分析国际银行业监管演进及对我国的启示[J].理论界,2013(1).

第三章　商业银行存款业务

引　言

在商业银行诸多业务中，存款业务是其立行之本。存款是社会公众基于对银行的信任而将资金存入银行并可以随时或按约定时间支取款项的一种信用行为。存款是商业银行资金的主要来源，商业银行只有通过存款业务将资金集中起来，才能实现放款和投资等资金业务，因此，不断扩大商业银行的存款业务是扩大放款和投资规模的主要途径。商业银行存款的业务量决定了放款的业务量，直接决定商业银行未来的利差收入，从而决定商业银行的经济效益。此外，存款业务是银行开展转账结算业务的前提，也是银行同社会各界联系的桥梁和纽带。

存款业务是商业银行传统的负债业务，长期以来一直约占商业银行总负债的80%左右，近年来略有下降的趋势。据银监会2014年年报统计显示，截至2014年年底，我国银行业金融机构负债总额160万亿元，比年初增加18.8万亿元，增长13.3%。其中，银行业金融机构本外币各项存款余额117.4万亿元，比年初增加10.2万亿元，同比增长9.6%，存款占负债的比重高达73.375%。在商业银行的存款结构中，居民储蓄存款余额49万亿元，比年初增加3.8万亿元，同比增长8.4%；单位存款余额59.1万亿元，比年初增加4.9万亿元，同比增长9.1%。

我国商业银行在存款业务经营管理过程中，近年来经营环境有了较大的改变，随着国有银行的股份制改造完成和利率市场化的基本实现，银行之间的竞争日趋激烈，银行倒闭成为可能，商业银行原来的国家隐性保险被2015年5月推出的存款保险制度所替代。存款保险制度在我国作为一项新兴事物对商业银行的经营管理必将产生重要影响，因此，本章通过案例一"存款保险制度"分析说明国外存款保险制度及我国存款保险制度的实施。

20 世纪 90 年代以来，银行成为以赢利为目的的企业法人，新的股份制银行不断出现，目前我国银行业金融机构多达 4 000 多家，银行之间的存款竞争日益激烈，在这种情况下，银行存款产品的创新便接连不断。我国商业银行存款创新业务方兴未艾，值得研究和关注，因此，本章通过案例二"商业银行存款业务创新"分析说明西方国家 20 世纪中叶之后的存款创新和我国商业银行近些年来的主要存款业务创新。在西方国家存款业务创新的基础上，2015 年我国商业银行推出的大额定期存单业务尤为令人瞩目，这一创新思想主要来源于西方国家的可转让大额存单，类似于存款证券化，实际上也可以看作是银行被动吸收存款和主动借款的一种融合。规范的大额存款可转让定期存单业务，即存款证券化的推进和完善将极大地增强我国商业银行在负债业务上的优势，具体内容可见本章案例三"我国大额可转让定期存单"。

近年来，随着利率市场化的快速推进，我国商业银行存款业务中存款丢失现象比较严重，本章案例四"我国商业银行存款丢失"中列举了几种典型的存款丢失现象，在我国商业银行经营管理过程中应当给予特别关注。

案例一 存款保险制度

一、案例背景

（一）存款保险制度简介

存款保险制度是一种降低金融风险、提高金融保障的制度安排，具体运作模式是通过建立一个存款性金融机构的保险组织，各存款机构作为投保人按一定存款比例向其缴纳保险费，建立存款保险准备金。当成员机构发生经营危机或面临破产倒闭时，存款保险机构向其提供财务救助或直接向存款人支付部分或全部存款，从而保护存款人利益，维护银行信用，稳定金融秩序。

存款保险制度起源于美国，1829—1917 年美国已有 14 个州建立了存款保险制度。一直到 1933 年，为了保障银行体系的稳定，保护存款人利益，避免挤兑，深受经济大萧条影响的美国通过了《格拉斯——斯蒂格尔法案》，设立联邦存款保险公司（FDIC），开始实行存款保险制度，开启了世界上存款保险制度的先河和真正意义上的存款保险制度。自从美国 1933 年出台存款保险法律以来，世界不少国家推出了这项制度。存款保险公司大多像美国那样由政府建立，但也有的国家由市场上的保险公司负责这项业务。根据国际存款保险人协会 2014 年 10 月 31 日公布的数据，世界上有 113 个国家和地区至少有 1 家存款保险机构，另外还有 41 个国家正在研究建立存款保险制度。我国存款保险制度的研究可谓历时久远，从 1993 年开始着手研究，各大研究机构及高校专家、学者、教授极力呼吁应尽快推出存款保险制度，推动我国金融体系改革的进程，2015 年 5 月 1 日，我国存款保险制度终于出台。

（二）美国存款保险制度建立的原因

美国是世界上最早建立存款保险制度的国家，而这一制度产生于 1930—1933 年的"大萧条"。

20 世纪 20 年代末，美国刮起了炒股风，股市泡沫很快被吹破。股市崩盘后，不少股民一夜间由富翁变"负翁"，因为抵押贷款的住房被银行收走了，最后落了个倾家荡产、流落街头的结局。美国 1934 年 1 月 1 日的《城市住宅财务调查》显示，自住房抵押贷款违约率（弃供）超过了 21%，在超过一半的城市中，这一数据超过了 38%，有的甚至达到了 50%～60%。而对出租房屋来说，这一比例更高。银行收回的房子价格暴跌让银行资产严重缩水，再加上银行放出去的贷款很多无法收回，储户担心银行倒闭后自己的钱拿不回来，便爆发了银行挤兑潮。挤兑让银行一片片倒闭，1930—1933 年，每年倒闭银行的比例分别是 5.6%，10.5%，7.8% 和 12.9%，到 1933 年仍在营业的银行只剩下 1929 年的一半多一点儿，而且也是朝不保夕。央行发行的货币是基础货币，而商业银行才是货币创造高手。假定一家商业银行向央行借入 1 亿元，商业银行把这 1 亿元贷给一个客户，只要这个客户不把这 1 亿元一次提走现金，银行就可以用该客户账面上的钱继续放贷，如此循环，商业银行从央行借来的这 1 亿元就会变成几亿元。这就是信用创造理论。

实际情况是：央行要提取法定准本金，商业银行自己也要留存超额准本金，银行系统外还流通一定数量的现金，这样，银行的货币创造能力（货币乘数）就由上述三个变量决定。在其他条件不变的情况下，流通中的现金越多，银行存款越少，货币乘数越小，货币供给量也就越少；反之，流通中的现金越少，银行存款越多，货币乘数越大，货币供给量也就越多。银行因挤兑存款少了，创造货币的能力大减，由此造成通货紧缩。美国"大萧条"期间，工业产值下降了五成，1932 年的失业率高达 22.5%。农民处境更加艰难，物价下跌使销售农产品的收入无法偿还贷款，45% 的农场主债务违约。引发挤兑的是金融恐慌，也就是存款人对银行系统不信任，而导致金融恐慌的是银行资产贬值、银行信誉下降。银行资产贬值的诱因就是炒股，股市崩盘后银行收回大量贬值的房地产，同时，很多贷款成为坏账。当时，美国政府采取了多种手段恢复金融秩序，包括废除金本位，禁止民间收藏黄金，实行银行假期等，当然，存款保险制度也在此列。

鉴于上述背景，联邦众议员亨利·斯蒂格尔与参议员卡特·格拉斯合作提出了《1933 年银行法案》，该法案获国会两院通过后，罗斯福总统签署了该法案，并从 1933 年 6 月 16 日起生效。联邦存款保险公司（FDIC）就是依据该法案成立的，美国成为最早建立存款保险制度的国家。

联邦存款保险公司董事会由 5 名董事组成，其中 3 名董事经参议院同意后由总统任命，任期 6 年。为了体现公正，来自同一党派的董事不得超过 3 人。董事会主席也是经参议院同意后由总统任命，任期 5 年。联邦存款保险公司 1934 年 1 月 1 日成立后，在 6 个月内全国 15 348 家银行有 14 000 多家参保。互助储蓄银行虽然也符合参保条件，但很少参保。1934 年中期，565 家互助储蓄银行（没有股东，银行归所有存款人共同所有的银行）只有 66 家参保；但在第二次世界大战期间，互助储蓄银行参保比例增长很快，到 1945 年年底，542 家互助储蓄银行中有 192 家参保；到 1960 年，515 家互助储蓄银行中有 325 家参保。

（三）美国存款保险制度的主要内容

美国银行倒闭，最高偿付 25 万美元，存款保险只对活期和定期存款担保，对股票、保险和基金等投资性账户不予担保。美国存款保险制度 1934 年 1 月 1 日建立以来，未发生被担保存款违约现象。

1. 资金来源

存款保险基金的资金来源有两条渠道：一是参保银行的保费；二是基金投资收益。美国存款保险的保费率变化很大，主要根据银行风险情况决定。1934—1949 年的保费率一直设定在 0.083 3%，在这之后经常调整，最低的 2006 年为 0.000 5%，最高的 2009 年为 0.233%。为了存款保险基金的安全，基金不得投入股市，只准购买美国国债。2013 年 12 月 31 日的账面显示，基金购买短期国债（1 年）面值 143 亿美元，收益率 0.23%；长期国债（2 ~ 5 年）面值 184 亿美元，收益率 0.7%。另外，基金还持有美国通胀保护 1 年期债券 22 亿美元，收益率 - 0.86%；2 ~ 5 年期通胀保护债券 18 亿美元，收益率 - 0.99%。综合以上数据，基金共投资国债 367 亿美元。

1934 年，基金池里有 3 亿美元，到 1990 年，基金池一直没有亏空过。1990 年，美国倒闭银行增多，基金池的钱很快用光了，1991 年，联邦存款保险公司不得不借款 69 亿美元履约，当年，存款保险基金与被担保存款的比率为 - 0.25%。

2008 年，金融危机爆发后，2009 年联邦存款保险公司再次借入 209 亿美元，存款保险基金与被担保的存款比率为 - 0.39%。2009 年 9 月 29 日，联邦存款保险公司董事会投票决定，要求被保险银行预交 3 年的保费约 450 亿美元。当时预测，基金要在未来 4 年里偿付 1 000 亿美元，由于风险敞口增大，把存款保险基金与被担保存款的比率设定为 1.15%，但直到 2011 年，基金池里才见到"真金白银"，存款保险基金与被担保的存款比率由负转正。

2014 年，联邦存款保险公司基金总收入 156 亿美元，其中保费收入 87 亿美元，该年度的保费率为 0.066 4%。截至 2014 年 12 月 31 日，基金余额 626 亿美元，被担保的存款总额为 620 亿美元，基金与被担保存款比率为 1.01%。

2. 美国存款保险职能机构的职能

存款保险机构（FDIC）的职能一般分为单一职能和复合职能。顾名思义，单一职能是指存款保险机构仅具有存款保险的职能，而复合职能则意味着在存款保险这一职能外，存款保险机构还兼具监管职能、处置问题存款机构的职能等。美国 FDIC 所具备的就是复合职能，具体包括如下三项：

（1）存款保险职能。FDIC 的首要职能就是存款保险，也就是当银行遇到危机时，为存款人提供存款保护的职能。它为全美 9 900 多家独立注册的银行和储蓄信贷机构的 8 种存款账户提供保险，全美约有 97% 的银行存款人的存款接受 FDIC 的保险。

（2）监管职能。根据美国联邦法律，FDIC 具有以下权力：可以要求被监管银行定期报告其经营状况、收入情况及其他财务资料；开展现场检查；对从事不安全和不稳健业务的银行及其管理人员进行罚款、发布停业整顿命令、撤销高层管理人员职务和终止并取消其存款保险等处罚。

（3）处置问题存款机构的职能。在美国，当存款机构资不抵债、不能支付到期债务或其资本充足率低于 2% 时，该存款机构的注册管理机关将做出正式关闭决定并通知 FDIC。

美国存款保险制度的复合模式不仅能够作为危机来临时最后的安全底线，更能在平时履行监管职责，事先化解可能的风险。并且，事后在对问题存款机构的处置上，不是一味选择让问题机构破产清算并进行存款赔付，而是尽力促使问题机构化解危机，避免破产。这样一来，只有在事前监管和事后处理问题存款机构都无法化解危机的情况下才对其实行破产清算、赔付存款，从而降低危机的成本，也起到稳定金融体系的作用。

3. 强制与自愿相结合的投保方式

美国实行存款保险制度之初，强制性要求联邦储备体系成员银行加入州注册银行；1935 年银行法规定，所有银行自愿申请加入存款保险，由 FDIC 对银行申请进行审核。后来颁布的美国《联邦存款保险法》规定，对联邦注册、州注册且为联邦储备会员的商业银行、在联邦注册的互助银行和储蓄贷款社必须参加 FDIC 的存款保险，对其他金融机构采取自愿方式。

自愿投保往往会诱发逆向选择，即资质较差的银行会积极要求参加保险，而资质较好的银行往往不愿意增加成本支出参加保险，从而导致最终留在存款保险体系中的都是资质较差的银行，这无疑使存款保险机构承担的风险加大。因此，美国规定所有联邦储备体系的成员强制性投保，有利于避免逆向选择的风险，并维护金融体系的公平竞争。

4. 费率标准从单一费率走向差别费率

关于存款保险费率的设计，国际上通行两种方案：单一费率制和差别费率制。单一费率制（Flat – rate Premiums）是指存款保险机构按照统一的费率水平对所有投保机构收取保费，投保机构的风险大小对保费并无影响；差别费率制（Risk – based Premiums）也称风险费率制，是指存款保险机构按照投保机构的风险大小对其征收不同保险费用的制度。

单一费率制简单易行，运行成本较低，因而大多数国家在存款保险制度建立之初一般都实行单一费率制。美国在建立存款保险制度之初也采取了单一费率制，但施行单一费率的最大弊端就是缺乏对银行从事风险活动的约束，直到 1991 年颁布的《联邦存款保险公司促进法》中规定，要求从 1994 年开始实行基于风险的差别费率制。具体做法是先对各银行按存款（扣除某些调整数）1% 的 1/12 计收基准保险费，再根据各银行的评级结果确定保险费。

由于需要对不同风险的投保银行进行评级，实行差别费率制需要具备先进的风险评价技术，运行成本较高，但是差别费率制有效地实现了公平保险的原则，更重要的是，它与投保银行的风险水平挂钩，在一定程度上促使银行加强对自身业务风险的控制，降低投保银行发生道德风险的可能性。在这样的背景之下，选择实行差别费率制作为一种克服道德风险的方法，在近些年受到越来越多国家和地区的青睐。

5. 保险限额

按照存款保险的保护程度分类，存款保险制度可以分为实行限额保护的存款保险和实行完全保护的存款保险。诚然，实行完全保护的存款保险制度会降低存款人的挤兑动机，有助于个别金融机构克服困难，更有利于金融体系的稳定，但也会使存款者怠于监督金融机构，造成稳健金融机构和问题金融机构之间的不公平竞争，因而绝大多数国家实行限额保护的存款保险制度，仅将完全保护作为应对金融危机的一种过渡性措施，美国实行的就是限额保险的形式。对于限额保护赔偿上限的规定，一般有按限额赔偿、按比例赔偿和按比例有限赔偿三种方式。美国采取的是按限额赔偿的方式，对每位存款人持有的单一账户（即归一人所有），FDIC 为其总余额提供 10 万美元的保险；对于各类联名账户和特定退休账户，FDIC 为每位参与者或受益人提供 25 万美元的保险。2008 年经济危机爆发后，为增强存款人的信心，FDIC 于 2008 年 12 月 31 日起临时性将所有受保账户的保险限额上调至 25 万美元，至 2013

年年底结束。这也反映出 FDIC 在面对危机时能够及时应对，加大保险力度。

总之，FDIC 自成立以来化解了许多银行危机，并不断地发展、创新，进一步增强了化解系统性风险的能力，以应对金融市场越来越复杂的挑战，为其他国家存款保险制度运行提供了借鉴。

（四）美国存款保险制度的主要作用

美国联邦存款保险公司自成立以来，经受住了来自各方面的挑战，成功地保证了银行体系的稳定，维护了公众对银行系统的信心。"大萧条"过后，联邦存款保险公司虽然对恢复金融秩序起到了一定的作用，但由于当时出台了多种恢复金融秩序的政策，存款保险制度对恢复金融秩序究竟起了多大的作用，很难用可靠的事实数据求解。但 2008 年爆发金融危机后，联邦存款保险公司的作用却显而易见。

在存款保险制度建立前的 1921—1933 年，美国每年倒闭银行数量都在数百家甚至数千家，1933 年有 4 000 家银行倒闭，储户损失了 5.4 亿美元。1934—1979 年，倒闭银行总数为 558 家，平均每年 12 家，这是美国银行倒闭数量最少的时期，之后有所增加。

2008 年，美国有 25 家银行破产，这一年发生的华盛顿互惠银行破产案是当时美国历史上最大的银行破产案。华盛顿互惠银行有雇员 43 198 名，在美国 15 个州有 2 239 个营业网点和 4 932 台自助取款机。该银行在 2008 年 6 月 30 日的存款余额为 1 883 亿美元，在 3 070 亿美元的资产里，含有 1 189 亿美元的住房抵押贷款和向联邦住宅贷款银行的借款 829 亿美元，还有发放的次级债券 78 亿美元。在 9 月 15 日到 24 日短短 9 天里，储户挤兑了 167 亿美元，占 6 月 30 日存款余额的 9%。如果从 7 月算起，储户提走了 220 多亿美元的现金。

美国储蓄机构监管局下令让联邦存款保险公司于 9 月 25 日接收华盛顿互惠银行，9 月 26 日宣布该银行破产，从纽约证券交易所摘牌。为了避免发生挤兑潮，防止金融体系崩溃，联邦存款保险公司把最高担保额临时从 10 万美元提高到了 25 万美元（后来立法，把 25 万美元作为长期最高担保额）。

联邦存款保险公司把华盛顿互惠银行以 190 亿美元的现金价格卖给了摩根大通，同时转给摩根大通的还有一些有担保和无担保的债务。2008 年 9 月

26 日，华盛顿互惠银行的储户被通知其存款转到了摩根大通。

2009 年，美国有 140 家银行破产，这是 1992 年以来银行破产最多的年度。一家名叫"担保银行"的银行由于放出了大量住房抵押贷款，房地产泡沫破灭后，这些抵押的资产大幅贬值，该银行股票价格从 18.5 美元跌到 0.15 美元。2009 年 8 月 21 日，担保银行宣布破产，联邦存款保险公司拿出 30 亿元偿付了这家银行担保的存款。

2010 年，美国又有 157 家银行破产，联邦存款保险公司仅接收波多黎各（美国海外自治领土）3 家银行就拿出 530 亿美元。

随着经济的复苏，破产银行数量逐年减少，2011 年有 92 家银行破产，2012 年有 51 家银行破产，2013 年有 24 家银行破产，2014 年有 18 家银行破产。2015 年，联邦存款保险公司处理的第一家倒闭银行是佛罗里达州的克雷斯特维尤第一国民银行，该银行 2014 年 9 月 30 日的资产为 7 870 万美元，存款为 7 860 万美元，债务总额接近资产总额，联邦存款保险公司为处理该银行倒闭案从保险基金里拿出了 440 万美元。

2013 年年末，美国共有 6 812 家银行参保，问题银行（破产可能性大的银行）有 467 家，问题银行资产总额为 1 527 亿美元。这一年，美国有 24 家银行破产，破产银行总资产为 60 亿美元，存款余额为 51 亿美元，联邦存款保险公司从存款保险基金里拿出 12 亿美元偿付担保的存款。2012 年，这 4 个数字分别是 51 家、116 亿美元、110 亿美元和 28 亿美元；2011 年，这 4 个数字分别是 92 家、349 亿美元、311 亿美元和 76 亿美元。加上要处置往年倒闭银行的案件，2013 年联邦存款保险公司处理的破产银行总数为 479 家。

联邦存款保险公司从成立到 2013 年，累计处理了 2 584 家倒闭银行案件。联邦存款保险公司接管一家破产银行后，大多数情况会转卖给另一家银行，存款账户也一并转让。如果卖不出去，只有将破产程序走到底，按最高担保额付给存款人存款后，将银行剩余资产按受益人优先顺序分配。

从法律上讲，联邦存款保险公司也有破产的可能，但政府会采取一切措施防止它破产。首先是银行监管部门提出预警，及时让联邦存款保险公司接管破产银行，这样，出售破产银行就能全部或大部分补偿担保的存款。从存款保险基金池的变化看，如果金融危机爆发致破产银行多，基金池的资金很快就会用光，联邦存款保险公司不得不借钱履约。联邦存款保险公司可以向政府财政部借钱的最高限额为 5 000 亿美元。

（五）俄罗斯存款保险制度简介

俄罗斯作为与我国类似的经济转型国家，其制度经验也非常值得我国学习借鉴。

1. 俄罗斯存款保险制度产生的背景

20 世纪 90 年代，苏联解体、银行挤兑、卢布贬值等几次重大的政治和金融动荡造成俄罗斯多家银行破产，存款人在银行的利益荡然无存，居民对银行彻底失去了信心。在此背景下，俄罗斯于 2003 年 12 月 23 日颁布了《俄罗斯联邦关于自然人在俄联邦银行存款保险法》，旨在保护储户权益，增强居民对银行系统的信任，增加银行系统对居民储蓄的吸引力。

2. 存款保险局的职能机构

2004 年 1 月，俄联邦设立存款保险局以保证存款保险制度的运行。存款保险局属于国有集团而非商业企业。联邦政权机关、俄联邦主体的国家政权机关、地方自治机关和俄联邦中央银行都无权干涉存款保险局执行法律规定的职能和权能工作。存款保险局有权力对银行参与存款保险制度相关的问题提出有理由的书面质问并得到银行的责任说明。存款保险局有权力向俄联邦中央银行提出对某家银行进行现场检查，或关于俄联邦中央银行要追究联邦法律规定的银行责任的建议。对存款保险制度运行的监督由俄联邦政府和俄联邦中央银行通过其在存款保险局管理机关的代表进行。

3. 存款保险局的财产来源

俄罗斯存款保险局的财产除保险费、罚金、存款保险局配置资金所得到的收入和发行有价证券所得到的资金外，还有一部分是俄联邦政府预算拨付的专项资金——金融稳定资金，以及俄联邦政府借给存款保险局的无息预算贷款。

4. 存款保险保费的缴纳

俄罗斯存款保险实行统一费率，存款保险局确定保险费率和保费计算程序，保费由各投保银行自行计算，按季度缴纳。保费的计算基础为结算期内存款账户上每日余额的平均数，保险费不能超过最后结算期内计算基础的

0.15%。在规定情况下，保险费率可以提高到计算基础的 0.3%，但使用时间不能超过 18 个月内的两个结算期。当存款保险基金的资金总额超过一切银行存款总额的 5% 时，下一个结算期的保险费率不能超过 0.05%；当存款保险基金的资金总额超过一切银行存款总额的 10% 时，下一个结算期银行自动停止支付保险费；当该比例回落到 10% 以下时，下一个结算期银行自动恢复支付保险费。投保银行的报表和其他信息由俄联邦中央银行提供。

5. 存款保险局财产的使用

俄罗斯存款保险局根据联邦法案的规定，在发生保险事件时对存款人进行补偿。存款保险局可以通过银行代理人开展接受存款人对存款补偿的申请、办理清点存款人对银行的要求、支付存款补偿等工作，相关费用由存款保险局承担。

6. 存款保险局的补偿金额

2003 年，俄联邦法案规定俄罗斯存款保险局对存款人在发生保险事件银行的存款进行 100% 偿付，最高偿付金额不超过 10 万卢布。2006 年 8 月，俄罗斯存款保险局对赔偿限额进行了修订，将最高限额增加到 19 万卢布，其中超出 10 万卢布的部分只赔偿 90%。2007 年 3 月和 2008 年 10 月，赔偿限额分别增加到 40 万卢布和 70 万卢布，实行 70 万卢布以下全额偿付。2014 年 12 月，油价暴跌加上西方经济制裁使得卢布快速贬值，引发了俄罗斯金融危机。俄联邦政府为了提高储户对银行业的信心，稳定金融系统，将存款保险赔偿上限提高 1 倍至 140 万卢布。

7. 存款保险局的主要作用

俄罗斯建立存款保险制度以来，银行业实现了平稳较快发展和有序高效整合。在此过程中，许多经营风险高、业绩差的小型银行被淘汰，同时又有许多新设的银行进入，信贷机构总数量减少了 37%，大中型银行数量占比增加。总体来说，存款保险制度提高了银行业的稳定性，形成了以大中型银行为主体的新的竞争格局，促进了大中型银行的快速发展，完善了中小银行退出机制，并有效隔离了银行违约破产带来的风险。

（六）我国存款保险制度简介

2015 年 3 月 31 日，国务院公布《存款保险条例（国务院令第 660 号）》，将于 2015 年 5 月 1 日起正式施行。自此，我国成为全球第 114 个建立存款保险制度的国家（地区）。我国存款保险基金的来源包括投保机构缴纳的保费、在投保机构清算中分配的财产、存款保险基金管理机构运用存款保险基金获得的收益及其他合法收益。

我国存款保险实行风险费率，费率由基准费率和风险差别费率构成，每半年缴纳一次。存款保险基金管理机构对费率标准进行制定和调整，报国务院批准后执行。各投保机构的适用费率由存款保险基金管理机构根据其经营管理状况和风险状况等因素确定。保费具体计算办法由存款保险基金管理机构规定，投保机构按要求定期报送被保险存款余额、存款结构情况以及确定适用费率、核算保费和偿付存款相关的其他必要资料。

我国存款保险基金管理机构遵循基金使用成本最小的原则，可以采用三种方式保护存款人的利益：在规定限额内直接偿付被保险存款；委托其他合格投保机构在本条例规定的限额内代为偿付被保险存款；为其他合格投保机构提供担保、损失分摊或者资金支持，以促成其收购或者承担被接管、被撤销或者申请破产的投保机构的全部或者部分业务、资产及负债。

我国存款保险基金管理机构由国务院决定。存款保险基金管理机构对不同的投保机构制定保险费率，并有权对投保机构报送的信息资料进行核查，出现重大问题的应告知银行业监督管理机构，并可以对其提出风险警示，提高其适用费率，或建议银行业监督管理机构依法采取相应措施。存款保险基金管理机构参与金融监督管理协调机制，与中国人民银行、银行业监督管理机构等金融管理部门、机构建立信息共享机制。

我国存款保险最高偿付限额为人民币 50 万元，高于大多数国家限额为人均 GDP4～5 倍左右的偿付水平。中国人民银行会同国务院有关部门可以根据经济发展、存款结构变化和金融风险状况等因素调整最高偿付限额，报国务院批准后公布执行。

二、案例分析

通过美国和俄罗斯存款保险制度及我国存款保险制度的比较可以看到，不同国家的存款保险制度产生的背景、资金来源、费率执行和赔偿金额等具体制度各不相同，但是存款保险制度在商业银行经营管理过程中的作用是非常重要的，对稳定商业银行存款、促进银行公平竞争、预防金融风险起到了稳定和保护作用。由于各国的国情不同，经济发展阶段不同，存款保险制度的具体内容也有差别，但总体来看，表现出一些共同的特点和变化趋势。

（一）存款保险机构的法律地位不断提高，职责不断强化

从目前看，不论是发达国家，还是后发达国家，或是转轨国家，存款保险公司基本上都由政府直接管理。例如：美国的存款保险公司是独立的联邦政府机构，直接向国会负责；匈牙利的存款保险机构是从属于议会的独立法人实体。从存款保险公司的职责来看，存款保险公司在执行基本的"付款箱"职能以外，不仅要适度参与风险处置，而且还要实现"损失最小化"和"风险最小化"，即存款保险公司既有完善的风险处置职能，还有一定的审慎监管权。特别是国际金融危机之后，世界各国存款保险的职能有进一步扩大的趋势，更提高了存款保险公司在金融机构处置中的地位和强化了作用。

（二）存款保险的范围不断调整，针对性越来越强

存款保险的范围包括存款人、存款种类、被保险金融机构和保险限额等。从被保险的金融机构看，被保险的主要是存款性金融机构，包括美国在内的一些国家正是如此。从被保险的存款人、存款种类和保险限额来看，保证合法的中小存款户的全部和大储户的部分利益是基本特点。美国限制大额存款和"大而不倒"，且每人保险额度为25万美元，匈牙利的高息存款和银行高级管理人员的存款不被保护。显然，不同国家的这些类似的限制措施都是为了实现和加强社会对银行业的监督。从保险限额来看，目前大多数国家实行的都是限额保护。当然，由于各国的经济发展水平和收入水平不同，保险限额并没有统一的标准和要求。

（三）强制性存款保险成为普遍趋势

存款保险作为一种普遍的保险形式，从理论上讲可以像商业保险那样自愿参加，也可以像交强险那样强制参加。世界存款保险制度的发源地美国就曾实行过自愿保险。实际上，德国目前仍实行非官方的自愿存款保险。不过，总体来看，不仅包括美国在内的几乎所有国家目前都实行了强制性保险，德国也应欧盟的要求实行了自愿保险和强制保险并存的制度。

（四）浮动费率制成为普遍的选择

很多国家的存款保险开始实行的都是固定费率，但固定费率可能引起的道德风险和逆向选择促使各国逐步统一到浮动汇率上来，即根据不同银行的风险程度确定存款保险费率。这也是发挥存款保险机构金融监管职能的具体体现。不过，不同国家保险费率的计算基础和费率水平有所不同，这也没有统一的标准。

对中国来说，存款保险可能是一项利好制度，因为存款保险制度是让过去政府对存款的隐性担保显性化。这样不但可以加快利率市场化的步伐，同时也让中小银行与大银行站在同一起跑线上进行存款竞争，对深化金融改革无疑是有利的。但我们也要看到，我国的银行业毕竟是特殊的金融企业，在实施存款保险制度过程中必然面临诸多问题，一方面可以借鉴国外的先进经验，另一方面也要根据我国国情，制定出符合我国特色的存款保险制度。

三、案例启示

总体上看，中国的特殊国情决定了存款保险在制度设计方面不能照搬国外经验和做法，而必须将国际趋势与中国实际有机结合。我国实施存款保险制度还有四个方面的问题需要解决。

（一）尽快建立存款保险机构

我国的存款保险资金目前是放在人民银行的专户中，并没有建立专门的存款保险机构。在将来新建的存款保险机构过程中，一是要突出存款保险机构的地位，新成立的存款保险机构可以直属国务院，也可以隶属于中国人民银行；二是要加强并明确界定其职责，我国的存款保险机构要兼具风险处置和金融监管职能，要与中国银行业监督管理委员会协调配合，在不同的领域发挥互助作用。

（二）采取单一还是差别保费制度

从国际经验看，存款保险体系绝大多数是强制性，只有瑞士、中国台湾地区等少数国家或地区是非强制性的。而且，大多数国家都选择了单一保费制度，只有以美国为代表的一部分国家选择了以风险为基础的保费制度。尤其值得我们注意的是，这些采用风险费率制度的国家在存款保险制度建立之初也是采取了单一保费制度。

（三）存款保险资金使用问题

鉴于我国存款的巨大规模，存款保险公司将来必定是一个巨大的资金"吞吐池"。左边是源源不断地从银行以及储蓄机构吸纳保险费，右边则是间歇性地赔偿支出。考虑到人们对中国的银行稳定预期的惯性，很大的可能性是，在最近的未来，甚至较长时期内，赔偿支出会很少。在这样的情况下，我国的存款保险基金很可能在较短的期间内就形成一个巨大的资金池。如何保证这些资金增值将是非常大的挑战。一方面，如果完全允许存款保险公司的资产管理像普通的商业保险公司那样，那么存款保险公司的风险谁来最终承担？如果制约它的资产管理，巨大的资金沉淀在池中，无疑会削弱存款保险公司的保障能力，也增加了整个社会的经济成本；另一方面，这笔巨大的资金对证券市场、债券市场等的影响也不容小觑。

（四）加快存款保险立法

美国 FDIC 主要根据《1933 年银行法》创立，但直到 1950 年才出台正式的《联邦存款保险法案》；加拿大于 1967 年通过的《加拿大存款保险公司法》是其存款保险制度健康运行的法律依据；中国香港则有《存款保障计划条例》作为其存款保险制度的保障。就我国的情况来说，现有的《商业银行法》和《保险法》尽管不能涵盖存款保险，但它们还是可以在一定程度上规范存款保险的出发点。鉴于存款保险的规模、影响面和特殊性，确有必要专门立法。在中国中央银行发布的 2013 年金融稳定报告中，明确提出要加快存款保险立法的进程。

案例二　商业银行存款业务创新

一、案例背景

（一）西方商业银行存款业务创新的主要原因

存款创新是指商业银行为达到规避管制、增强同业竞争能力和开辟新的资金来源的目的，不断推出新型存款类别的活动。随着社会经济的不断发展，传统的银行存款业务已不能满足社会的需求，银行同业竞争也日趋激烈，这些现实情况都促使商业银行不断创新存款产品种类。另外，中央银行等政府管理部门过时的管理规定也束缚着商业银行存款创新的手脚，突破这些限制成为历史发展的必然。存款业务创新不是针对某一种风险设立的，主要是从市场经济和合法竞争的角度来考虑的，目的是降低风险、稳定存款。

存款创新可大致分为三类：第一类，增强流动性的存款业务创新，即增强存款方式的流动性、变现性和可转让性；第二类，增加服务便利的存款业务创新，即增加各种附加服务，便于客户存取款；第三类，增加客户安全性的存款业务创新，即采取措施保障客户存款的合法利益不受损失。

（二）国外商业银行的存款创新

国外商业银行存款业务创新大致有如下十种：

1. 可转账支付命令账户（negotiable order of withdrawal account，NOW）

可转账支付命令账户是一种计息并允许转账支付的储蓄存款账户。这项业务最早出现在 1972 年，由美国马萨诸塞州的一家储蓄银行创立，存款对象限于个人和非营利机构。美国 1933 年《银行法》规定：支票存款不允许支付利息，储蓄存款可支付利息但不允许开立支票。这种账户的创立突破了这一规定，深受存款人的欢迎。该账户名义上是储蓄账户，可按规定支付利息，但存款人每月可以开出若干次数的支付命令书，该支付命令书和支票具有同等效力，银行收到支付命令后给予办理转账支付，因此，这种账户又具备支票账户的部分功能。

2. 超级可转账支付命令账户（super negotiable order of withdrawal account，super NOW）

超级可转账支付命令账户是一种计息、允许转账且无转账次数限制的储蓄存款账户，是由可转账支付命令发展而来的，由美国创办于 1983 年。这种账户和可转账支付命令账户的区别在于没有转账次数限制，利率较高，且有最低存款余额的要求。

3. 货币市场存款账户（money market deposit accounts，MMDAs）

货币市场存款账户也是一种计息并允许转账支付的存款账户，由美国商业银行于 1982 年推出，目的是以优惠条件吸收货币市场上的游资。该账户的特点是：没有存款最短期限限制；银行计付利息；不限定开户对象；提款需提前若干天通知银行；可使用若干次数的支票；银行不需对这种存款缴纳准备金；在规定的限额以上，银行按照较高的市场利率计息；在限额以下，按可转账支付命令账户计息。

4. 大额可转让定期存单（negotiable certificate of deposits，CDs）

大额可转让定期存单是一种面额较大、可以流通转让的定期存款凭证，由美国花旗银行首创于 1961 年，是对传统定期存款的创新。这种定期存单不同于传统存单的特点有三个方面：一是面额较大且为整数（美国此种存单的面额通常为 10 万至 100 万美元），票面上载明息票利率；二是存单采用记名和不记名两种方式发行，不记名存单发行后可以在二级市场流通转让，到期前不允许提前支取；三是利率可固定也可浮动。大额可转让定期存单兼顾了收益性与流动性，深受存款人的青睐，也为银行增加了长期稳定的资金来源，开辟了银行负债证券化的先河，已成为跨国银行主动负债的一种重要形式。

为增强这种存单的吸引力，20 世纪 80 年代美国又推出了"滚动式定期存单"，例如，存款者按协议存入 5 年期定期存款，银行签发的存单上的存款期限只标明 6 个月，银行按约定把这 6 个月的存单连续转期 10 次，存款人可随时出售该存单。

5. 自动转账服务账户（automatic transfer service accounts，ATS）

自动转账服务账户是一种存款可以在储蓄存款账户和支票存款账户之间按照约定自动转换的存款账户，开办于 1987 年，是在电话转账服务账户的基础上发展起来的。这种账户与电话转账服务账户的不同之处在于，存款在账户间的转换不需存款人电话通知而由银行按约定自动办理。

这种账户与电话转账服务账户一样，存款人需要在银行开立两个账户，即支票存款账户和储蓄存款账户，支票存款账户只保持 1 美元的余额，此外均存在储蓄存款账户上。当存款人收进一笔款项时，银行先存入支票存款账户，然后马上转入储蓄存款账户，使支票存款账户始终保持 1 美元的余额。银行收到存款人的支付命令后，立即将所需金额从储蓄存款账户转入支票存款账户办理转账。这一存款创新的主要目的是为了增加银行资金来源，同时规避储蓄存款不能开立支票、支票存款不许支付利息的规定。

6. 协定账户（agreement account）

协定账户是一种存款按照约定可以在储蓄存款账户、支票存款账户和货币市场互助基金账户之间自动转账的账户。

存款人开立账户时与银行达成一项协议，协议规定，存款人在银行同时开立三个账户，即支票存款账户、储蓄存款账户和货币市场互助基金账户。其中，支票存款账户保持 1 美元；储蓄存款账户保持一个较低的余额水平；其余存款全部存入货币市场互助基金账户。当存款人需要开出支票时，银行主动把所需资金从储蓄存款账户中转入支票存款账户，然后再从货币市场互助基金账户划入储蓄存款账户相应金额，以补足约定余额；储蓄存款账户余额高于约定余额时，银行主动将余额部分划入货币市场互助基金账户。货币市场互助基金账户的收益率高于储蓄存款的利率，使协定账户保证存款人获得尽可能多的收益。由此可以看出，协定账户是银行对自动转账服务账户的进一步创新发展。

7. 个人退休金账户（individual retirement account）

个人退休金账户是专为工资收入者开办的储蓄养老金的账户，由美国商业银行于 1974 年创办。如果存款人每年存入 2 000 美元，可以暂时免税，利率不受 Q 条例（即美联储关于限定存款利率的 Q 字条例）限制，到存款人退休后，再按其支取金额计算所得税。这种存款存期长，利率略高于储蓄存款，是银行稳定的资金来源，也深受存款人的欢迎。

8. 定活两便存款账户（time - demand deposit）

定活两便存款账户是一种存款时不需约定期限、随时可以支取、利率按照实际存款期限而变动的存款账户。该账户存款不能使用支票，一般有一个基本期限，在该期限内取款，以活期存款计息；超过这一期限，按照实际存款期限计息，利率低于相应期限的定期存款，但高于活期存款。

9. 股金提款单账户（SDA）

股金提款单账户是一种支付利息的支票账户，它是逃避利率管制的一种创新。对于开立股金提款单账户的客户，可随时开出存款单，代替支票提取现金或支付转账。该账户在未支付或提现前属于储蓄账户，因而可取得利息收入；需要支付或提现时，可随时开出提款单，通知银行付款。该账户方便灵活，又有利息收入。

10. 特种储蓄存款账户（special savings deposit）

特种储蓄存款是商业银行针对客户某种特殊需求而设计的存款创新工具，品种繁多，包括养老金储蓄、存贷结合储蓄、旅游账户、教育账户、假期账户或宠物账户等。这一账户充分满足了客户不同的个性化需要，深受客户欢迎，获得了快速发展。

（三）我国商业银行的存款业务创新

我国商业银行的存款业务创新比较少，主要的存款种类就是活期存款、定期存款、零存整取和存本取息等存款品种。近年来涌现出通知存款、定活两便、协定存款和结构性存款等新品种；同时，教育储蓄、住房储蓄等也开始出现，大额定期存单于 2015 年 6 月 2 日已开始发行，存款业务将会涌现出越来越多的新品种。北京银行比较新的存款业务有如下五种：

1. 个人通知存款

个人通知存款是一种不约定存期、支取时需提前通知银行、约定支取日期和金额方能支取的存款。个人通知存款不设定存款期限，按存款人提前通知支取存款的期限长短，分为 1 天通知和 7 天通知两种，存款利息也仅按 1 天通知和 7 天通知两种利率标准进行结算。个人通知存款最低起存、支取金额均为 5 万元人民币。存款人需一次存入，可一次或分次支取。

2. 教育储蓄存款

教育储蓄存款以零存整取的方式积累教育资金，实行总额控制、利率优惠和利息免税等政策。在交小学四年级（含）以上的学生和接受九年制义务教育以外的全日制高中、大中专、大学本科、硕士和博士均可办理教育储蓄存款，存期分为 1 年、3 年、6 年。一年期、三年期教育储蓄按开户日同期同档次整存整取定期储蓄存款利率计息；六年期按开户日五年期整存整取定期储蓄存款利率计息。

3. 个人大额存单

个人大额存单是指由银行面向个人客户发行的、以人民币计价的记账式大额存款凭证，是银行存款类金融产品，属于储蓄存款。

4. 滚滚利—自动通知存款

"滚滚利"又称自动通知存款服务，即在原有的通知存款基础上附加自动累加、自动通知、自动转存和自动提前支取等功能，帮助客户在灵活周转资金的同时获得更多收益。客户可以自主设定活期存款账户保留余额，最低人民币2 000元，以千元整数倍递增，存期可选择1天或7天。当活期账户余额不足、需要利用自卡内的定动提前支取功能时，需要确保支取后滚滚利账户的资金余额不少于5万元，否则将视为客户对账户内资金进行了全部提前支取，滚滚利账户资金将全部转入活期账户。

5. 定活盈—自动定期存款

"定活盈"又称自动定期存款服务，即在原有的定期存款基础上附加自动生成、自动转存和自动提前支取等功能，帮助客户轻松打理资金并获得更多收益。同上述"滚滚利—自动通知存款"一样，客户可以自主设定活期存款账户保留余额，最低人民币2 000元，以千元整数倍递增，存期可选择3个月、半年、1年、2年、3年或5年。当活期账户余额不足、需要利用自动提前支取功能时，系统将根据"后进先出"的原则对借记活盈账户进行提前支取。

（四）我国商业银行存款业务创新的发展趋势

近年来，随着我国商业银行经营竞争的加剧，存款创新业务有了进一步的发展。在"异地通存通兑""本外币一本通""定期一本通"等存款账户创新流行起来之后，随着理财业务的发展，理财和存款业务账户的结合创新成为银行存款业务创新的新宠，下面介绍一种存款账户的保底归集业务。

案例：欣妍和文浩新婚燕尔，小两口的财务决定由妻子欣妍统一掌管，文浩每月发工资后留1 000元，剩余的全部转到妻子账户上。如果使用银行的保底归集业务，银行将每天查询文浩的账户余额，只要大于1 000元，就会把超出部分自动转至妻子账户上。这就是所谓的保底归集业务。只要客户通过在线方式与开户银行签署人民银行网上支付跨行清算系统账户信息查询协议和授权支付协议后，即可通过该行网上银行在线查询协议账户信息及办理向协议账户收款业务，并可为客户提供根据协议账户余额灵活收款的智能化增值服务，目前暂免手续费。保底归集只是资金归集业务的一种模式。简而言之，资金归集是一项能让资金按照需求自动转到指定账户、却不会产生手续费的新型业务。除了保底归集之外还有全额归集、定额归集和智能归集等模式。这个基于网银互联（俗称"超级网银"）的个人网银服务，最大的好处是使得个人网银用户能以零成本管理多个账户。

二、案例分析

西方国家的存款创新主要开始于 20 世纪 60 年代，是一场以创新为标志的金融革命。新的存款工具不断涌现，其动因主要包括金融管制的放松、竞争压力的加大，以及技术手段创造出的可能性加上有潜在的客户需求。从西方国家商业银行存款创新的具体案例中可以看到，存款业务的创新是相当广泛的，其内容的复杂性、形式的多样性决定其创新方法亦是多种多样的。西方国家商业银行采用的创新方法通常有三种：仿效法、交叉组合法和完全创新法。这三种方法不是截然分开的，许多时候可以结合使用。存款业务的创新具体可以分为三类：首先是增强流动性的存款业务创新，是指通过不断增加存款的流动性进行创新，如"可转让支付命令账户"。其次是增加服务便利的存款业务创新，是指通过增加提供的各种附加服务和从便于客户存取款项方面进行的创新，如日本银行的"综合存款账户"，是以活期存款、定期存款结合其他金融商品，以及附加某些服务项目而成的。这种账户除具备一般的存取款功能以外，还具有公用事业的自动转账扣缴，以及工资、退休金和股息等收入的自动入账功能。再次是增加客户营利性的存款业务创新，主要是利率市场化下对产品定价的创新。

近年来，随着我国商业银行改革的进一步深化，金融立法逐步健全，金融管制逐渐放松，科技手段越来越多地运用到商业银行经营管理中，我国的存款业务创新不断涌现。尽管如此，我国商业银行的存款业务创新起步较晚，品种、数量和结构受到诸多限制；同时，由于我国金融体制如分业经营、分业监管的体制，也阻碍了我国商业银行存款业务的创新。目前，我国的存款业务创新主要集中在两个方面：一是开发新存款业务品种，使存款在安全性、流动性、效益性的前提下更具灵活性；加大科技投入，不断提高存款业务的科技含量，推出高品位、多元化的金融工具。例如，自动转账服务、可转让定期存单、定活两便存款、通知存款、礼仪存款和住宅存款等；另外，开发使用个人支票、旅行支票和多功能的银行卡，大力发展自助银行、电话银行和网上银行等服务手段。二是注重存款的可转化性，既增加客户的收益，又增强流动性；推行存款证券化，发行大额可转让定期存单。存款证券化是将银行的存款凭证变成能够在金融市场上流通交易的有价证券，对于商业银行来讲，这是银行的主动性负债。大额可转让定期存单、银行本票和回购协议都属于存款证券化的内容。

三、案例启示

通过国内外存款业务创新的对比，西方国家商业银行的存款业务创新值得我国学习和借鉴。我国商业银行的存款业务创新较少，突出表现在恶性竞争揽储和高息揽存等方面，存款业务的经营主要体现在采用各种吸储手段上。为了冲时点，每逢月末，各家银行都会联系重要客户，控制资金外流，以保住现有存款；极端的时候，部分经营机构甚至会采取压票的方式，延迟办理客户在月底提交的大额对外转账业务。目前，由于监管政策的调整，对存款考核采用存款偏离度指标进行监管，有望缓解冲时点这种不正常现象。商业银行要突破"为存款而存款"的线性思路，把存款业务纳入整体业务转型的范畴，在监管许可的范畴内，通过存款业务创新，提升银行整体竞争力和对客户的吸引力，进而促进存款业务的发展。具体而言，商业银行要在市场调研的基础上，通过细分市场，为客户提供差异化的存款产品。促进存款业务创新，主要应做好四个方面的工作。

（一）积极转变观念，树立创新思维

存款业务创新首要是银行从业人员的竞争和创新意识强，开拓能力强。金融机构，尤其是国有商业银行人员应尽快转变思想观念，走出传统体制的旧框架，站在改革的高度，以适应新的经济运行体制为指导思想，大胆思维，积极开拓创新。

（二）在监管许可的范围内，稳步推进存款业务创新

存款业务创新虽然是对传统业务的突破和创造性的组合，但并不是无原则的创造和运用。存款业务创新应以市场需求为导向，根据市场的变化开展创新活动，以最大限度地满足存款客户的需要。商业银行在进行存款业务创新时始终要以效益为前提，加深对存款竞争的理解，以防步入存款创新的误区。

（三）积极利用科技手段，推广银行存款业务创新

金融电子化是西方国家金融创新最重要的推动力。我国金融市场的发展同样需要快速便捷的电子清算系统、交易系统和管理信息系统的支持，这是改变目前我国银行存款创新落后局面、提高金融业营运效率的重要措施。根据我国目前的实际情况，银行应把现代高科技运用到产品创新中去，增强核心竞争力。

（四）加强合作，重视存款业务创新的引进

不同类型的金融机构相互合作，可以创造出更多新型的存款工具。日本一些金融机构在这方面的表现较为突出，如大和证券公司和京都信用金库合作推出"组合式储蓄业务"，即把大和证券的中期国债基金和京都信用金库的活期存款合并为一种的储蓄方式。此外，商业银行同业之间、商业银行与其他金融机构之间创新成果的相互借鉴也理应受到重视，及时引进创新成果，也是增强竞争力的有效手段和途径。

案例三　我国大额可转让定期存单

一、案例背景

（一）我国商业银行的存款业务创新——大额定期存单及其发展历程

大额可转让定期存单（Large Negotiable Certificates of Deposit, NCDs）是银行印发的一种定期存款凭证。凭证上印有一定的票面金额、存入日和到期日以及利率，到期后可按票面金额和规定利率提取全部本利，逾期存款不计息。大额可转让定期存单可流通转让、自由买卖。与一般存单不同的是，大

额可转让存单具有期限不低于 7 天、金额整数以及到期前可以在二级市场上流通转让的特质。与一般存单相比，大额可转让定期存单具有良好的流动性以及较高的利率，这使得大额可转让存单成为业界甚至普通百姓都普遍期待的金融产品。与当前国内商业银行同业存款相比，NCDs 的优势主要体现为面额固定、标准化程度更高。

1. NCDs 的国际经验

（1）美国：大额可转让定期存单最早发行于美国 20 世纪 60 年代，晚于 1933 年美国存款保险制度的建立，早于存款利率市场化（1973—1986 年）推进进程的时间，至今已有 50 多年的历史。NCDs 是 20 世纪 60 年代初产生的货币市场工具，它是银行和其他存款机构为了增强在货币市场上的竞争力，扩大资金的吸收能力，防止存款流失和满足市场投资者对短期投资工具的需求的一种存款业务创新。当时，面对市场利率上升和企业存款流失，为了规避对利率严格管制的"Q 条例"，稳定存款来源，美国纽约第一国民城市银行（现为花旗银行）于 1961 年发行了第一张面额 10 万美元以上、可在二级市场流通的大额可转让存单。同时，为了保障市场流动性，证券交易商——纽约贴现公司对 NCDs 进行做市，随后纽约其他银行机构开始发行 NCDs，一些主要证券交易商开始对 NCDs 做市。这大大提高了 NCDs 的市场接受度，使NCDs 在美国得到快速发展，1975 年和 1982 年 NCDs 占存款的比重达到高点，为 25% 左右。60 年代末期和 70 年代初期，美国公开市场利率超过美联储规定的 NCDs 利率上限，促使美联储逐步放开对 NCDs 的利率管制，NCDs 成为美国利率市场化进程的突破口。

尽管如此，大额存单也有负面影响，美国大陆伊利诺银行的流动性危机一案就是对其负面影响的注解。

1984 年春夏之际，作为美国十大银行之一的大陆伊利诺银行（Continental Illinois Bank）曾经历了一次严重的流动性危机，在联邦有关金融监管当局的多方帮助下，该银行才得以渡过危机，避免倒闭的命运。

早在 20 世纪 80 年代初，大陆伊利诺银行最高管理层就制定了一系列雄心勃勃的信贷扩张计划。该项计划规定，信贷员有权发放大额贷款，而为了赢得顾客，贷款利率往往又低于其他银行。这样，该银行的贷款总额迅速膨

胀，从 1977 年到 1981 年的 5 年间，大陆伊利诺银行的贷款额以每年 19.8%
的速度增长，而同期美国其他 16 家最大银行的贷款增长率仅为 14.7%。与此
同时，大陆伊利诺银行的利润率也高于其他银行的平均数。但是，急剧的资
产扩张已经蕴含了潜在的危机。

　　与其他的大银行不同，大陆伊利诺银行并没有稳定的核心存款来源。其
贷款主要由出售短期可转让大额定期存单（NCDs）、吸收欧洲美元和工商企
业及金融机构的隔夜存款获得支持。在 20 世纪 70 年代，该银行的资金来源
很不稳定；同时，银行在使用资金时却很不慎重。由于大量地向一些有问题
的企业发放贷款，大陆伊利诺银行的问题贷款份额越来越大。1982 年，该
银行没有按时付息的贷款额（超过期限 90 天还未付息的贷款）占总资产的
4.6%，比其他大银行的该项比率高 1 倍以上。到 1983 年，该银行的流动
性状况进一步恶化，易变负债超过流动资产的数量约占总资产的 53%。在
1984 年的头 3 个月里，大陆伊利诺银行问题贷款的总额已达 23 亿美元，而
净利息收入比上年同期减少了 8 000 万美元，第一季度的银行财务报表出现
了亏损。

　　1984 年 5 月 8 日，当市场上开始流传大陆伊利诺银行将要倒闭的消息时，
其他银行拒绝购买该银行发行的定期存单，原有的存款人也拒绝延展到期的
定期存单和欧洲美元，公众对这家银行的未来已失去信心。5 月 11 日，该银
行从美国联邦储备银行借入 36 亿美元来填补流失的存款，以维持必需的流动
性；5 月 17 日，联邦存款保险公司向公众保证该银行的所有存款户和债权人
的利益将能得到完全的保护，并宣布将与其他几家大银行一起向该银行注入
资金，而且美联储也会继续借款给该银行。但这类措施并没有根本解决问题，
大陆伊利诺银行的存款还在继续流失，在短短的两个月内，该银行共损失了
150 亿美元的存款。

　　1984 年 7 月，联邦存款保险公司接管该银行（拥有该银行股份的 80%），
并采取了一系列其他措施，才帮助大陆伊利诺银行渡过了此次危机。

　　由于大陆伊利诺银行是为数不多的几家大银行（该银行当时拥有 340 亿
美元的资产）之一，它的倒闭对整个金融体系都可能产生巨大的影响，因而
金融监管当局才会全力挽救。但是，大量的面临流动性危机的中小银行就不

会如此幸运了。

（2）日本：1979年，日本商业银行发行NCDs，晚于存款保险制度的建立（1971年），处于利率市场化进程（1977—1994年）早期。与美国银行机构主动创新金融工具规避利率管制不同，日本的NCDs是由政府主导推出的。日本的NCDs从发行起其利率就不受管制，但为了避免资金急速转移，日本央行早期对NCDs的发行额度、发行期限和发行面额实施严格管制，但随后这些限制逐渐放开，直至1998年彻底废除所有限制。从发展情况看，日本NCDs增速总体慢于美国，规模较小，1979—1984年为高速发展期，这期间NCDs年均增长率达到0.6个百分点，但最高时，NCDs仅占日本存款总量的8%左右。1985年以后，日本NCDs发展有所放缓，成为日本银行业的常规业务。这与日本央行于1985年引入具有高度替代性的市场利率联动型定期存款（MMC）有着较大关系。

（3）韩国：韩国NCDs的推行过程较为曲折。1974年和1978年，韩国曾两度发行大额可转让定期存单，但均由于交易市场和定价机制不完善而宣告废止。1984年，韩国再次引入大额可转让定期存单，至1985年完全放开NCDs利率；同时，政府对发行额度实施限制，直至1997年将可转让存单纳入存款准备金缴纳范围，发行额度限制制度废止。与其他国家情况不同，韩国NCDs分为同业存单和对客存单。同业存单由发行银行和投资银行直接发行、交易；对客存单直接在银行柜台或者通过证券等中介发行。同业存单为弥补同业之间日常头寸的不足而发行，无须缴纳存款准备金。从市场规模看，2009年后NCDs规模出现萎缩，至2014年年末，韩国NCDs规模达到4兆韩元，约占同期存款比重的0.4%。韩国大额可转让定期存单规模的萎缩，主要是因为2009年韩国政府要求银行业金融机构将存贷比控制在100%以内，同时不再把NCDs视为普通存款，商业银行发行动力有所不足所致。

2. 美、日、韩三国NCDs的比较

从各国NCDs的发展情况来看，NCDs基本是在利率市场化之前推出的，发行对象主要以机构投资者为主，面额不等，期限多样化，发行主体需缴纳一定的存款准备金。美、日、韩三国NCDs的比较如表3-1所示。

表 3 - 1 美、日、韩三国 NCDs 的比较

项目	美国 NCDs	日本 NCDs	韩国 NCDs
发行时间	1961 年	1979 年	1974 年、1978 年两次发行，先后废止；1984 年再次引入
存款保险制度建立时间	1933 年	1971 年	1995 年
利率市场化时间	1973—1986 年	1977—1994 年	1981—1997 年
发行主体	存款型金融机构，包括商业银行、储蓄银行等	可以吸收存款的金融机构，银行、信用金库、信用合作社等	除韩国进出口银行以外的所有银行金融机构
面额	一般为最低 10 万美元，最高 1 000 万美元	初期下限为 5 亿日元，后逐步放宽，1998 年废除限制	对客存单 500 万韩元，同业存单 1 000 万韩元起，1997 年后解除限制
期限	较多，1 个月、3 个月、6 个月、9 个月和 1 年 5 个品种	初期仅有 3 个月和 6 个月，后逐步放开，1998 年废除限制	最短 30 天，政策未设上限
发行对象	机构投资者、工商企业和个人	以企业和政府机构为主，私人持有极少	个人、企业以及银行业金融机构
利率定价	发行初期对利率有限制，后逐步放开。利率水平和联邦基金利率、美元 LI-BOR 具有高度一致性，略高于同期限国债利率	开始时对利率就没有限制。利率水平贴近同期限的日元 TIBOR 及国债利率，低于同期限银行拆借利率	推出时对利率有所限制，次年（1985 年）放开。普遍高于同期定期存款利率
是否缴纳存款准备金	初期实行差额存款准备金制度，从 1990 年起，存款准备金率降为零	适用定期存款的准备金率	1997 年起，对客存单需缴纳 2% 的存款准备金；同业存单无须缴纳
是否为存款保险对象	部分（10 万美元以内）为存款保险对象	不属于存款保险对象	2001 年起，不纳入存款保险赔付范围

（二）我国大额可转让定期存单的发展历程

我国的大额可转让定期存单（NCDs）业务随着相关政策的变化经历了曲折的发展历程。早在 1986 年交通银行即首先发行 NCDs，1987 年中国银行和工商银行相继发行 NCDs。当时，NCDs 作为一种新型金融工具，利率比同期存款上浮 10%，同时又具有可流通转让的特点，集活期存款流动性和定期存款营利性的优点于一身，因而深受人们欢迎。但由于缺乏全国统一的管理办法，市场曾一度出现混乱，中央银行于 1989 年 5 月下发了《大额可转让定期存单管理办法》，对 NCDs 市场的管理进行完善和规范。但是，鉴于当时对高息揽存的担心，1990 年 5 月中央银行下达通知规定，向企事业单位发行的 NCDs，其利率与同期存款利率持平，向个人发行的 NCDs 利率比同期存款利率上浮 5%。NCDs 的利率优势尽失，市场开始陷于停滞状态。

1996 年，中央银行重新修改了《大额可转让定期存单管理办法》，对 NCDs 的审批、发行面额、发行期限、发行利率和发行方式做出了明确规定。然而，由于没有为 NCDs 提供一个统一的交易市场，同时由于盗开和伪造银行存单进行诈骗等犯罪活动十分猖獗，中央银行于 1997 年暂停审批银行的 NCDs 发行申请。

2013 年 12 月 7 日，中国人民银行发布了《同业存单管理暂行办法》，并于 2013 年 12 月 9 日起实施，这意味着同业定期存单的发行正式拉开帷幕。由于从本质上来看，针对机构和个人推出的大额存单与银行同业存单并无区别，这就为大额存单的发行铺平了道路。随着存款利率上浮区间的不断扩大（从基准利率 1.2 倍到 1.3 倍又到 1.5 倍），说明存款利率市场化已经到了最后的冲刺阶段。

2015 年 6 月 2 日，中国人民银行公布《大额存单管理暂行办法》，标志着我国正式重启大额可转让定期存单业务。大额存单投资人包括个人、非金融企业、机关团体等非金融机构投资人，个人认购的大额存单起点金额不低于 30 万元，机构投资人认购的起点金额则不低于 1 000 万元。未来，结合利率市场化推进进程和金融市场发展的情况，人民银行可对大额存单起点金额适时进行调整。《大额存单管理暂行办法》规定，大额存单发行采用电子化的方式，发行利率以市场化方式确定，固定利率存单采用票面年化收益率的形式计息，浮动利率存单以上海银行间同业拆借利率为浮动利率基准计息；产品形式采用标准期限，期限包括 1 个月、3 个月、6 个月、9 个月、1 年、18 个月、2 年、3 年和 5 年共 9 个品种。

2015 年 6 月 15 日，二、农、中、建等 9 家银行首发大额存单。首批大额存单的期限都以 1 年内为主，其中面向个人的大额存单起点金额为 30 万元，机构投资人认购的大额存单起点金额为 1 000 万元，其利率均采取固定利率模式，利率较基准利率上浮在 1.3 ~ 1.4 倍。

二、案例分析

从利率市场化的国际经验来看，美国、日本等国在利率市场化过程中通过引入大额可转让存单实现大额定期存款利率市场化都取得了成功。从国际比较中我们可以得出 NCDs 的主要经验。

（一）NCDs 是推进存款利率市场化的有效工具

在推进利率市场化改革的进程中，美国、日本、韩国等多个国家都采用了在利率市场化过程中引入 NCDs，通过发展 NCDs 逐步放开存款利率上限，最终实现利率市场化的方式。上述国家利率市场化的过程属于渐进式，与此相对的阿根廷、智利、泰国、印尼等拉美和东南亚国家推进利率市场化的节奏则较为激进，而这些国家试图快速实现利率市场化的结果是利率飙升、企业倒闭，最终引发金融危机。从国际经验来看，NCDs 是放开存款利率上限的突破口。商业银行通过发行 NCDs，在全盘考虑成本的前提下，有效锻炼了其存款的自主定价能力，是稳步推进利率市场化比较成功的过渡性工具。

（二）NCDs 的发行量受宏观经济环境的影响

从国内外市场 NCDs 发展的经验看，NCDs 发行的规模与经济周期之间存在较强的正向联动。当经济平稳向上时，微观经济主体对资金的需求较为旺盛，商业银行资金头寸较为紧张，发行 NCDs 意愿上升较强，NCDs 规模较快增长。而在经济下行周期中，商业银行发行 NCDs 的意愿则减弱，NCDs 发展趋缓。以美国 NCDs 发展为例，2008 年金融危机爆发的前后，美国市场上 NCDs 占存款总额的比重由 31% 降至 16% 左右。

（三）NCDs 对商业银行流动性的影响较大

由于 NCDs 可转让流通的特性，可对商业银行的流动性提供诸多便利，提高商业银行负债管理的效率。一方面，商业银行可以在资金压力较大时发行 NCDs 筹集资金，或者在预计利率上行时提前发行 NCDs，从而降低融资成本、提高资金使用效率。另一方面，商业银行负债结构的多元化，也对流动性管理提出新的要求。以美国第八大银行大陆伊利诺银行为例，该银行在 1984 年发生的严重的流动性危机，主要原因是该银行过度依赖出售短期 NCDs、通过吸收隔夜存款等方式扩张资产，结果因信用风险致其融资成本快速上升，流动性状况也迅速恶化，几乎陷于倒闭边缘。随着 NCDs 等金融创新工具的相继推出，商业银行流动性管理不再局限于存款管理，更需要关注负债产品的结构和特点，综合评估其流动性风险敞口，建立更加科学完善的流动性管理体系。

我国 20 多年来渐进性的利率市场化改革已经到了最后一步，也是符合利率市场化改革先贷款后存款、先批发后零售、先大额后小额，即先把大额存款利率放开这样的程序和步骤的。对投资者来说，浮动利率的存单和二级市场上交易的存单对利率是非常敏感的，大额可转让定期存单的发行对理财业务会产生一定的替代效应，增加了居民和企业的投资渠道，对利率市场化可以起到引导作用。对商业银行来说，大额存单的推出，有利于有序扩大负债产品市场化的定价范围，健全市场化利率形成机制，也有利于进一步锻炼金融机构的自主定价能力，培育企业、个人等零售市场参与者的市场化定价理念，同时增强了存款类金融机构的主动负债能力，对同业存款进行标准化，并赋予其高流通能力的特性，为继续推进存款利率市场化进行有益探索并积累宝贵经验。

三、案例启示

案例说明，大额可转让定期存单作为一种新型的存款创新工具，对商业银行流动性的影响较大。如前文所述，商业银行可以在资金压力较大时发行 NCDs 筹集资金，或者在预计利率上行时提前发行 NCDs，从而降低融资成本、提高资金使用效率，增强商业银行主动负债的能力。但是，商业银行负债结构的多元化，也对流动性管理提出新的要求。与此同时，大额定期存单加剧了利率市场化过程中对存款的竞争，也会提高商业银行的经营成本；又因为NCDs具有明显的顺经济周期性，经济扩张时期成为银行有力的吸储工具，这也为流动性危机带来隐患。在借鉴国外先进经验的基础上，我国商业银行大额定期存单业务的发展还需制定相关对策，做好三个方面的工作。

（一）建立健全大额定期存单二级市场

大额定期存单业务的长期发展离不开有效的二级市场。随着大额定期存单发行主体和发行规模的逐渐扩大，打破流通和转让的束缚，建立一个银行间的大额定期存单交易平台势在必行。建议先从银行间债券市场入手，规定发行银行不许回购，市场上所有其他银行及金融机构均可从事现券交易和回购交易，再逐步扩大到个人与机构之间的交易。当持有人资金紧缺时，可以通过二级市场转让大额定期存单，这样既可以快速得到资金，又降低了投资人存单未持满到期的损失。

（二）改进大额定期存单的发行制度

商业银行发行的大额定期存单，首先，扩大可以发行大额定期存单的商业银行主体，同时要在利率上完全放开，使其有较强的吸引力。其次，可以降低普通投资者购买大额定期存单的门槛，从原来规定的30万元下调至20万元左右为宜。最后，通过第三方平台发行大额存单，更能体现大额定期存单电子化、标准化的特征，有利于存单的集中流通转让。

（三）商业银行应加大宣传力度，调动投资者的积极性

从公众的角度来讲，对于大额定期存单，更多人是陌生的，我们不能奢望公众会购买一项他们不了解的金融产品，更何况大额定期存单所涉及金额并不是小数目。因此，可以通过各种媒体对公众进行大额定期存单知识的普及，让公众对大额定期存单有一定的了解，从而增加对大额定期存单的需求。这就需要商业银行自身首先要端正认识，再加大宣传力度，可以通过营业网点、宣传折页、微信和网上银行等各个渠道宣传大额定期存单的特点、作用及发行的相关规定、办法。得客户者得天下，而借助大额定期存单可以打破商业银行长期以来同质化的壁障，提高产品创新能力和核心竞争力。

案例四　我国商业银行存款丢失

一、案例背景

中国是世界上居民储蓄率最高的国家，截至 2014 年年末，中国金融机构的各项存款余额高达 116 万亿元。商业银行经营管理的原则之一——安全性是居首位的，百姓热衷于把钱存进银行也是基于安全的考虑。但近年来，全国各地存款丢失的案件频频发生，河北、浙江、广东、河南、湖南和四川等地发生多起储户银行存款"失踪"案件。没有短信提示、没有电话告知，几乎没有任何征兆，多则上千万元，少则数百万元的巨额存款就这样悄无声息地从银行里消失了。2014 年，据银监部门通报，全年存款"失踪"的案例多达十几起，其中包括泸州老窖 1.5 亿元存款失踪、杭州 42 位储户总计 9 505 万元存款失踪这些大案。在残酷的现实案例中，一旦储户的存款丢失，想要找回非常困难。2008 年，储户张某将 900 万元存入工商银行江苏扬中支行，存款到期后却发现已被银行营业部主任何卫华转走，用于偿还个人债务。经过 6 年的诉讼，2014 年，二审法院认定银行无过失，不赔偿。判决的理由是，法院认定这是何某的个人行为，与涉事银行无关。我国商业银行存款丢失案不计其数，下面介绍几起主要案件。

（一）重庆储户存款丢失案

存款丢失案中比较轰动的一起是重庆的储户张净 124 万元存款消失，他起诉银行反获刑案，案情经过如下：

重庆张净夫妇十余年前在农业银行存款 4 笔、近 124 万元，然而钱却离奇"失踪"了。2006 年，他们状告农业银行反被银行以诈骗罪诉诸法庭，丈夫张净被判处 4 年有期徒刑。最高法院和重庆市人大常委会关注到这一案件后介入调查，2014 年 12 月，重庆高级法院宣判张净无罪。2015 年 8 月，张净获国家赔偿共 34 万余元。张净不满国家赔偿金额，已上诉，并起诉农业银行要求赔偿原存款及损失 1 080 万元。

2001 年，张净通过公司的副总经理黄志忠认识了农业银行梁平支行的蓝振贵（负责银行卡办理等业务），他也是通过一个朋友知道的蓝振贵。蓝振贵说梁平有一个破产企业，是生产玻璃钢管的，买过来需要200万元。当时张净在大渡口租用厂房，一个月4万元租金，一年要近50万元。张净想，如果能买到梁平那个破产的企业，14亩土地加上设备只要200万元，还是很划算的。但他当时并没有200万元的现金。蓝振贵说，拿100万元在我们银行存起，按当时的政策存一贷三，银行就可以贷款300万元。因此，通过蓝振贵，从2001年5月至2002年4月，张净夫妇四次在农业银行梁平支行存款累计近124万元。2002年，第一笔存款38万元到期后，张净到银行取款，被告知已被他人取走。2005年6月，张净将农业银行梁平支行告上法庭，后经协调撤诉，张净向蓝振贵等人追回了38万元。后两笔存款70余万元也被蓝振贵等人取走，2006年3月张净妻子再诉农业银行、追讨存款。农业银行报警"遭遇诈骗"。2006年9月，警方以涉嫌协助蓝振贵等人取走存款为由，将张净刑拘，后梁平法院以诈骗罪判处张净有期徒刑4年。出狱后，张净对关键证据进行了司法鉴定。后重庆高级法院启动再审，2014年12月，重庆高级法院宣判张净无罪。

原来，蓝振贵和陈天明、雷锐（犯伪造企业印章罪，分别被判处有期徒刑1年3个月、1年6个月）当年想办啤酒瓶厂，需要钱，就把张净的存款取走了，没想到后来投标没中，钱花了，还不起了。张净没贷到款，存款到期了才发现钱"失踪"了，于是状告银行的"官司"就发生了。之所以张净被判有罪，法院认为蓝振贵和张净相互勾结，把存款密码透露给了银行工作人员蓝振贵，所以导致存款丢失；同时，判处蓝振贵犯受贿罪，判处有期徒刑1年3个月。陈天明和雷锐犯伪造企业印章罪，分别判处有期徒刑1年3个月、1年6个月。但事实并不是这样，高级法院再审时，张净请律师调查了关键证据，律师查到了卷宗里本来就有的挂失密码申请书，鉴定结果是密码挂失申请书、借记卡的申请书所有几十处签字全部不是张净爱人的签字，是他人冒名进行密码挂失、申请借记卡取走了存款。因此，重庆高级法院宣判张净无罪。

（二）河北、山东、浙江三起存款丢失案

河北：2014年年初，王女士频繁收到工商银行石家庄建南支行员工梁某

的推荐和游说，说是工商银行有一项高息揽储业务，一年的定期存款可以拿到 10% 的年息，存款时在银行办理了定存业务及 U 盾网银。但 2015 年 5 月，王女士发现自己办理的 U 盾是假的，而自己的 1 080 万元的存款也仅剩 124 元。

山东：2014 年，顾先生听中介推荐说，在山东省农村信用社博兴县曹王支行存款，除银行规定利息外还能额外得到高息，而且金额越大，贴息越高，于是顾先生存了 500 万元，贴息差不多有 6%。但是 2015 年存款到期，顾先生专程从浙江到山东该银行取款时，却被告知存款单是假的。

浙江：2013 年，储户张某为了获得额外利息，将 200 万元存入杭州联合银行古荡支行，后竟发现其存折上的 200 万元存款莫名不见了。经调查发现，该银行共有 42 名储户发生类似的情况，涉案总金额达到了 9 505 万元。

二、案例分析

储户存款丢失的原因错综复杂，但归纳起来不外乎三种。其一，不法分子通过攻击网银或者伪造银行票证等方式，盗取储户存款；其二，银行工作人员监守自盗，储户存款并没有进入银行系统而是直接挪作他用；其三，银行工作人员与另一些人勾结，以所谓"贴息存款"忽悠储户，将储户存款直接转给需要用钱的企事业公司或个人，甚至参与民间借贷，在银行系统外循环。这三种类型中第一类和第二类纯属偷盗，而第三类则具有很强的迷惑性：看起来，储户是被高额利息吸引，参与了所谓"贴息存款"，但实际上，很多参与者并不知道他们的钱已经不在自己的个人账户上了，以为只是"另一种方式的存款"。从后面的几起案件中，我们发现一个关键词"贴息存款"，就是银行通过额外贴息的方式吸引存款。那么"贴息存款"本身是个骗局么？也不尽然，银行的确一直存在着"贴息存款"一说，属于银监会监管的灰色地带，可以说是市场竞争的产物。具体操作就是银行一边高利息对企业放贷，一边高利息向民间吸储。但问题在于，不法分子及某些银行员工根本不管资金流向的安全性，绕过银行正规审批程序，甚至故意骗取受害人资金投向风险较高的民间高利贷。而个别基层银行网点为了提高银行业绩，对"贴息存款"的默许与纵容，使得不法分子愈加猖狂。

三、案例启示

从存款丢失案例来看，不管是被盗还是被"忽悠"，银行都有不可推卸的责任。从法理上说，储户将钱存入银行，双方就形成了委托保管的合同关系。只要储户有合法的存款凭证，自身不存在违法犯罪行为及重大过失，双方存款关系自然成立，银行应承担兑付款项的义务。如果是银行工作人员监守自盗，利用职务之便对储户实施侵害，就属于银行工作人员的职务犯罪。储户在权利受到侵害后，当然应向银行主张权利，而不是向其内部工作人员个人主张权利，理应由银行承担对储户的赔偿责任，这一点，在国务院出台的《储蓄管理条例》中有明确的规定。

参 考 文 献

[1]网易财经.大额存单适时将推利率市场化只差临门一脚[OL]. http://money. 163. com/15/0520/13/AQ2IJPSU00253B0H. html.

[2]搜狐财经.高息存款陷阱牵出银行内鬼 从账号到存单均伪造[OL]. http://business. sohu. com/20151210/n430634905. shtml.

[3]腾讯财经.储户124万存款消失告银行反获刑 荒唐不荒唐？[OL]. http://finance. qq. com/a/20150925/012325. htm.

[4]"文浩"伤不起,已婚男士泪崩了！现代快报[N]. 2013 - 01 - 10.

[5]和讯网.银行保底归集业务引已婚男士吐槽[OL]. http://bank. hexun. com/2013 - 01 - 10/149984468. html.

[6]曾刚.存款保险制度是利率市场化基础[OL]. http://finance. sina. com. cn/china/jrxw/20141207/094321015471. shtml？0I0wm_ynztx. com_caiyun.

[7]张忠永.对重启大额可转让定期存单市场的思考[OL]. http://blog. sina. com. cn/s/blog_65d989320100xfkd. html.

第四章 商业银行借款业务

引　言

借款业务是指商业银行向中央银行、同业银行机构等借入资金，以缓解银行资金周转的困难。借款业务是商业银行负债的又一种形式，主要包括向中央银行借款、同业借款、市场融资和国外市场借款等。

向中央银行借款是商业银行融资的一条主渠道。中央银行是商业银行"最后的贷款者"，商业银行通常以再贷款与再贴现的方式向中央银行借款，中央银行也通过不断调整再贴现率和再贴现额度执行货币政策。当实施货币紧缩政策时，中央银行就会提高再贴现率和压缩再贴现额度，进而使得商业银行的贴现融通受到限制，导致成本提高。因而，商业银行不能过分依赖于中央银行。商业银行在向中央银行贴现时，必须提供财务报表和其他有关情况。反之，中央银行降低再贴现率和扩大再贴现额度，向商业银行输血，增大市场流动性。通常情况下，当市场资金面比较紧张时，中央银行总会及时伸出援手，通过各种方式释放流动性。但商业银行过分依赖于中央银行就会产生严重的道德风险，中央银行有时为了惩戒不重视流动性管理的商业银行，就会"冷眼旁观"。如"钱荒"案例所述，中央银行以前所未有的淡定，没有像以往那样及时向市场释放流动性以缓解银行的饥渴，耐人寻味。

商业银行第二种借款业务——同业借款。这种借款是指商业银行向往来银行或通过同业拆借市场向其他金融机构借入短期性资金而形成的银行借款负债。同业借款不仅具有调剂各商业银行储备头寸的作用，而且也是目前商业银行资产负债管理的重要手段。同业借款一般都是短期的，1天或几天，甚至几个小时。虽然借款时间较短，但可维持商业银行资金的正常周转，实现其流动性的需要，避免银行资产出售或挤兑事件发生后产生的损失。同业借款一般都通过各商业银行在中央银行的存款账户进行。同业借款的利率以高于存款利率、低于贷款利率为限，一般也总是略低于中央银行的再贴现率。自 1996 年我国初步建立起统一的同业拆借市场至今，我国同业拆借市场已进入了一个相对稳定的发展阶段，市场规模不断扩大，市场主体多元化和利率期限结构不断优化。从 2007 年 1 月起，人民银行又推出了上海银行间同业拆放利率（SHIBOR），货币市场基准利率体系得到培育，同业借款业务已成为我国金融机构调节流动性的重要手段；同时，同业拆借市场也成为中央银行进行货币政策传导的重要途径。在世界主要国家同业拆借市场及利率的分析案例中，我们比较和分析了我国与美国、欧洲、英国、日本等国家或地区同业拆借市场特征的异同点，以及同业拆借市场利率的形成机制与变动趋势。

　　市场融资是商业银行借款业务的又一项内容，借款业务中的市场融资主要是指发行金融债券。金融债券是银行等金融机构为取得比较稳定的资金来源，通过向社会公开发行银行的债务证书而形成的借款负债，是表明债权、债务关系的一种凭证①。与存款负债相比，银行等金融机构以发行债券的方式借入资金是不需提取法定存款准备金的，属于一种主动性负债行为，对债券购买者而言，除到期还本付息外，发行方无须承担其他责任和义务。当然，发行金融债券也有一些局限，如金融债券的发行数量、期限等要受到管理机构有关规定的严格限制。金融债券的利率比同期银行存款要高，还要承担一定的发行费用。此外，债券的流动性也要受有关因素的制约。在本章的案例分析中，将首先介绍金融债券发行的基本状况、币种结构以及金融债券在我国的发展；然后分析北京银行发行金融债券的情况。

　　境外借款也是商业银行借款业务之一，主要是从国际市场筹资，以弥补自身资金的不足。能够从境外借款的商业银行必须具有较高的资信度，因此，这种借款业务的总体规模并不大。境外借款的形式主要有固定利率的定期存单、固定利率的欧洲美元存单、浮动利率的欧洲美元存单以及本票等。与境内借款相比，虽然境外借款不受国内金融管理机构及规定的约束，但风险也较大。

---

　　① 时文朝. 坚持市场化改革方向 推动货币市场超常发展［J］. 中国金融, 2005（10）: 38 – 40.

案例一　银行也会闹"钱荒"？

一、案例背景

2013 年 6 月 20 日，中国金融业的"惊魂一日"注定将载入我国银行市场的史册。当日，代表中国货币市场基准利率的上海银行间同业拆借利率的隔夜拆借利率高达 13%，7 天拆借利率达到 11%。其中，银行间隔夜回购利率最高达到从未有过的 30% 高水平值，7 天回购利率最高达到 28%，均创下了历史纪录。要知道，在最近几年中，这两项数据通常低于 3%。2013 年 10 月 21 日，李克强总理在中国第十六次全国代表大会上作的经济形势报告中提及了这次事件。他指出："6 月份的时候，银行间的隔夜拆借利率曾一下子达到了 13%，那是高得不得了，平常也就是 3% 多一点。所以当时外界有说法，'中国银行间出现了债务违约，头寸紧张'，这就是所谓的'钱荒'"。而面对银行间市场如此高度紧张的"钱荒"，政府和央行以前所未有的淡定，没有像以往那样及时向市场释放流动性以缓解银行的饥渴，政府和央行这种"反常"的举动，引起人们对"钱荒"的思考和警觉。

二、案例分析——"钱荒"发生的原因

（一）关于"钱荒"发生原因的理论剖析

对于"钱荒"为什么会出现，金融界以及学界都持有自己的见解。一种看法是，"钱荒"就是货币不足，只要央行放松银根，问题便迎刃而解了；还有部分人认为，"钱荒"来源于银行的流动性管理疏忽，只要留有足够的备付金，"钱荒"就不会造成很大恐慌。但陆磊指出，这两种认识都比较肤浅，"钱荒"在一定程度上是银根过松所致①。这样就不难理解为什么中央银行在面对"钱荒"的时候并不急于向外直接发钞。

"钱荒"并不是银行真的缺钱，而是相对于资金需求的供给不足。"萨

---

① 陆磊."钱荒"的本质是结构失衡 [J]. 中国农村金融，2013（7）：18 -21.

伊定律"中的"供给会自行创造需求"在过去 5 年的中国金融界得到了验证。国家依靠发行货币推动经济增长造成了两大后果：其一是市场中大量的流动性导致了资产价格的飞涨，使本应流入实体经济中的资金直接进入投资回报率较高的投资领域；其二是货币量过多造成的货币贬值是人们承受的最大风险。尽可能持有贬值的负债、多持升值的资产是人们此时最优的选择。于是一个有趣的现象发生了：经济不振的同时人民币却相对其他货币升值了，人民币对内贬值、对外升值使人们更倾向于持有固定资产，一轮"紧张的流动性→发行货币→泡沫化→紧缩银根→钱荒"的恶性循环便形成了。

将"钱荒"事件放入金融危机的背景中分析，有助于人们看清"钱荒"的实质。2008 年 11 月至 2009 年 7 月，为抵御经济危机的冲击，放松银根成为各国货币当局的统一行动。放松银根固然会导致流动性增加和企业融资成本降低，但也无法改变经济低迷造成的订单减少，以及企业因产能严重过剩而无法再融资扩大再生产的局势。那么，多余的资金为了保值只能进入房地产市场，2009 年 5 月出现的房地产价格飞涨就成为必然。接着，再分析 2009 年 12 月至 2010 年 12 月这一阶段，影子银行的异军突起与金融脱媒成为资产价格上涨的原动力，此时无论是金融部门还是企业、居民，都为了获得资产增值而想尽办法，金融机构就此设计出高回报的金融衍生品吸纳社会闲散资金，而市场其他主体则为了应对货币增发导致的通货膨胀也纷纷迎合影子银行。到 2012 年年底，影子银行的高回报使社会资金彻底脱离了实体部门。实体经济根本无法从货币增发中获得既得利益，反之，货币越多，越是推高资产价格，资产价格的进一步上升又吸引了更多的投资者进入资本市场。如此恶性循环，原本留给实体经济的资金就越来越少，表面看来融资成本是下降了，但实际上企业能获得的资金却是越来越少。陆磊（2013）还分析了 2013 年初到"钱荒"事件爆发这段时间的经济形势。他指出，2013 年年初日本开始印钞时，很多人也呼吁我国应该学习日本的做法，但殊不知所有这些问题的根源就是印钞，因为印钞使金融偏离实体经济，也使得能够负债的债务人愿意借入资金（如各地区的铁路项目）等，银行此时发现任何交易，无论表内还是表外都具有跨期性。一旦资金链断裂就会造成击鼓传花的游戏终结，所以必须形成连续的资金投入，但金融机构的整体流动性已经无法满足这样的需求了。于是，"钱荒"事件最终还是难以避免。

还有的学者（冯科，2014）指出，"钱荒"在本质上是金融产品的较低流动性引起的，在大型商业银行争夺储蓄存款的"战场"上大量发行理财产品，且这些理财产品的资产方多是房地产和地方融资平台的负债。房地产业在泡沫膨胀过程中会造成高回报预期，且地方政府融资平台也对利率不敏感，最终造成相应理财产品收益率的直线飙升，也比一般银行储蓄率高 100~150 个基点。因此，如此高的收益率致使理财产品规模迅速扩张，截至 2013 年年底，中国银行的理财规模已达到 10 万亿元。而银行实质上是短存长贷的，将以发行理财产品的方式吸收到存款配置到房地产这样的高收益资产项目上。但问题产生了，房地产行业本身流动性差，加之我国目前缺少金融创新工具，相关金融产品流动性很差，进而造成了期限错配，因此，一旦发生外力冲击，"钱荒"就不可避免①。他进一步指出，经济增长带来金融资产价值的飞涨，而经济的非均衡性又把金融资产配置于流动性较低的房地产和地方债务中，使银行在遭受暂时性冲击时就会出现短期"钱荒"问题。

贺强和徐云松（2013）也追溯了此次"钱荒"的根源②。他们认为，"钱荒"的根源就在于我国的中小企业。近几年，我国货币超发现象异常严重，直接导致了产能过剩、房地产和地方债务泡沫，金融资源向垄断企业倾斜使中小企业很难获得资金支持，但中小企业从数量、解决就业以及税收缴纳方面都已成为我国国民经济的重要组成部分，遗憾的是，我国中小企业自身经营能力、获利水平、竞争能力与技术创新都相对较差，金融的逐利特性使资金根本不愿进入实体经济，最终导致虚拟经济流动性泛滥与实体经济资金严重短缺共存，结构性矛盾凸显。"钱荒"使经济最为薄弱的中小企业在渡过了全球经济危机后再次面临"生存危机"，资金链条跨过中小企业直接进入国有企业或上市公司，而大企业获得银行贷款后为了追求高额回报也转战信托市

---

①　冯科．"钱荒"会否再度来袭？［J］．新产经，2014（2）：49-50.
②　贺强，徐云松．"钱荒"溯源［J］．价格理论与实践，2013（7）：26-29.

场，信托资金通过层层杠杆最终进入地方融资平台和房地产市场，由此使实体经济中真正需要资金的中小企业得不到支持。

程卫红（2013）分析了"钱荒"爆发的深层次原因①。她认为，给我国带来的最大挑战不是由于非效率和低收益所造成的信用危机，而是因为失去政府有效保护所引起的流动性危机。针对这次"钱荒"，中央银行选择"按兵不动"，于是银行间市场在半年末、年末就会出现松紧程度不同的"钱荒"，官方给出的说法是"季节性的、临时性的、期限错配导致的"。随着我国经济的逐步发展，结构失衡问题加剧了银行资金错配，且 2013 年上半年，我国对外贸易顺差增速减缓、外汇占款下降迅速、美国市场回暖以及外资回潮等因素的叠加，构成了此次"钱荒"爆发的原因。

（二）从经济指标看"钱荒"发生的原因

除了以上的理论分析，从经济指标中我们也可以看到"钱荒"发生的些许端倪。下面对资金期限错配、社会融资规模、外汇占款以及银行间市场短期交易利率等四个宏观层面指标的变化情况进行剖析。

1. 资金期限错配

进一步分析商业银行的资金期限错配我们发现，全国金融机构在 2005 年 6 月至 2013 年 12 月中长期贷款占比较高，资金来源中短期资金来源占比也较高，所谓"长贷短借"就是期限错配的主要表现。2005—2010 年，全国金融机构中长期贷款余额占全部贷款余额的比重逐年上升，从 2005 年 6 月的 43.9% 增加到 2010 年 12 月的 59.9%。同期，定期存款余额占全部存款余额的比重从 44% 下降到 36.7%，活期存款占全部存款的比重从 39.1% 略微上升到 39.7%。而 2011 年之后，人民银行信贷统计中对存款、贷款的各种科目都做了修正，存款科目的统计口径变动大于贷款科目，从具体数据来看，中长期贷款的比重仍然在 2011 年之后高达 50% 以上（见表 4 - 1），活期存款余额占全部存款的比重也有逐年下降的趋势，总体说明短借长贷现象明显，也暗含着银行体系存在着较大的流动性风险。

---

① 程卫红. 解读"钱荒"背后的流动性管理问题 [J]. 华北金融，2013（12）：14 - 19.

表4-1 全国金融机构本外币存贷款占比   单位:%

日期	活期存款占各项存款的比重	定期存款占各项存款的比重	短期贷款占各项贷款的比重	中长期贷款占各项贷款的比重
2005.06	39.1	44.0	45.8	43.9
2005.12	38.8	44.1	44.1	44.9
2006.06	38.0	43.4	43.3	45.4
2006.12	39.6	42.4	42.7	47.4
2007.06	39.5	40.0	42.8	47.9
2007.12	41.0	39.1	42.8	49.9
2008.06	37.7	40.2	42.2	51.0
2008.12	37.9	42.7	40.2	51.3
2009.06	37.1	41.4	36.8	51.4
2009.12	39.5	40.4	35.6	55.4
2010.06	38.7	37.8	33.7	59.3
2010.12	39.7	36.7	33.6	59.9
2011.06	34.2	45.5	39.1	58.7
2011.12	34.5	46.1	37.4	57.4
2012.06	31.7	48.0	38.2	55.3
2012.12	32.7	47.4	39.9	54.1
2013.06	30.3	48.9	40.2	53.5
2013.12	31.0	47.9	40.7	53.6

资料来源:2005年6月至2010年12月的数据根据程卫红文(《解读"钱荒"背后的流动性管理问题》,《华北金融》2013年第12期)整理得到;2011年6月至2013年12月的数据是作者根据人民银行公布的数据整理得到的。

2011年年底,中央银行宣布下调存款类金融机构人民币存款准备金率0.5个百分点,2012年6月8日,中央银行再一次宣布下调金融机构人民币存贷款基准利率0.25个百分点,我国市场利率整体进入下行通道。无论是存量还是增量的存贷款,商业银行的理性选择都是负债方采取增加短期存款,以免长期存款因锁定较高利率减少银行收益,资产方则会增加中长期贷款锁定当期较高的利率收益,减少短期贷款以降低当期收益的损失。商业银行这样的行为会产生两方面的经济后果：一方面，贷款过于向中长期集中，让流动性储备不足的中小银行面临较大的资金压力；另一方面，企业融资的主要途径——短期贷款也会相应减少，企业获取流动资金变得难上加难。因此，短期来看金融机构短期贷款余额占比在下降，中长期贷款余额占比在增加，信贷资产错配格局已然形成，进而就会抑制宏观货币政策的顺利传导。

事实上，资金错配才是商业银行的理性选择，在同业市场上，商业银行利用这种资金错配进而实现收益的增长。2005 年同业存款利率放开后，一些商业银行在贷款规模不足时会通过购买政策性银行、其他商业银行等金融机构的同业存款来增加贷款规模，或选择在同业拆借市场中通过预期利率走势购买月内短期同业存款或拆借资金，然后错配其他资产、锁定利息收益。比如，一家商业银行可在同业拆借市场上大规模买入一种半年期金融资产，固定其利率，同时再揽储更短期的同业存款，以锁定最大化的收益。在同业市场上操作这样的资产错配业务显然已不属于"购买性存款"的性质，而是由"调节商业银行流动性不足"的初衷演变为各银行资产经营获取利益的方式。

2. 社会融资规模降低幅度明显

近年来，银行业金融机构表外业务量迅猛增长，传统的新增贷款很难反映出当前实体经济的融资规模①，而我国中央银行编制的社会融资规模指标则更加详细地捕捉了社会融资现象。它反映了一定时期内实体经济从金融体系获得资金的总额是一个增量概念，涵盖人民币贷款增量、外币贷款增量、委托贷款增量、信托贷款增量、未贴现银行承兑汇票增量、企业债券增量和非金融企业境内股票融资增量等几个方面。从图 4-1 中可知，我国金融机构社会融资规模在 2013 年 1—7 月的社会融资规模整体下降趋势明显，7 月，社会融资规模为 8 191 亿元，人民币贷款增量为 6 997 亿元，占社会融资规模的85.4%，是实体经济从金融体系获得资金的主要途径。在其他指标中，未贴现银行承兑汇票增量下降幅度最大，7 月为负数，即 -1 777 亿元，较 1 月下降了 7 575 亿元；企业债券增量为 476 亿元，较 1 月的增量 2 249 亿元大幅下降；

① 张慧智，翟舒毅. 我国'钱荒'现象发生因素及其对银行业发展的启示 [J]. 东疆学刊，2014（2）：38-47.

外币贷款增量 7 月也降为负数，极差值为 2 952 亿元。社会融资规模的各组成部分从 2013 年 3 月开始逐渐下滑，下滑趋势也比较接近。这与 2013 年上半年诸多银行类金融机构参与银行承兑票据通过转贴现赚取利差密不可分。由于银行承兑票据具有安全性较高、周期短和资金额度大等特点，这种盈利模式成为一些地方性银行利润的重要来源渠道之一，同时也对银行间市场的流动性造成一定冲击，诸多金融机构将大量的资金从市场抽离，转投向场外票据业务市场。

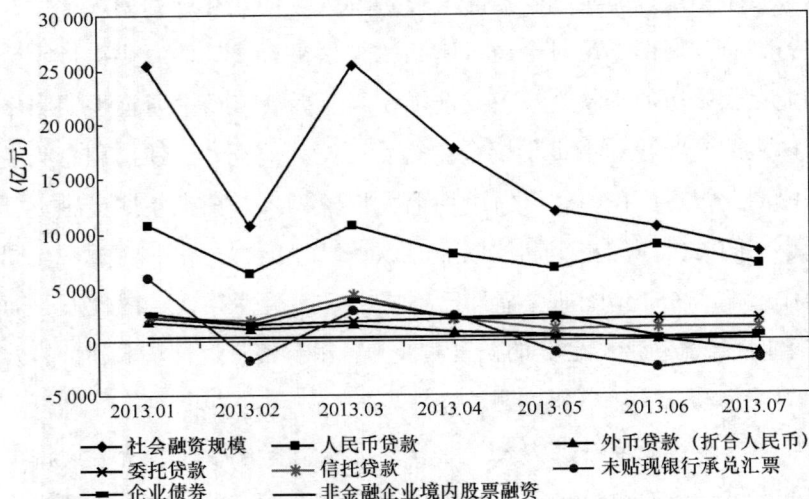

图 4－1　2013 年 1－7 月我国金融机构社会融资规模

资料来源：中国人民银行网站：2013 年社会融资规模统计数据，http://www.pbc.gov.cn。

3. 外汇占款下降

在我国中央银行投放基础货币的渠道中，外汇占款所占的比例最大。但进入 2013 年以来，受到国内外市场综合因素的影响，我国外汇占款增长趋势放缓，甚至出现了负增长。5 月，外汇占款增加额较 4 月环比下降，到 6 月末，我国金融机构外汇占款余额为 273 887 亿元，较 5 月进一步减少 412 亿元，是连续 6 个月以来首次出现的负增长①。凯恩斯货币需求理论指出，利率是一种由货币供求决定的货币现象，外汇占款下降会导致货币供应量的变化，

---

① 数据来源于中国人民银行调查统计司关于货币供应量的相关数据。

进而影响到利率水平，利率波动就会直接影响到市场上资金的流动。

4. 银行间市场短期交易利率升高

从全国银行间同业拆借市场交易情况来看（见表4－2），2013年6月，1天拆借利率的加权平均利率环比增长129.6%，7天拆借利率环比增长88.1%，14天拆借利率环比增长91.6%，30天拆借利率环比增长75%。从交易量来看，6月资金需求主要集中在短期，但由于高利率的影响，交易量负增长较大。对比1天利率，7天和14天拆借利率虽然也有所升高，但交易量环比下降不明显。相对而言，中长期利率无明显上升，但是需求还是有所增长。由此可见，短期资金需求非常高。而且，金融机构无视可能面临严重的流动性风险，继续加大金融资本的扩张，形成严重的道德风险。而中央银行却在6月初市场资金全面紧张时持续发行央票回收资金，同时并未启用公开市场短期流动性调节工具，令市场预期转向悲观，最终在6月20日迎来所谓"钱荒"的高峰。"钱荒"事件发生1个月后，即2013年7月20日中央银行才决定全面放开金融机构贷款利率管制。这是继2012年两次调整存贷款利率，扩大存款上浮区间、贷款下浮区间之后的又一重大的推进利率市场化改革的措施。从中央银行在6月"钱荒"时所表现的态度上可以推测，中央银行是故意考验商业银行的流动性管理能力和风险控制能力，目的是使商业银行更好地适应利率市场化，也倾向于在市场化的竞争中让经营差、竞争意识落后的银行面临淘汰的危机。

表4－2 全国银行间同业拆借市场交易期限分类统计

单位：亿元;%

期限 项目 日期	1天		7天		14天		30天		60天	
	交易量	加权平均利率	交易量	加权平均利率	交易量	加权平均利率	交易量	加权平均利率	交易量	加权平均利率
2012年累计	402 814	—	41 934	—	12 068	—	4 476	—	1 626	—
2013.01	33 896	2.13	3 047	3.27	719	3.14	234	3.89	69	4.17
2013.02	23 010	2.59	3 102	3.44	1 140	3.67	337	4.16	70	3.75
2013.03	30 720	2.31	4 302	3.22	564	3.47	767	3.41	38	3.87

续表

期限 项目 日期	1 天		7 天		14 天		30 天		60 天	
	交易量	加权平 均利率	交易量	加权平 均利率	交易量	加权平 均利率	交易量	加权平 均利率	交易量	加权平 均利率
2013.04	37 911	2.38	3 160	3.37	738	3.50	588	3.66	53	3.52
2013.05	38 622	2.80	3 953	3.71	864	3.69	748	3.88	69	3.57
2013.06	11 324	6.43	3 125	6.98	805	7.07	161	6.79	57	6.44

资料来源：中国人民银行网站：2013 年全国银行间同业拆借市场交易期限分类统计表，http://www.pbc.gov.cn。

三、"钱荒"背后的思考

有学者（陆霄，2013）反思"钱荒"产生的原因后认为，必须加快调整银行的发展模式。第一，银行要调整资产负债表，在流动性、安全性与营利性之间合理匹配的基础上大力发展中间业务，重心应放在支付结算类、银行卡、代理和咨询顾问等业务上，减少对信托理财类等表外业务的过分追逐。第二，要加强对金融机构的监管、理财产品的清理以及加快利率和汇率市场化的步伐等[①]。在经济存在下行风险压力的背景下，通过市场化机制解决"金融热、实体冷"的问题，通过盘活货币信贷存量支持实体经济发展，优化金融资源配置，盘活存量、用好增量，通过扩张性的财政政策与稳健性的货币政策相结合，在金融体系中把与影子银行相关的虚高的那一部分挤出去，让信贷流向实体经济，比如"三农"、小微企业或是政府鼓励支持的行业和产业，培育新的增长动力和竞争优势[②]。

还有一个问题值得思考：中央银行为什么会"冷眼旁观"这次"钱荒"呢？通常情况下，当市场资金面比较紧张时，中央银行总会及时伸出援手，通过各种方式释放流动性。但奇怪的是，这次"钱荒"持续了一段时间，中央银行却表现得很淡定，一直没有出手缓解局势。中央银行为何一夜从"央

[①] 陆霄. "钱荒"引发的思考 [J]. 浙江经济，2013（8）：53.
[②] 宗良. 用好增量、盘活存量 支持经济结构调整与升级 [N]. 金融时报，2013－07－18.

妈"变成了"后妈"？原因何在？准确地说，中央银行的这种做法是对此类不重视流动性管理的银行的一种惩戒。因为现在市场上总有一部分银行平时流动性管理不当，资金总是处于偏紧状态，可一旦缺乏资金就抱银行间市场的大腿，向银行间市场拆入，给市场带来了巨大压力，最后倒逼中央银行"放水"。这次中央银行在发生"钱荒"事件后没有出手相救，就是想给某些商业银行一些教训，让这些商业银行能够按照审慎经营的思路加强管理，保持充足的流动性，打消部分中小银行依赖银行间市场借入短期同业资金的念头，促其提升银行的流动性风险管理能力。中央银行的"冷眼旁观"就是为了实现这样一个目的（韦静强等，2014[①]；朱孟楠、侯哲，2014[②]）。

针对这次突如其来的考验，中央银行进一步要求商业银行必须加强流动性和资产负债管理，对贷款符合国家产业政策和宏观审慎要求、有利于支持实体经济的稳健金融机构，如果资金配置出现临时性头寸缺口，中央银行会提供流动性支持，对流动性出现问题的机构，也要采取及时的补救措施，维持货币市场的整体稳定，更要谨慎控制信贷等资产扩张偏快引起的流动性风险，进而加强同业业务期限错配风险防范。而对于银行的金融创新，中央银行指出虽然要鼓励，不能扼杀，但是必须在严密监管和风险可控的状态下执行，规避金融风险的意识更加突出。

"钱荒"的根本问题是商业银行资金期限错配和经济结构不合理所引起的（程卫红，2013）。避免"钱荒"，商业银行要做好两方面的工作：第一，规范商业银行同业业务发展，规范银行理财业务，调整资产结构，强化流动性风险管理，改变商业银行存贷资金期限错配问题。第二，规范银行理财业务，理财产品的短期负债与长期资产的错配，使得商业银行需要不时在货币市场筹措资金偿还投资者，再加上银行同业业务规模快速增长导致流动性缺口放大，尤其是一些中型股份制银行严重依赖在银行间市场上借入短期资金，缺乏长期稳定的负债来源引起流动性紧张。冯科（2014）也指出，短期性"钱

---

① 韦静强，吴金希，贾甫. 中国金融业"钱荒"原因分析及对策建议［J］. 工业技术经济，2014（5）：3－13.

② 朱孟楠，侯哲. 中国商业银行资金错配问题研究——基于"钱荒"背景下的思考［J］. 国际金融研究，2014（4）：62－69.

荒"有可能演变为周期性现象,因为现行的金融抑制政策固化了非均衡的产业结构,并降低了金融产品的流动性。因此,制度设计者既要改革金融体制,放开民间资本,推行利率市场化,鼓励金融创新等,以便为海量的货币供给提供竞争性的投资渠道,又要调整经济结构,加快产业升级,为金融产品的高流动性打下坚实的经济基础,进而实质性地解决周期性的"钱荒"问题。因此,"钱荒"的表象是商业银行的资金错配和逐利行为,实质上反映了我国金融改革的滞后和政府长久以来的投资拉动模式。解决这个问题,根子上就要在尊重经济运行规律的基础上进行全面的金融机构改革,政府也需果断有力地转变政府职能,处理好政府与市场的关系,在经济领域更多地发挥市场配置资源的基础性作用。

除了从金融机构方面研判"钱荒"背后的逻辑关系外,陆磊(2013)还从货币政策与金融稳定政策的角度对"钱荒"进行了反思。他认为,流动性不应该继续扩张,而应逐步紧缩。因为 2013 年 5 月底,广义货币供应量增长率高达 15.8%,狭义货币供应量增长率也在 11.3% 的水平。两个指标都好于 2012 年同期,说明市场并不缺乏流动性。但从金融稳定出发,银行支付出现问题,中央银行为了防止资金短缺在整个银行体系内传染,造成挤兑现象,给予适当的短期流动性支持势必是合理的,但从中长期来看,对于那些系统重要性银行的短期流动性支持,也要考虑到相应的问责制问题。同时,货币当局也要考虑人民币汇率的稳定性,因为一旦人民币出现较大幅度的贬值,就会导致大面积的资本外逃和以房地产为标的的资产价格泡沫破裂,银行业的不良资产就会急剧上升。可以说,流动性危机并不可怕,中央银行发行货币就能减少冲击,但信用危机一旦爆发,后果将不堪设想。

四、案例启示

经过此次"钱荒",我国商业银行开始意识到了流动性风险管理的重要性。商业银行在未来要加强流动性管理,在业务发展方面要增强自我平衡和自我约束的能力。通过合理安排资产负债总量和期限结构,把握一般贷款、同业业务、票据融资等业务的配置结构和投放进度,这样才能有效避免流动性风险。

（一）商业银行要统筹兼顾流动性与营利性等经营目标

当前，大规模信贷投放已难以为继，美联储退出量化宽松政策的预期也在改变热钱流向，银行体系流动性过度宽松的时代已经过去。在这样的背景下，商业银行应转变思路，稳健经营，而不能在过度追求规模和效益的同时，将流动性的命脉交给银行间市场或银行间借贷。商业银行应按照宏观审慎的要求，合理安排资产负债总量和期限结构，合理把握一般贷款、票据融资等的配置结构和投放进度，谨慎控制信贷等资产扩张偏快可能导致的流动性风险，加强对同业业务期限错配风险的防范。

（二）合理运营同业业务

合理运营同业业务不会直接造成"钱荒"。商业银行同业业务开展应定期关注期限错配程度、投资组合久期和杠杆倍数是否合理，是否存在刚性风险缺口等影响流动性问题指标。在资金安排上避免用短配长、高杠杆等方式获取高收益，以免扩大流动性风险的长尾效应，降低流动性风险。

（三）加强行业自律与风险内控

银行与信托、证券、保险和资产管理公司等机构的业务中复杂的交易结构化设计，容易造成信用风险积累、飘移和政策信号的失真。比如，前些年的票据融资空转和跨境贸易虚增等业务都在一定程度上积累了信用风险，造成相关经济数据失真。另外，在交易安全上，大量创新同业业务都是场外交易，交易定价的公允性、风险收益是否匹配，是否存在利益输送，信息披露是否合理，是否存在庞式骗局隐藏风险等，需要通过加强市场规范、行业自律和内部控制来杜绝。

（四）建立较为有效且先进的流动性管理体系以及预警机制

对于流动性管理来说，主要应做好两方面的工作：一是对流动性缺口进行科学的预测；二是寻找合适的策略以弥补缺口。这就需要选择一个较为先进且系统化的流动性管理方法。现在主流的流动性管理方法主要有流动性缺口法、线性规划法、期限阶梯法和 L－VaR 方法。这四种方法的出发点不同，各有优势也各有缺点，可以根据商业银行自身的特点进行选择。除了管理方法，建立流动性预警机制对于流动性管理也很重要。因为我国商业银行目前使用的流动性监控指标不能准确掌握流动性的供给、需求及缺口的变化，而流动性风险在不断的动态变化中，因此，对流动性风险进行管理时，也应该与这种动态变化的情况相适应。

（五）关注宏观经济以及金融市场形势，实施动态流动性风险管理模式

商业银行在进行流动性风险管理时，不仅要从自身实际情况出发，结合本行特点实施对症下药式的流动性管理，还需重点考虑国家宏观经济政策因素的影响。流动性是货币政策实施和传导的直接对象，因此，对宏观政策的分析在流动性风险管理中显得尤为重要。商业银行要加强对宏观经济形势的分析，准确估计央行货币政策操作取向；加强分析宏观政策调整和金融市场变化对流动性的影响，做好流动性安排，并建立动态的流动性监管体系。

案例二　部分国家同业拆借市场发展情况

一、案例背景

同业拆借市场是指金融机构之间以货币借贷方式进行短期、临时性头寸调剂的市场。其交易形式主要有两种：一是为弥补头寸不足或补足存款准备金进行的短期资金融通，也称为"隔夜拆借"；二是同业借贷，主要是商业银行之间利用资金融通过程的时间差、空间差和行际差调剂资金而进行的短期借贷[①]。2007 年中国人民银行制定的《同业拆借管理办法》定义的同业拆借是指经中国人民银行批准进入全国银行间同业拆借市场的金融机构之间，通过全国统一的同业拆借网络进行的无担保资金融通行为。一般情况下，同业拆借市场中每一笔交易都是大额交易，时间也较短，隔夜、两天、1 周、2 周，最短还有几个小时的拆借交易，最长也不过两个月。因此，由于借贷时间短，一般以日计息，也称隔日贷款。同业拆借利率则是在同业拆借市场上金融机构间相互拆借资金时的利率。在拆借市场上，拆借利率随行就市，在市场中最及时、最灵敏地反映出资金市场的供求状况。拆借利率的变动反馈可以协助投资者及时了解市场资金动态及自身负债能力，使投资者合理调整

---

① 郭映华. 我国银行同业拆借市场研究［J］. 新经济，2014（2）：63.

投资方向，实现最大收益。此外，中央银行可利用这种反映金融市场资金松紧的拆借利率，通过传导机制引导市场参与者调整自己的投资方案以及各类金融资产的配置规模。表4-3是世界主要国家/地区同业拆借市场发展情况的对比。

表4-3　美国、欧洲、英国、日本、中国同业拆借市场发展情况对比

国家/地区	市场主体	交易客体	交易方式	市场利率	与中央银行货币政策操作的关联
美国	商业银行、互助储蓄银行、储蓄协会、外国银行分行、证券商、联邦政府	隔夜拆借占绝大多数	①经纪人交易（最多）；②代理行交易；③直接交易	利率市场化，是金融市场基准利率	制定利率目标区，通过公开市场操作影响利率
欧洲	在欧元货币市场上成交量大、交易活跃的银行	银行间短期存款、隔夜无担保拆借	直接交易	利率高度市场化，是欧元区金融市场基准利率	欧洲中央银行将欧元同业拆借利率和隔夜拆借平均指数作为宏观调控的关键指标
英国	清算银行、商人银行、贴现行、金融行、海外银行、国际金融机构、部分非金融机构	主要是3个月内短期融资，隔夜拆借占多数	主要通过经纪人交易，极少直接交易	利率市场化，是金融市场关键利率	不直接影响利率，但对贴现市场进行干预，通过金融机构的市场行为间接影响同业拆借利率
日本	都市银行、地方银行、相互银行、保险银行、短资公司	无抵押短期拆借占多数	主要通过短资公司交易，引入直接交易原则	利率市场化，是金融市场基准利率	通过短资公司进行公开市场操作，影响同业拆借市场利率，进行间接调控
中国	银行类金融机构与绝大多数非银行类金融机构（信托公司、金融资产管理公司等）	隔夜拆借占绝大多数	①经纪人交易；②代理行交易；③直接交易	利率市场化关键期，逐渐作为货币市场的基准利率	SHIBOR直接影响利率市场化，基准作用进一步增强，已成为诸多市场的定价基准

资料来源：部分摘自张自力、林立编著：《中国货币市场运作导论》，经济科学出版社，2010年版。

在国际货币市场中，比较有代表性的同业拆借利率包括伦敦银行同业拆放利率、美国联邦基金利率、日本隔夜拆放利率、新西兰基准利率和加拿大隔夜目标利率等。其中，伦敦银行同业拆放利率（LIBOR）是由英国银行家协会编制的在伦敦金融市场上银行之间相互拆借英镑、欧洲美元及其他欧洲货币时的利率，目前它是伦敦金融市场借贷活动中计算借贷利率的基本依据，有超过 20% 的国际银行间借贷业务和超过 30% 的外汇交易在伦敦进行，因此，LIBOR 已成为国际货币市场最为重要的短期参考利率。LIBOR 由报价银行在每个营业日上午 11 时对外报出，分为存款利率和贷款利率两种报价，资金拆借的期限为 1 个月、3 个月、6 个月和 1 年等几个档次[①]。

美国的联邦基金利率主要是指隔夜拆借利率，由于它的市场化形成机制，因此不仅能反映货币市场最及时的资金供求状况，同时也成为美联储执行货币政策过程中最重要的操作目标。自 1989 年起，每季度的美联储公开市场委员会会议都会选择并确定一个联邦基金利率目标水平。目标一旦确定，美联储就会通过每天的公开市场操作将联邦基金利率控制在目标区域以内，从而影响其他短期利率、长期利率、货币供给量和信贷规模，最终实现其对经济进行调整的目的。

日本货币市场的基准利率是无担保隔夜拆借利率（TIBOR），与美国相似，TIBOR 已成为日本中央银行货币政策操作的目标之一，且每次在公布利率决议时通常会同时公布 TIBOR 的目标值。目前，日本无抵押短期拆借市场规模已经超越有抵押的短期拆借市场规模。其中，隔夜拆借的作用更为重要，其形成方式有报价式和公开牌价式。日本中央银行不能对利率直接进行控制，通常的做法是向同业拆借市场注入或抽减资金来调节资金供求，引导同业利率达到目标值。从图 4-2 可以看出，日本从 2000 年开始，无抵押银行间隔夜拆借利率除个别月份外一直在零值附近徘徊，尤其是金融危机爆发后，日本中央银行举动较大，2013 年 4 月实施了"量化和质化宽松货币政策（QQE）"，将基础货币、国债和交易型开放式指数基金（ETF）余额扩大 1 倍，再将国债的平均到期期限延长两倍以上，且据日本中央银行 2015 年 1 月

---

① 徐枫. 我国银行间同业拆放利率影响因素的实证分析 [J]. 金融论坛，2004 (9)：57-63.

6 日公布的数据，2014 年年底基础货币已成功突破量化宽松提出的 2015 年中期目标，达到 275 万亿日元，提前创下历史新高。

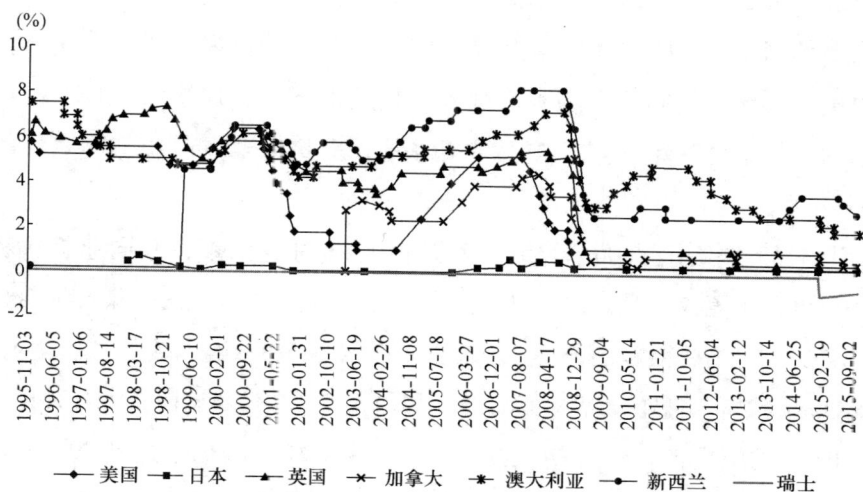

图 4-2　世界主要国家同业拆借市场利率变动趋势
资料来源：根据东方财富数据库数据整理所得。

为了进一步推动我国利率市场化进程，加强货币市场基金利率的建设，从 2007 年 1 月起，中国人民银行推出了上海银行间同业拆放利率（SHIBOR）。SHIBOR 报价银行团现由 16 家商业银行组成，报价银行是公开市场一级交易商或外汇市场做市商，是在货币市场上人民币交易相对活跃、定价能力强、信用等级高和信息披露比较充分的银行，其现有定价机制与国际市场上普遍作为金融产品定价基准利率的 LIBOR 非常接近。SHIBOR 的指定发布人是全国银行间同业拆借中心，指定发布机构每个交易日根据各报价行的报价，剔除最高、最低各 2 家报价，对其余报价进行算术平均计算后得出每一期限品种的 SHIBOR，并于 11：30 通过 SHIBOR 的官方网站——上海银行间同业拆放利率网对外发布①。目前，公布的 SHIBOR 品种有隔夜、1 周、2 周、1 个月、3 个月、6 个月、9 个月与 1 年，不仅具备完整的利率期限结构，其形

---

① 舒畅. 谈中国利率市场化与基准利率建设［J］. 当代经济，2013（23）：158-159.

成机制与管理模式也与国际基准利率相似，是我国现阶段金融市场中市场化程度最高的利率。在其他国家，澳大利亚是隔夜利率，加拿大是隔夜目标利率，瑞士是 3 个月 LIBOR 目标利率。从图 4 - 2 展示出的世界主要国家同业拆借市场利率变动的整体趋势上看，2008 年受全球金融危机的影响，世界主要国家或地区的同业市场利率都有大幅度的下降，加拿大、日本和英国等国的同业市场利率甚至已接近零值水平，反映出全球市场整体宽松的货币环境。

图 4 - 3 描绘出 2006 年 10 月至 2015 年 8 月我国银行间同业拆放利率（SHIBOR）中隔夜、7 天、1 个月与 1 年等几个品种走势。图中除 1 年期 SHI-BOR 外，其他三个品种的走势基本相同，并且在 2013 年"钱荒"发生前后，同业拆放利率有明显的上升。例如，2013 年 6 月 20 日我国隔夜 SHIBOR 高达 13.44%，增幅是 578.4%，7 天期 SHIBOR 为 11%，增幅也达到 292.9%，1 个月期的 SHIBOR 值为 9.4%，增幅也高达 178.4%。可见，同业拆放利率可以非常灵敏地反映市场中资金的供需情况，是货币市场的"晴雨表"。

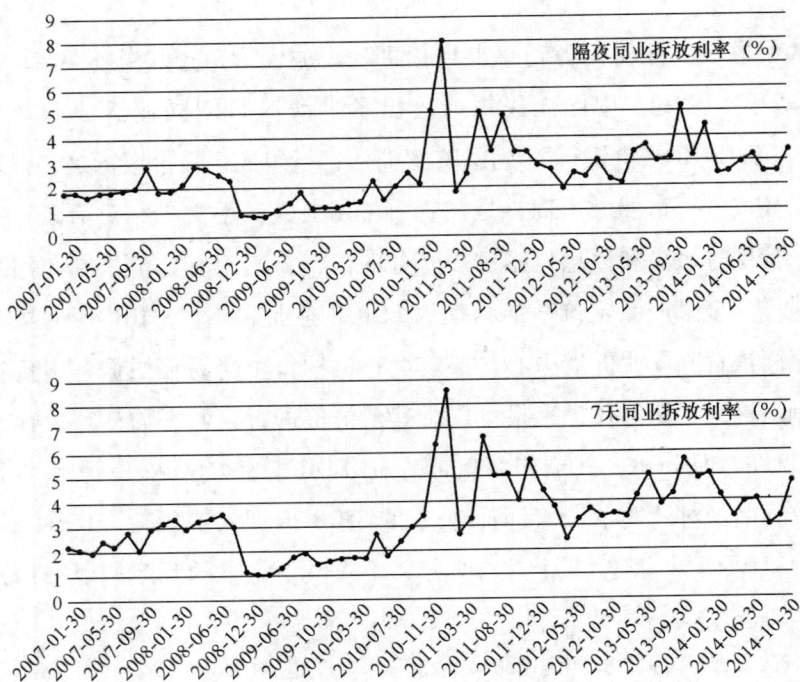

隔夜同业拆放利率（%）

7天同业拆放利率（%）

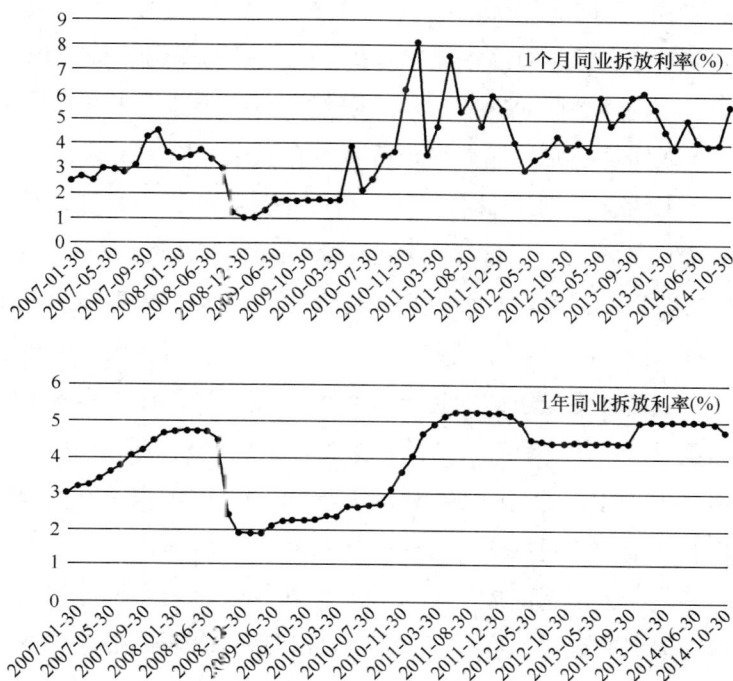

图 4－3　2006 年 10 月至 2015 年 8 月

我国银行间同业拆借市场利率（SHIBOR）几个品种的走势

资料来源：根据东方财富数据库数据整理所得。

二、案例分析

（一）同业拆借市场的起源与特征

同业拆借市场的雏形产生于 19 世纪，当时英美银行大多实行单一银行制。由于各银行规模较小、分支网络欠缺，造成银行流动性管理的困难，发达地区的银行难以吸收到足够的存款应对庞大的贷款需求，经济欠发达地区的银行多余的资金却没有放贷的出路，此时，银行间吸纳过户拆借的短期市场应运而生。但这时的同业拆借市场规模较小、频率低，至 19 世纪末，英国开始放松金融管制，出现了大规模的城市银行兼并浪潮，银行规模迅速扩大，单一银行制很快被分行制所替代，不同银行间的拆借变成了一家银行不同分支机构间的拆借。这时美国仍然实行严格的单一银行制度，不同商业银行间的同业拆借仍然是银行流动性管理的重要手段，直到美国颁布《1913 年联邦储备法》后，全国性的同业拆借市场即联邦基金市场才得以发展壮大。这项储备法规定，联储系统成员都必须按所吸收存款余额的一定比例提取存款准备金，并存入 12 家地区联邦储备银行，否则将受到严厉的经济处罚，且准备金存款是没有利息收入的。这样的规定对商业银行流动性管理形成了阻碍，为了调剂准备金头寸，联邦基金市场应运而生。1929—1933 年的经济大危机让西方各国意识到金融行业存在着巨大风险，各国相继引入了银行法定存款准备金制度，最终都促成了同业拆借市场的迅速发展，在世界各地形成了各具特色的同业拆借市场。尽管各地的拆借市场发展过程有所不同、各具特点，但通过表 4-3 的对比以及前文的介绍不难看出，不同国家及欧洲地区的同业拆借市场也有一定的共同特征，表现在以下四个方面：

第一，存款准备金制度成为多数国家同业拆借市场发展的初始动力。例如，在发达的国家和地区，存款准备金不付利息，商业银行等金融机构无法准确预测存款余额和准备金水平时就产生了相互调剂准备金的需求，直接推动了同业拆借市场的快速发展。

第二，市场主体呈现多元化发展态势。拆借市场的多元化发展有利于促进资金供给和需求主体的多元化，既能提高市场的活跃程度，也能促使同业拆借利率成为真正反映市场资金供求关系的重要指标。

第三，交易以短期拆借为主。在发达的同业拆借市场中，货币经纪发展成熟，大额交易基本上都有中介机构参与其中，直接交易比例较低，因为间接交易不但可以提升市场效率，且能降低信用风险。随着同业拆借市场的发展，无论在发达国家还是发展中国家，同业拆借市场的交易期限都以短期拆借为主，在发达国家隔夜拆借的占比达到 70% 以上。再以我国银行间拆借市场为例，截至 2014 年 12 月，全部拆借交易量增量合计为 376 626 亿元，而隔夜拆借交易增量累计为 294 983 亿元，已占全部银行间拆借交易量的 78.3%。可以说，同业拆借市场已成为金融机构头寸调剂和流动性管理的主要场所。

第四，发达国家的同业拆借利率市场化程度较高。发达国家或地区的同业拆借市场形成的利率通常被视为基准利率，如美国的联邦基金利率。1921

年，美国纽约货币市场上联邦储备银行的会员首先开始了准备金头寸的拆借，联邦基金利率是该市场的拆借利率，它最直接地反映了货币市场最短期的价格变化，也是美联储在执行货币政策中最重要的政策性利率指标。

（二）我国同业拆借市场发展中的问题

同业拆借市场是一种市场资金配置工具，即在金融机构和地区之间有效地分配银行资金的流动性，将闲置资金转移到最需要的机构和地区，使得银行的支付系统能够平稳运行。由于借鉴了许多西方发达国家同业拆借市场的做法，因此我国同业拆借市场在发展过程中也难免出现一些问题，具体表现在以下三个方面：

第一，拆借资金成为弥补流动性缺口的手段。金融机构存放在中央银行的资金，分为存款准备金和超额储备，而法定存款准备金除在特殊情况下经过中央银行批准后可短期使用外，一般不能使用。而超额储备的多少直接影响金融企业的信贷扩张能力，故拆借资金只能弥补准备金的不足和短期头寸周转。现实中，许多金融机构将拆借资金作为弥补经常性流动资金缺口的来源，进而减少短期高流动性资产持有，甚至有时候"拆东墙补西墙"，拆入资金成倍多于自有资金加存款，这样既扩大了整个贷款规模，也影响了中央银行宏观调控的效果。在同业拆借市场早期形成阶段，还有些金融机构违规操作，将人民银行再贷款或专项贷款以高息向外拆借，形成了违规拆借之风。

第二，交易币种较少与流动性欠缺问题并存。2002年6月后，我国同业拆借市场开始放宽对交易币种的限制，建立统一的国内外币拆借市场，但拆借币种仅限于美元、日元、港元和欧元四种，数量也较少。从经验来看，我国同业拆借市场的交易主体资金头寸状况和经营业务都很相似，从而使得资金配置情况和交易行为也比较趋同，在没有政策限制的条件下，我国同业拆借市场主要交易主体将出现用于拆借的资金多与少都同步的现象，流动资金严重不足时也只有将希望寄托于中央银行。

第三，缺乏有效的经纪人管理制度。由于在同业拆借市场存在同业拆借信息不对称问题，资金拆出者对资金拆入者的资信情况了解不多，逆向选择和道德风险增大，很多银行在同业拆借中变得非常谨慎，不愿将资金借给中小银行或其他非银行机构。原来的融资中心被撤销，缺乏交易中介组织，经纪人制度尚未建立，非常不利于我国同业拆借市场的发展。国外经纪人交易制度很成熟，促成交易的概率很高。

三、案例启示

经过多年的努力，我国上海银行间同业拆放利率（SHIBOR）于 2007 年年初正式对外公布，这表明我国利率市场化又向前迈出了重要一步。为了配合 SHIBOR 报价机制改革以及更加完善同业拆借市场，还需要在以下三个方面进行改进：

（一）完善同业拆借市场的法律法规

目前，我国中央银行与商业银行资金相分离，基本消除了商业银行对中央银行的依赖，促使商业银行通过市场进行资金余缺平衡，在一定程度上为金融机构在同业拆借市场的公平交易提供了基础条件，而同业拆借市场作为我国金融机构之间进行资金融通和配置的市场，不仅是我国货币市场的主要部分，也是我国货币政策的重要传导渠道，对我国实现货币政策目标具有不可替代的作用。同业拆借市场在发展的过程中，势必要完善相应的法律法规，以保障这一市场的稳定和交易的安全，贯彻落实《全国同业拆借市场管理办法》和《同业存单管理暂行办法》，进而对相关的准入资格和退出条件、资金来源和主要用途、拆借期限和拆借限额、交易程序和清算办法、风险控制和信息披露、运行体系和会员管理、监管主体和自身约束以及监督管理和处罚规定等予以明确，使市场交易主体有章可循，并加强对自身的管理和约束[①]。

（二）逐步放开同业拆借外币币种并建立市场经纪制度

我国同业拆借市场的发展仍存在交易币种较少和流动性不高的问题，需要适当放宽同业拆借外币币种限制和重新建立经纪制度。首先，要认识到放宽拆借币种限制的重要意义：放宽拆借币种限制将有助于金融机构的外汇资金管理；有助于增加市场交易品种，活跃市场交易，进一步扩大市场的深度和广度；有助于增加市场需求，减轻人民币升值压力。其次，在开展外币拆借业务的过程中，需要改革现行管理办法，放宽甚至取消外汇头寸额度限制，

---

① 顾成军. 我国同业拆借市场发展问题分析［J］. 市场论坛，2014（2）：64 – 66.

对银行外汇业务实行资产负债比例管理。同时，在外汇市场上适时推出一些金融衍生工具，能够为外汇资金风险管理提供避险工具①。

在重新建立的经纪制度中，需要尝试培育一批专业性强、知识面广的经纪人队伍，通过经纪人考试规范经纪人市场，促进该市场的发展，同时要提高效率、降低佣金费用，培育建立自主经营、自负盈亏的同业拆借市场专业经纪机构。

（三）建立内控机制，防范拆借资金风险

同业拆借市场上的交易主体要对拆借业务建立一套责任分明、规章健全、运行有序的内部控制机制，每位交易者都不能违反和扰乱市场操作程序。对待每笔拆借业务、拆入资金都要按规定严格执行，拆出资金也要随时掌控风险状况，规避一切可能存在的风险损失。一旦出现违规拆借主体，无论是否构成损失，相关部门都要对违规行为进行严厉查处。

案例三　北京银行发行金融债券

一、案例背景

（一）金融债券的概况

债券的历史非常悠久，早在奴隶时代便已经产生了公债券。到了封建时代，债券更是得到了进一步发展。在我国《史记·田敬仲完世家》中有"公常执左券以责于秦韩。此其善于公而恶张子多资矣。"这里的"左券"便有债券的含义。那个时候借贷双方通常刻木为契，并分左右两半，借贷双方各执其一作为凭信。

金融债券的产生是 20 世纪的事情。所谓金融债券是指银行及非银行金融机构依照法定程序发行并约定在一定期限内还本付息的有价证券。20 世纪 60 年代以前，只有投资银行、投资公司之类的金融机构才能发行金融债券，因为这些机构一般不吸收存款，或者只吸收少量的长期存款，发行金融债券成为其筹措资金来源的重要手段。而商业银行等金融机构，因能吸收存款，有稳定的资金来源，一般不允许发行金融债券。60 年代以后，商业银行等金融

---

① 廖琍. 浅析我国同业拆借市场存在的问题及对策［J］. 今日科苑，2007（20）：120.

机构为改变资产负债结构或因某种特定用途，纷纷加入发行金融债券的行列，从而打破了金融债券的发行格局。在欧美很多国家，由于商业银行和其他金融机构多采用股份公司的组织形式，所以这些金融机构发行的债券与公司债券一样，受相同的法规管理，一般归类于公司债券。日本则有所不同，金融债券的管理受制于特别法规。

从国际债券市场的视角我们可以发现，金融机构是国际债券市场最大的发行方，居于统治地位（见表4-4）。其发行数量从2001年的3.9万亿美元增长到2013年的15.9万亿美元，占比从66.6%提高到72.6%，提高了6个百分点。而非金融机构发行数量虽然绝对值从2001年的0.9万亿美元提高到2013年的2.8万亿美元，但所占比重有所下降，从2001年最高点的15%下降到次贷危机时的9%后又缓慢上升至2013年的13%，反映出非金融机构部门相对于金融机构而言其融资能力受到了债务危机的制约。

表4-4　国际债券市场各类发行机构及其发行结构

单位：10亿美元

机构＼年份	2001	2003	2005	2007	2009	2011	2013
金融机构	3 982	6 511	8 515	13 841	15 968	15 482	15 933
非金融机构	907	1 190	1 208	1 615	1 905	2 146	2 876
政府机构	705	949	1 024	1 234	1 403	1 545	1 656
国际组织	378	500	533	641	798	1 027	1 454

资料来源：根据 Debt Securities Statistics（BIS）整理得到。

另外，从国际债券市场的币种结构我们也可以了解国际金融债券大体的货币分布（见图4-4）。在国际债券市场中欧元地位要高于美元。欧元标价债券从1999年的1.2万亿美元增长到2013年的9.9万亿美元，13年间增长了725%，其所占份额从2003年开始超过美元标价债券，并于2009年达到顶峰，为50.03%。此后，由于受欧洲债务危机的影响，这一份额虽有回落，但仍维持在45%左右，高于美元标价债券近10个百分点。美元标价债券份额在2001年达到顶峰，为48.51%，此后开始回落，到2009年跌至最低点的

29.61%，然后缓慢上升到 2013 年的 35.88%，美元与欧元标价债券形成了此消彼长的关系。排在第三位的为英镑标价债券，尽管英国经济实力已经不如以前，但伦敦作为国际金融中心的地位依然坚挺，英镑标价债券从 1999 年的 3.8 千亿美元增长到 2013 年的 2 万亿美元，13 年间增长了 426%，其份额稳定在 10% 左右。日元标价债券位居第四，其份额在 1996 年 9 月达到了历史的最高点 19.9%，此后便一路下滑，到 2013 年跌至 2.21%，创下新低，这在某种程度上反映出日元国际化的失败。

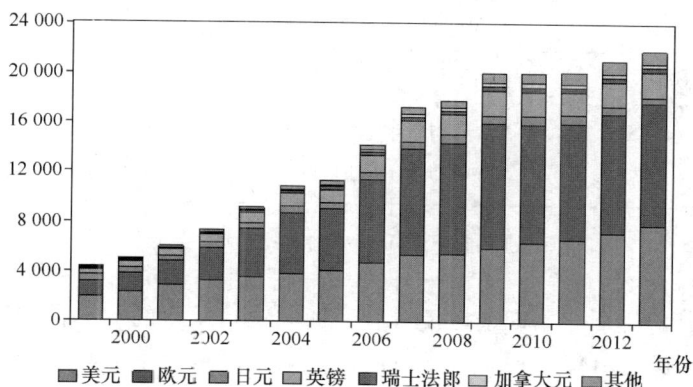

图 4-4 国际债券市场币种结构（单位：10 亿美元）

资料来源：根据 Debt Securities Statistics（BIS）整理得到。

（二）北京银行金融债券的发行

1. 债券发行概况

（1）招标书。2015 年北京银行股份有限公司发行金融债券招标书如表 4-5 所示。

表 4-5 2015 年北京银行股份有限公司发行金融债券（第一期）招标书

序号	要素名称	要素内容
1	发行总额	300 亿元
2	债券品种和期限	3 年期品种计划发行规模 100 亿元，5 年期品种计划发行规模 200 亿元
3	发行方式	本期债券由联席主承销商组织承销团，以中国人民银行债券发行系统招标的方式，在全国银行间债券市场公开发行

序号	要素名称	要素内容
4	债券面值	100 元人民币
5	招标利率上下限	3 年期品种为 3.6% ~ 4.3%；5 年期品种为 3.8% ~ 4.5%
6	利率步长	0.01%
7	基本投标单位	100 万元
8	每标位最低投标量	500 万元
9	起息日	2015 年 10 月 23 日
10	缴款日	2015 年 10 月 23 日
11	到期日	3 年期品种到期日为 2018 年 10 月 23 日 5 年期品种到期日为 2020 年 10 月 23 日

资料来源：2015 年北京银行股份有限公司金融债券（第一期）募集说明书。

（2）债券性质。本期金融债券属于商业银行发行的、本金和利息的清偿顺序等同于商业银行一般负债（但根据有关法律次于个人储蓄存款的本金和利息），先于商业银行二级资本工具、其他一级资本工具和核心一级资本工具的金融债券。

金融债券性质为公司的一般负债，遇到公司破产清算，其偿还顺序居于发行人二级资本工具、其他一级资本工具和核心一级资本工具之前。根据《中华人民共和国商业银行法》的规定，商业银行破产清算时，在支付清算费用、所欠职工工资和劳动保险费用后，应当优先支付个人储蓄存款的本金和利息，即如遇公司破产清算，本次债券的清偿顺序应次于个人储蓄存款的本金和利息，与发行人吸收的企业存款和其他负债具有同样的清偿顺序。

（3）本期债券募集资金用途。本期金融债券的募集资金在扣除发行费用后，将依据适用法律和主管部门的批准全部用于发放小微型企业贷款。

2. 发行主体简介

北京银行成立于 1996 年 1 月 29 日，是经中国人民银行《关于北京城市合作银行开业的批复》（银复〔1995〕470 号）和北京市人民政府办公厅《关于设立北京城市合作银行股份有限公司的通知》（京政办函〔1996〕6 号）批准，由原北京市 90 家城市信用合作社股东以及北京市财政资金管理分局、北京无线技术开发服务公司、北京市华远集团公司、北京市海淀区国有资产投资经营公司、中国机械工业供销总公司和北京城市建设开发集团总公司 6 家发起人以发起设立方式组建而成的股份有限公司。北京银行设立时的名称为"北京城市合作银行股份有限公司"，注册资本为人民币 1 000 000 000 元。1998 年 3 月，名称由"北京城市合作银行股份有限公司"更名为"北京市商业银行股份有限公司"，2004 年 9 月再次更名为"北京银行股份有限公司"，2005 年 9 月北京银行引进了境外战略投资者 ING 银行及境外财务投资者国际金融公司，2007 年 9 月首次公开发行人民币普通股 12 亿股，并在上海证券交易所挂牌交易。截至 2014 年年末，北京银行股本总额为 105.60 亿元，前十大股东及持股比例见表 4－6。

表 4－6　北京银行前十大股东及持股比例

名次	股东名称	股东性质	持股数（股）	持股比例（%）
1	ING BANK N. V.	QFII	1 728 837 760	13.64
2	北京市国有资产经营有限责任公司	其他	1 120 026 856	8.84
3	北京能源投资（集团）有限公司	投资公司	643 174 128	5.08
4	华泰汽车集团有限公司	其他	454 232 866	3.58
5	中国证券金融股份有限公司	证券公司	378 902 261	2.99
6	中央汇金投资有限责任公司	投资公司	219 088 500	1.73
7	中信证券股份有限公司	证券公司	194 075 439	1.53
8	世纪金源投资集团有限公司	投资公司	178 152 000	1.41
9	北京市华远集团有限公司	其他	143 695 351	1.13
10	北京联东投资（集团）有限公司	投资公司	142 178 390	1.12
合计			5 202 363 551	41.05

资料来源：根据北京银行年报整理。

北京银行经营范围很广，项目包括：吸收公众存款；发放短期、中期和长期贷款；办理国内结算；办理票据贴现；发行金融债券；代理发行、代理兑付、承销政府债券；买卖政府债券；从事同业拆借；提供担保；代理收付款项及代理保险业务；提供保险箱业务；办理地方财政信用周转使用资金的委托贷款业务；外汇存款；外汇贷款；外汇汇款；外币兑换；同业外汇拆借；国际结算；结汇、售汇；外汇票据的承兑和贴现；外汇担保；资信调查、咨询、见证业务；买卖和代理买卖股票以外的外币有价证券；自营和代客外汇买卖；证券结算业务；开放式证券投资基金代销业务；债券结算代理业务；短期融资券主承销业务；经中国银行业监督管理委员会批准的其他业务。

截至 2014 年年末，北京银行分支机构共计 325 家（含代表处）。其中，异地分支机构 134 家；主要控股子公司包括北京延庆村镇银行股份有限公司、浙江文成北银村镇银行股份有限公司、农安北银村镇银行股份有限公司、中加基金管理有限公司、北银金融租赁有限公司；在职员工10 401 人。

截至 2015 年 6 月 30 日，北京银行注册资本为人民币 10 560 191 447 元，法定代表人闫冰竹，注册地位于北京市西城区金融大街甲 17 号首层。2014 年度，北京银行实现营业收入 368.78 亿元，净利润 156.46 亿元。截至 2015 年 6 月 30 日，北京银行资产总额为 16 242.28 亿元，股东权益合计为 1 035.03亿元，营业收入 215.18 亿元，净利润 100.62 亿元。

在世界品牌实验室发布的"2014 年中国最具价值品牌排行榜"中，2015 年 6 月末，北京银行品牌价值超过 260 亿元，位居中国银行业第 7 位。在英国《银行家》杂志最新发布的"全球 1 000 大银行排名"中，北京银行一级资本位居第 99 位。凭借在网点渠道的优质客户服务，以及不断优化的销售流程和业绩管理，北京银行五次荣膺《亚洲银行家》评选的"中国最佳城市商业零售银行"奖项。

3. 发行人资本充足性

2012—2014 年北京银行资本充足性指标如表 4-7 所示。

表 4 - 7　2012—2014 年北京银行资本充足性指标 单位：亿元,%

年　份 项　目	2014 年年末	2013 年年末	2012 年年末
资本净额	1 161.9	971.68	838.57
其中：核心一级资本净额	960.5	782.59	—
风险加权资产	10 482.72	8 878.84	6 193.79
风险资产系数	68.77	66.42	55.3
股东权益/资产总额	6.3	5.86	6.4
资本充足率	11.08	10.94	12.9
核心资本充足率	—	—	10.9
一级资本充足率	9.16	8.81	—
核心一级资本充足率	9.16	8.81	—

资料来源：根据北京银行年报整理。

　　近年来，北京银行主要通过发行股票、债券以及利润留存等方式补充资本。2010 年 12 月和 2011 年 1 月，北京银行分两次合计发行 100 亿元次级债券用于补充附属资本。2012 年 3 月，北京银行向境内投资者发行 11.06 亿股人民币普通股股票，共募集资金 116.91 亿元。2014 年，北京银行进行了红股分配，股本由 2013 年年末的 88 亿元增长至 2014 年年末的 105.6 亿元。截至 2014 年年末，北京银行股东权益为 961.1 亿元。其中，股本 105.6 亿元，资本公积 261.38 亿元，一般风险准备金 326.68 亿元，未分配利润 181.36 亿元。随着业务的发展，北京银行加权风险资产规模增长较快，截至 2014 年年末，北京银行风险加权资产余额为 10 482.72 亿元，风险资产系数为 68.77%，资产风险度有所上升。近年来，北京银行股东权益与资产总额的比例呈波动态势，2014 年年末为 6.3%。按照《商业银行资本管理办法（试行）》口径计算，截至 2014 年年末，北京银行资本充足率为 11.08%，一级资本充足率为 9.16%，核心一级资本充足率为 9.16%，资本充足性水平有所提升。北京银行计划通过发行二级资本债券补充资本，未来资本压力能够得到一定程度的缓解。

4. 债券偿付能力

截至 2014 年年底，北京银行已发行并在存续期内的金融债券余额为 300 亿元。以本期金融债券发行规模 300 亿元进行计算，本期金融债券发行完成后，北京银行已发行金融债券余额将达到 600 亿元。以 2014 年年末财务数据为基础测算出北京银行经营活动现金流入量、可快速变现资产、股东权益和净利润对金融债券本金的保障倍数（见表 4 – 8）。总体上看，北京银行对其发行的金融债券的保障能力较强。

表 4 – 8   北京银行金融债券保障情况   单位：倍

项　　目	发行后	发行前
经营活动现金流入量/金融债券余额	4.68	9.36
可快速变现资产/金融债券余额	10.31	20.61
股东权益/金融债券余额	1.6	3.2
净利润/金融债券余额	0.26	0.52

资料来源：根据北京银行年报整理。

二、案例分析

北京银行金融债券发行的案例启发人们进一步思考金融债券在我国的发展。我国金融债券发行始于 1982 年，这一年中国国际信托投资公司率先在日本的东京证券市场发行了外国金融债券。为推动金融资产多样化，筹集社会资金，国家决定于 1985 年由中国工商银行、中国农业银行发行金融债券，开办特种贷款。这是我国经济体制改革以后国内发行金融债券的开端。在此之后，中国工商银行和中国农业银行又多次发行金融债券，中国银行、中国建设银行也陆续发行了金融债券。1988 年，部分非银行金融机构开始发行金融债券。1993 年，中国投资银行被批准在境内发行外币金融债券，这是我国首次发行境内外币金融债券。1994 年，我国政策性银行成立后，发行主体从商业银行转向政策性银行，当年仅国家开发银行就发行了 7 次金融债券，总金额达 758 亿元。1997—1998 年，经中国人民银行批准，部分金融机构发行了特种金融债券，所筹集资金专门用于偿还不规范证券回购交易所形成的债务。

近年来，我国金融债券市场发展较快，金融债券品种不断增加，主要有政策性金融债券和商业银行债券。

（一）政策性金融债券

政策性金融债券是政策性银行在银行间债券市场发行的金融债券。我国的政策性银行包括国家开发银行、中国进出口银行和中国农业发展银行。按规定，政策性银行按年向中国人民银行报送金融债券发行申请，经核准后便可发行。1999 年以后，我国金融债券的发行主体集中于政策性银行，其中以国家开发银行为主。国家开发银行在银行间债券市场是仅次于财政部的第二发债主体，发行金融债券已成为它筹措资金的主要方式；同时，政策性银行对金融债券的发行也进行了发行方式和债券品种的探索性改革，如国家开发银行在银行间债券市场相继推出投资人选择权债券、发行人普通选择权债券、长期次级债券、本息分离债券、可回售债券与可赎回债券和可掉期债券等新品种。2010 年，国家开发银行及其他政策性银行共发行债券 13 193 亿元，并发行了 5 亿美元外币债券。2011 年，国家开发银行及其他政策性银行共发行政策性金融债券19 973亿元。2007 年 6 月，中国人民银行、国家发展和改革委员会发布《境内金融机构赴香港特别行政区发行人民币债券管理暂行办法》，境内政策性银行和商业银行经批准可在香港发行人民币债券。

（二）商业银行债券

符合条件的商业银行可以向中国人民银行申请发行金融债券。商业银行债券有普通债券、次级债券、混合资本债券和小微企业专项金融债券。2010年，我国发行银行次级债券、混合资本债券 920 亿元，银行普通债券 10 亿元；2011 年发行商业银行次级债券、混合资本债券 3 169 亿元，发行银行普通债券 350 亿元。

1. 商业银行普通债券

商业银行普通债券是指商业银行发行的信用债券。

2. 商业银行次级债券

2003 年，中国银监会发布《关于将次级定期债务计入附属资本的通知》规定，商业银行有权决定是否发行次级定期债务作为附属资本。次级债务是指由商业银行发行的、固定期限不低于 5 年（含），除非银行倒闭或清算不用于弥补银行日常经营损失，且该项债务的索偿权排在存款和其他负债之后的商业银行的长期债务。次级定期债务的募集方式是商业银行向具有企业法人资格的目标债权人定向募集。由于发行是以私募方式发行，次级定期债务的发行规模和流动性都受到限制。

2004 年 6 月 17 日，《商业银行次级债券发行管理办法》颁布实施。其中规定：商业银行次级债券是指商业银行发行的、本金和利息的清偿顺序列于商业银行其他负债之后、先于商业银行股权资本的债券。次级债券发行人为依法在中国境内上市的商业银行法人。次级债券可在全国银行间债券市场公开发行或私募发行。商业银行次级债券的发行可采取一次足额发行或限额内分期发行的方式。次级债券的承销可采用包销、代销和招标承销等方式。次级债券在全国银行间债券市场按有关规定进行交易。

3. 混合资本债券

2006 年 9 月 5 日，中国人民银行发布第 11 号公告，就商业银行发行混合资本债券的有关事宜做出了规定。混合资本债券是一种混合资本工具，同时兼有股本性质和债务性质，但比普通股票和债券更加复杂。《巴塞尔协议》并未对混合资本工具进行严格定义，仅规定了混合资本工具的一些原则特征，而赋予各国监管部门更大的自由裁量权，以确定本国混合资本工具的认可标准。中国银监会借鉴其他国家对混合资本工具的有关规定，严格遵照《巴塞尔协议》要求的原则特征，选择以银行间市场发行的债券作为我国混合资本工具的主要形式，并由此命名我国的混合资本工具为混合资本债券。我国的混合资本债券是指商业银行为补充附属资本发行的、清偿顺序位于股权资本之前但列在一般债务和次级债务之后、期限在 15 年以上、发行之日起 10 年内不可赎回的债券。

按照现行规定，我国的混合资本债券具有四个基本特征：第一，期限在 15 年以上，发行之日起 10 年内不得赎回。发行之日起 10 年后发行人具有一次赎回权，若发行人未行使赎回权，可以适当提高混合资本债券的利率。第二，混合资本债券到期前，如果发行人核心资本充足率低于 4%，发行人可以延期支付利息；如果同时出现最近一期经审计的资产负债表中盈余公积与未分配利润之和为负，且最近 12 个月内未向普通股票股东支付现金红利的情况，则发行人必须延期支付利息。在不满足延期支付利息的条件时，发行人应立即支付欠息及欠息产生的复利。第三，当发行人清算时，混合资本债券本金和利息的清偿顺序列于一般债务和次级债务之后，先于股权资本。第四，混合资本债券到期时，如果发行人无力支付清偿顺序在该债券之前的债务或支付该债券将导致无力支付清偿顺序在混合资本债券之前的债务，发行人可以延期支付该债券的本金和利息。待上述情况好转后，发行人应继续履行其还本付息义务，延期支付的本金和利息将根据混合资本债券的票面利率计算。混合资本债券可以公开发行，也可以定向发行。

4. 小微企业专项金融债券

为解决小企业融资方面的突出问题，不断优化小企业融资环境，促进小企业金融业务可持续发展。2011 年 5 月，中国银监会发布《关于支持商业银行进一步改进小企业金融服务的通知》；同年 10 月，中国银监会发布《关于支持商业银行进一步改进小型微型企业金融服务的补充通知》。两项通知就关于支持商业银行发行专项用于小微企业贷款的金融债券做出规定。通知指出，对于小企业贷款余额占企业贷款余额达到一定比例的商业银行，在满足相关法律法规和审慎监管要求的条件下，优先支持其发行专项用于小企业贷款的金融债券，同时严格监控所募集资金的流向。允许商业银行金融债券所对应的单户 500 万元（含）以下的小微企业贷款不纳入存贷比考核范围。申请发行小微企业贷款专项金融债券的商业银行应出具书面承诺，承诺将发行金融债券所筹集的资金全部用于发放小微企业贷款。中国银监会对商业银行申请发行小微企业贷款专项金融债券进行审批。各级监管机构应严格监管发行债券募集资金的流向，确保资金全部用于发放小微企业贷款。2011 年 11 月，首单小微企业专项金融债券获准发行。

三、案例启示

目前，金融债券发行市场存在着由个别投标者引发的市场操纵行为。市场的资金收益低于平均成本，这样不仅损害了投标者利益，而且会导致资金价格失真，中标利率因操纵行为而扭曲，将直接影响金融资源的配置效率。

从另一角度考量，市场操纵本身会逼迫资金实力小的投标者退出市场，"弱肉强食"的操纵比拼最终会损害市场的长远发展。为了尽力限制这种操纵行为，应当建立有序的合作竞争关系。当市场失灵时，中国人民银行要做好两项监管：一要加强对债券发行者的监管；二要加强对市场操纵行为的监管，甚至为阻止个别投标者垄断市场，可仿照美国国债拍卖形式，确定每位投标者的最大中标限额，如可规定发行量的 20% ~30%。

此外，顺应国家政策和经济发展需要，绿色金融债券开始发行，体现了金融服务转型升级的内在需求。随着绿色金融债券市场的发展，未来将有更多的金融机构关注环境风险，秉承可持续发展理念和环境保护意识，将绿色金融纳入其发展战略中。根据国务院发展研究中心的估算，2015—2020 年我国绿色产业的投资需求约为每年 2.9 万亿元；再根据兴业银行的估算，我国每年将催生近 3 000 亿元的绿色债券融资规模。虽然目前很大程度上采取的是防御性措施，如对"两高行业"的限入、慎入政策等。但我们需看到绿色金融债券带来的巨大商机，加大对国内资本市场发展、绿色金融债券政策规则和相关市场环境变化的研究力度。同时，预估和监测绿色金融债券发行中可能出现的风险，在避免损失的同时扩大金融债券的品种与发行规模。

参 考 文 献

[1]时文朝. 坚持市场化改革方向 推动货币市场超常发展[J]. 中国金融，2005(10):38 - 40.

[2]陆磊."钱荒"的本质是结构失衡[J]. 中国农村金融，2013(7):18 - 21.

[3]冯科."钱荒"会否再度来袭？[J]. 新产经，2014(2):49 - 50.

[4]贺强，徐云松."钱荒"溯源[J]. 价格理论与实践，2013(7):26 - 29.

[5]程卫红. 解读"钱荒"背后的流动性管理问题[J]. 华北金融，2013(12):14 - 19.

[6]张慧智，翟舒毅. 我国"钱荒"现象发生因素及其对银行业发展的启示[J]. 东疆学刊，2014(2):38 - 47.

［7］舒畅．谈中国利率市场化与基准利率建设［J］．当代经济,2013(23):158 - 159.

［8］顾成军．我国同业拆借市场发展问题分析［J］．市场论坛,2014(2):64 - 66.

［9］廖琍．浅析我国同业拆借市场存在的问题及对策［J］．今日科苑,2007(20):120.

［10］赵美华,张飒．兴业银行发行绿色金融债券的经验研究及启示［J］．金融纵横,2016(2):39 - 44.

第五章 商业银行贷款业务

引　言

　　传统上，贷款业务是商业银行的核心业务，虽然随着银行表外业务的发展，在美国这样的一些金融市场发达的国家中，商业银行的贷款收入占所有收入的比例有所降低，但在诸如我国这样的金融市场不发达的国家中，贷款仍是商业银行的主要收入来源。从风险的角度看，贷款业务同时也是商业银行的主要风险来源，其主要形式是信用风险。商业银行的贷款流程、审核评定、不良资产处置以及小微企业创新等实务工作无不围绕着信用风险管理这一核心内容。

　　商业银行的贷款流程大致可以分为贷前、贷中和贷后三大环节，其中又分为若干小的环节。一般来说，贷前环节的重点内容是风险评估，目的是明确借款人是否具有借贷资格以及借贷的额度；贷中环节主要涉及银行内部操作，包括进一步的资格审核、合同签订等；贷后环节的主要内容是对贷款资金流向进行监管，以避免由于道德风险造成的贷款损失，以及在风险实际发生之后进行的不良资产处置。本章依据商业银行的贷款流程，从中选择了审核评定和不良资产处置两个子环节，通过三个实际案例说明银行在事前对信用风险的评估方法，以及风险发生之后对风险进行处置的措施。

　　除了以流程为基础对商业银行贷款业务进行介绍，本章在最后一节还介绍了小微企业贷款业务。由于信用风险的存在，当银行提高利率时，都会将一部分资质较好、风险较低的借款人挤出信贷市场，剩余的借款人的平均风险相应就提高了。因此，如果银行试图通过提高利率来获得更多的收益，最后的结果可能是增加的风险使得总收益反而降低了，这便是逆向选择问题。因此，对于像小微企业这样的高风险借款人，银行一般会表现出惜贷行为，造成其融资困难。这个问题在实际生活中并不是没有解决办法，比如，通过抵押和担保等方式可以减少银行的信用风险敞口，而基于供应链和大数据等措施，银行甚至可以做到对小微企业的纯信用贷款。本章最后一节介绍"打分卡"，通过这一信贷审核模式，商业银行可以很快地确定是否应该对小微企业进行授信，并计算其最高授信额度，极大地提高贷款审批的效率。

案例一　贷款业务的一般流程

一、案例背景[①]

某市临港工业区位于某市西部海岸，三面环海，占地面积为 40 平方公里。临港工业区陆海空交通条件优越，区内有港口、码头和拟建南北贯通该区的铁路。2011 年，临港工业区内已吸引了包括电厂、钢铁公司等在内的一大批企业落户，该市政府的工作目标已确定将临港工业区作为全市三大重点开发建设区域之一。但临港工业区的供水现状存在很大隐患，由于沿途工业快速发展，用水量迅速增长，导致区内水量、水压难以保证。目前临港工业区内的工业用水主要来源于生活用水，这既对生活用水增加了压力，也增加了工业生产成本，为临港工业区招商引资带来不利影响。因此，在临港工业区内实施分质、分类的供水迫在眉睫。

该市原水供给系统工程已正式立项，拟建项目名称为"某市临港工业区原水供给系统一期（Ⅰ、Ⅱ段）工程"，实行总体推进、分段施工的策略。项目总投资约 12 919 万元人民币，项目所需资金的 20% 由项目公司自筹，其余的 80% 拟通过银行融资的方式解决。

---

① 案例为作者根据屈建国，龙小宝：《新信贷——银行客户经理业务手册》（北京大学出版社，2009 年版）整理改编。

（一）行业特征及政策环境

本案例所涉及的行业为水利行业，从行业特点来看，该行业具有三个特征：该行业是重要的基础性行业，在国民经济运行中地位显著；行业投资大、收益低，一般需由地方政府主导；行业信贷运行的政策敏感性较强。

在案例发生的 2011 年，主要的政策环境可以概括为以下四点：

1. 投资回落，发展趋于稳定

一方面，国家"十二五"规划着力引导产业结构升级和地区布局优化，以投资拉动的经济增长模式将不再持续；另一方面，在经历"4 万亿"巨量投资带动行业超高速发展后，其本身存在投向调整和企稳回落的需求。

2. 支撑行业发展的融资来源受到明显制约

一方面，监管政策对政府融资平台贷款从严管控，极大限制了银行对该行业的信贷投入；另一方面，2011 年以来银行信贷规模紧缩，即使在符合准入的条件下，行业信贷投入也受到较大制约。据统计，2011 年第三季度末，主要金融机构各项贷款增幅达到 12.7%，水利、环境和公共设施管理业增幅仅为 0.3%。

3. 行业形成结构性的发展热点

一方面，2011 年中央以一号文件的形式聚焦水利改革发展，部署未来 10 年全社会水利年平均投入比 2010 年高出一倍；另一方面，国家"十二五"规划纲要把深入实施西部大开发战略放在区域发展总体战略优先位置并给予特殊政策支持。在该项政策的引导下，行业在西部地区的发展速度明显快于经济发达地区。

4. 行业融资主体面临短期偿债压力

一方面，在预期监管严控政策持续的形势下，到期平台贷款将不得展期、借新还旧或随意重组，新增贷款又受到很大限制，行业融资主体的到期贷款面临还贷压力；另一方面，因房地产市场宏观调控和实体经济运行预期放缓甚至下行，作为行业贷款最终还贷来源的政府财政收入短期内面临减少的局面。

（二）行业信贷风险收益①

1. 总体表现

行业经信用风险调整后的资本回报率为 21.1%，全行的平均值为 23.46%。该行业历史违约率为 0.2%，符合"RAROC（风险调整资本收益）低、历史平均违约率低"的特征。行业 RAROC 与 EL（预期损失）按规模细分的分布如图 5-1 所示。

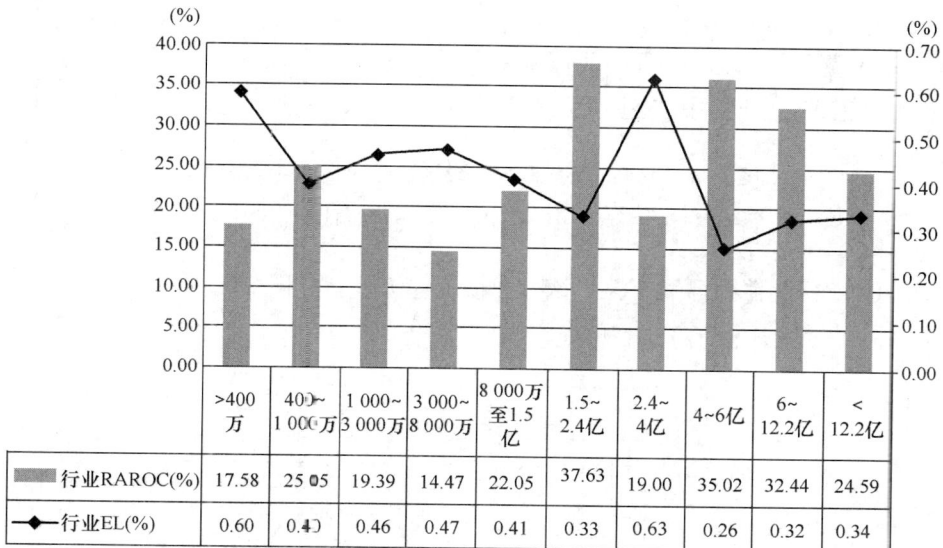

	>400万	400~1 000万	1 000~3 000万	3 000~8 000万	8 000万至1.5亿	1.5~2.4亿	2.4~4亿	4~6亿	6~12.2亿	<12.2亿
行业RAROC(%)	17.58	25.05	19.39	14.47	22.05	37.63	19.00	35.02	32.44	24.59
行业EL(%)	0.60	0.40	0.46	0.47	0.41	0.33	0.63	0.26	0.32	0.34

图 5-1 水利、环境和公共设施管理行业 RAROC 与 EL 分布

资料来源：作者根据国内某商业银行 2012 年信贷投向指引整理。

2. RAROC 因素分析

进一步分析显示，影响水利行业 RAROC 的相关因素表现如下：

（1）行业客户评级情况。图 5-2 反映了该行业客户的评级分布。

---

① 本小节内容整理于本案例中的商业银行。

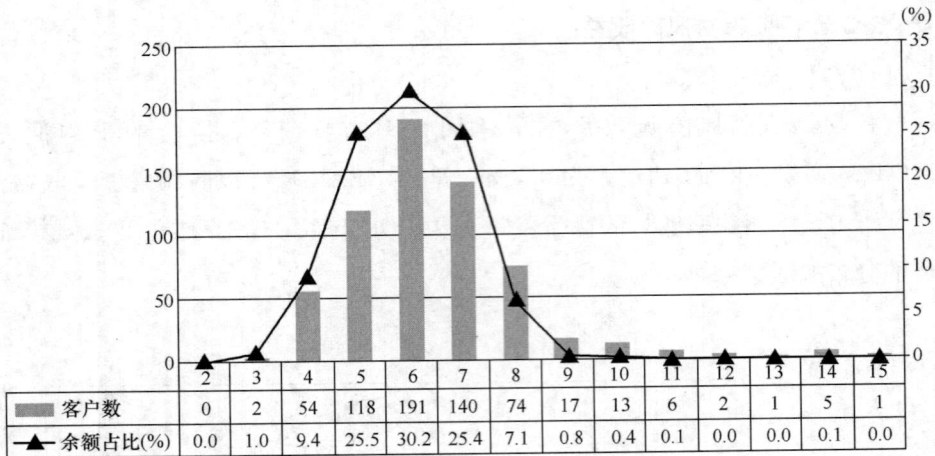

	2	3	4	5	6	7	8	9	10	11	12	13	14	15
客户数	0	2	54	118	191	140	74	17	13	6	2	1	5	1
余额占比(%)	0.0	1.0	9.4	25.5	30.2	25.4	7.1	0.8	0.4	0.1	0.0	0.0	0.1	0.0

图 5 - 2　水利、环境和公共设施管理行业客户评级分布

资料来源：作者根据国内某商业银行 2012 年信贷投向指引整理。

（2）行业债项评级情况。该行业债项评级分布如图 5 - 3 所示。

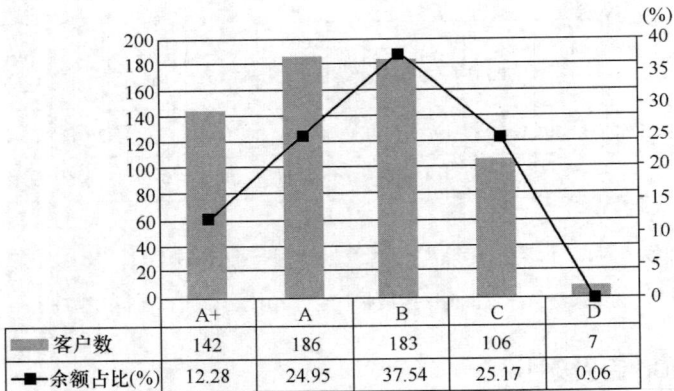

	A+	A	B	C	D
客户数	142	186	183	106	7
余额占比(%)	12.28	24.95	37.54	25.17	0.06

图 5 - 3　水利、环境和公共设施管理行业债项评级分布

资料来源：作者根据国内某商业银行 2012 年信贷投向指引整理。

　　根据分析，2011 年该行业的平均 LGD（违约损失率）为 36.9%，比上年同期（39.57%）降低了 2.63%（绝对值）。全行业 LGD 的平均值为 34.1%（上年同期为 38.05%），影响该行业债项评级的主要因素是客户的抵押担保情况。有数据表明，该行业信用和担保贷款占比较高，抵（质）押贷款占比较低。

3. 综合回报表现原因分析

（1）行业 RAROC 低于全行平均水平。从成本和资本消耗上看，授信余额基本为实质性贷款，期限长、产品风险大，经济资本消耗较大，贷款平均剩余期限为 3 年，全行平均为 2.07 年，在 46 个行业中列第 40 位；LGD 为 36.95%，差于全行平均占比的 34.09%，列第 30 位；单位余额资本占用 0.074 元，全行平均 0.045 元，列第 41 位。

（2）银企合作深度有限，参与型贷款多，结算存款贡献少（存款收益在总收入中占 5.82%，全行平均为 8.76%，列第 34 位）。

二、案例分析

（一）贷前环节

1. 贷款申请

在贷款申请环节，主要内容包括申请人的基本信息和资金使用情况信息两个方面。对于申请人的基本信息来说，由于该笔贷款的申请者是项目公司，因此除企业的性质和经营范围等相关材料之外，还应包括项目能够保证得以实施的必要材料及条件。在上述案例中，这些材料及条件包括六项：①该市水利勘测设计室编制的一期供水工程项目建议书；②该市发展计划局批复同意项目建议书；③该市发展和改革局批复同意工程可行性研究报告；④项目的设计单位资质，该项目设计单位为某设计研究院，系国家甲级设计单位；⑤该项目公司已于×××年××月××日成立，资本金已足额到账；⑥该项目将于×××年××月××日采取公开招标的方式确定承建商。

基于申请人提交的材料以及已具备的条件，商业银行认为该项目前期准备工作较为充分，具备融资条件。

对于资金的使用情况，申请人做了如下陈述：

（1）投资估算。根据该市发展和改革局的批复，一期Ⅰ段工程的总投资为 9 736 万元人民币，Ⅱ段工程的总投资为 3 183 万元人民币，两段工程总投资合计为 12 919 万元人民币。

（2）投资计划。项目公司自筹和各种形式的财政拨款 2 702 万元，自 2005 年第一季度起投入，主要用于支付土地出让金 1 632 万元、项目二类费用支出 1 070 万元。两段工程拟申请银行专项贷款 10 200 万元，贷款计划于 2005 年第二季度投入。

（3）银行贷款期限为 9 年，从第二年开始，按照每年按期支付本息的方式偿还。

2. 受理与调查

在受理与调查环节，主要关注申请人的财务经营和抵（质）押物的风险情况。由于项目公司是新组建的，并没有财务经营的历史数据，因此只能以预估的方式做出说明。

客户经理在进行了相关的项目调查后，对如下相关的七项会计项目做出了说明：

（1）销售收入：以供水量 12 万立方米/天、单价为 0.85 元/立方米测算，每年销售收入为 3 723 万元人民币。

（2）销售成本：以从引渠的买水单价 0.185 元/立方米测算，水资源费用为 810 万元，动力费用为 822 万元。

（3）销售税金及附加：按 6.6% 计算，金额为 216 万元。

（4）所得税：按 15% 测算，金额为 48 万元。

（5）管理、销售和其他费用：按 7.5% 计算，金额为 173 万元。

（6）工资：项目公司成立后人员编制暂定为 15 人，按人均工资 4 万元计算，每年的工资费用为 60 万元。

（7）大修费用：大修费用按固定资源原值的 0.5% 计提，年折旧费为 516 万元。

通过上述估算，每年的销售利润可达 1 000 万元左右，项目盈利前景良好。另外，对于抵（质）押物的风险情况，客户经理做出了如下说明：

项目建成后的原水收费权将办理质押手续，指定银行为质押权人。由于本项目的主要还款来源是原水的销售收入，而原水供应价格是通过市物价局核定的，价格的核定必然考虑多个因素，目前确切的原水价格仍未敲定。如果由于水费收入因素影响借款人每年的本息偿还能力，那么差额部分将由该市供水总公司代偿。

通过上述内容，客户经理对该笔贷款中抵（质）押物的权属进行了详细说明，但同时也提出原水销售价格可能会对项目公司的偿债能力造成影响的事实。

3. 风险评价

基于该项目的自身实际情况以及前期的调查，客户经理主要从以下六个方面进行了风险评价：

（1）政策风险。该项目属于城市基础设施行业，符合国家政策的相关规定，同时也是商业银行信贷政策扶持的对象，因此政策风险较低。

（2）退出壁垒。城市供水产业中的资产专用性很强，其固定资产投资一旦形成，就很难被用于其他用途，残值较低，这就形成了巨额的沉没成本。沉没成本所造成的退出壁垒，是城市供水产业最主要的退出壁垒。

（3）项目风险。该项目符合国家有关项目贷款自有资金的比例限制，项目资本金已到位。该项目经过政府有关部门的多番论证，在数个方案中评选出最优方案。

（4）市场风险。主要对现金流预测、财务效益分析和敏感性分析三方面进行了风险分析。首先，在基本税率不变的前提下，假设投产期第一年生产能力达到60%，第二年达到80%，第三年开始正常生产，预测该项目的现金流（现金流入－现金流出）是逐年增加的，并且在贷款期限的第四年由负转正；其次，该项目全部投资内部收益率为8.63%，自借款期算起的动态投资回收期为9.6年；最后，根据该项目特点，设定敏感性分析中可能发生变化的主要因素是引渠买水单价和出售原水单价两项，考虑二者可能的变化幅度为±10%时，模拟得到当引渠买水单价上涨10%时收益率最低，为8.11%，当出售原水单价下跌10%时收益率最低，为7.78%。

目前供水行业中垄断经营较普遍，经营的优劣对其生存和发展基本上不构成决定性影响。

（5）操作风险。此笔贷款将严格按照项目贷款的要求封闭运作，每笔资金的划拨均由借贷双方对工程合同的共同确认后方可使用。

（6）风险控制措施。在办理抵（质）押物手续的基础上，对抵押物购买财产保险，指定银行为第一受益人。

上述风险评价分析了该项目在立项、落实、运营以及退出过程中可能遇到的各种风险，指出其最主要的风险是原水供应价格的变动所带来的借款人本息偿还能力的变动。虽然在之前的调查中已经确认，若由于水费收入因素影响借款人每年的本息偿还能力，那么差额部分将由该市供水总公司代偿，但为了进一步降低贷款资金的风险，商业银行通过购买类似于看跌期权合约的财产保险，规避了由于原水供应价格下跌可能带来的抵（质）押物市场价值的缩水。

（二）贷中环节

1. 贷款审批

贷款审批是商业银行信贷业务全流程的决策环节，是信贷业务执行实施的前提与依据。商业银行相关业务职能部门、分支机构和关键业务岗位按照"审贷分离、分级审批"的原则对信贷资金的授信对象、贷款用途、授信品种、贷款金额、贷款期限、贷款比重、贷款利率、担保方式、发放条件、支付要求以及贷后管理要求等内容和条件进行最终决策。在经过上述流程之后，银行客户经理最终给出以下项目调查结论，并上报审批：

综合以上分析，银行拟统一对某市港区供水有限责任公司核定 10 200 万元人民币项目贷款额度（不可循环使用），期限为 9 年，还款方式为项目建成投产后第二年开始偿还，采取等本偿还法（本金每年偿还一次，利息按月清偿）。此项贷款专项用于某市临港工业区原水供给系统一期（Ⅰ、Ⅱ段）工程建设，由某市供水总公司承担连带责任保证担保。本项目建成后将抵押给银行，并将原水项目的收费权办理质押手续，指定银行为质押权人。项目投入运营后，在扣除项目公司的日常经营运作所需资金后的水费收入将优先用于偿还银行贷款本息，不足部分由某市供水总公司代偿（必须在相关合同中明确约定，并将此作为出账条件之一）。

2. 合同签订

贷款经批准后，业务人员应当严格落实贷款批复条件，并签署借款合同。借款合同一经签订生效后，受法律保护的借贷关系即告确立，借贷双方均应依据借款合同的约定享有权利和承担义务。

在签订合同时，应注意明确对借款人贷款资金的使用约束，明确银行提前收回贷款的条件，明确约定罚息的计算方法以及明确具体的担保方式，做到贷款合同不存在不合规、不完备等缺陷。在合同签订过程中，应注意借款人的基本信息、签约人的主体资格，以及抵押物是否合格、手续是否完善等。

3. 贷款发放与支付

目前，商业银行在贷款发放环节所遵循的主流原则是"贷放分控，实贷实付"。贷放分控是指银行业金融机构将贷款审批与贷款发放作为两个独立的业务环节，分别进行管理和控制，以达到降低信贷业务操作风险的目的。贷放分控中的"贷"，是指信贷业务流程中贷款调查、贷款审查和贷款审批等环节，尤其是指贷款审批环节，以区别贷款发放与支付环节；贷放分控中的"放"，是指放款，特指贷款审批通过后，由银行通过审核后将符合放款条件的贷款发放或支付出去的业务环节。实贷实付是指银行业金融机构根据贷款项目进度和有效贷款需求，在借款人需要对外支付贷款资金时，根据借款人的提款申请以及支付委托，将贷款资金主要通过贷款人受托支付的方式，支付给符合合同约定的借款人交易对象的过程。通过"贷放分控，实贷实付"原则，使得贷款资金封闭运行，将贷款资金在发放过程中的内部操作风险和借款人道德风险控制到最低。

（三）贷后环节

1. 贷后管理

贷后管理是银行业金融机构在贷款发放后对合同执行情况及借款人经营管理情况进行检查或监控的信贷管理行为，主要内容包括监督借款人的贷款使用情况、跟踪掌握企业财务状况及其清偿能力、检查贷款抵（质）押品和担保权益的完整性三个方面。其中，贷款监控主要是对借款人的经营状况、管理状况、财务状况、还款账户以及与银行往来情况的监控，目的是督促借款人按合同约定用途合理使用贷款；风险预警包括信用信息的搜集与传递、风险分析、风险处置和贷后评价等内容，目的是及时发现并采取有效措施纠正、处理有问题贷款，并对贷款调查、审查与审批工作进行信息反馈，及时调整与借款人合作的策略与内容；担保管理包括担保人和抵（质）押品两方面的内容，目的首先是确保担保人实力和意愿，其次是当担保品的价值发生变动时，通过追加担保品或以保证人的方式保证担保品在贷款资金中所占的比例。

2. 贷款回收与处置

当临近贷款合同约定的还本付息的时间时，商业银行的业务操作部门应按规定时间向借款人发送还本付息通知单，督促借款人按时、足额还本付息。在正常情况下，借款人会按时、足额支付本息；对于非正常情况，如需要展期的贷款、借款人因暂时经营困难而不能按期还款或是不良贷款，商业银行要按照有关规定和方式，予以适当的核销或保全处置。

三、案例启示

通过上述案例，我们对贷款业务的一般流程做出如下概述：

贷款业务是商业银行的传统表内业务，在美国的银行业历史上，贷款业务曾在相当长的时期内是商业银行的主要利润来源。对于我国目前来说，贷款业务也是商业银行的主要利润来源。

对信贷业务进行管理是信贷资金安全性的重要保证，也是商业银行得以持续经营的基础。从实际操作来看，一笔信贷资金从贷出到回收的整个过程中，其安全性会受到诸多风险的影响，这些风险中最主要的便是信用风险。因此，对信用风险的管理贯穿于贷款业务流程的全过程。

一般而言，商业银行贷款管理的全过程大致分为九个环节，包括贷款申请、受理与调查、风险评价、贷款审批、合同签订、贷款发放、贷款支付、贷后管理和贷款回收与处置，而这九个环节大致可以分为贷前、贷中、贷后三大部分。

贷前流程有三个环节。贷款申请是指借款人向贷款人提出正式申请，并提交真实、完整和有效的申请材料，这些材料通常包括借款人的企业性质、经营范围，申请贷款的种类、期限、金额、方式、用途和还款计划等；受理与调查是指商业银行在收到借款申请之后，由客户经理对申请人的各项经营财务情况，以及抵（质）押物的权属、市场价值和变现能力等进行调查，评估其信用等级，并撰写相应报告；风险评价是指在银行客户经理提交了信贷调查报告之后，商业银行的信贷审批部门根据报告内容和申请人提交的材料所进行的定性分析与定量分析，其目的是对申请人信用风险进行全面的评估。

贷中流程包括四个环节。贷款审批是指按照商业银行"审贷分离、分级审批"的原则对信贷资金的投向、金额、期限和利率等贷款内容和条件进行最终决策，逐级签署审批意见；在完成贷款审批之后，商业银行会与申请人签订贷款合同，合同中规定了贷款资金的相关信息，如金额、期限、利率、借款种类、用途、支付、还款保障及风险处置等要素和有关细节，对于保证担保贷款，银行业金融机构还须与担保人签订书面担保合同，对于抵（质）押担保贷款，银行业金融机构还须签订抵（质）押担保合同，并办理登记等相关法律手续；有提款需求的借款人会涉及贷款发放环节；对于没有提款需求的借款人来说，则主要涉及贷款支付环节，无论是哪一环节，商业银行都应该选择由未参与贷前流程的部门负责贷款的发放，并且在贷款发放的过程中仔细确认借款人满足合同约定的提款条件。

贷后流程包括两个环节。贷后管理的主要内容包括对借款人的生产经营状况、资信状况、偿债能力及贷款使用情况定期进行检查；对贷款使用情况、偿债能力变化情况和履行借款合同情况进行重点检查；对抵（质）押物的现状、价值变化情况以及保证人偿债能力的变化情况进行检查。依据一笔贷款的健康程度划分，贷款回收与处置除了贷款人提前提示借款人债务到期这一内容之外，还需处理四个方面的问题：一是正常回收；二是需要展期的贷款，贷款人应审慎评估展期的合理性和可行性，科学确定展期期限，加强展期后管理；三是借款人因暂时经营困难而不能按期还款的，贷款人可与借款人协商贷款重组；四是对于不良贷款，贷款人要按照有关规定和方式，予以核销或保全处置。

案例二　贷款业务信用审核评定

一、授信管理概述

授信是指商业银行向非金融机构客户直接提供的资金，或者对客户在有关经济活动中可能产生的赔偿和支付责任做出的保证。简单来说，授信是指银行向客户直接提供资金支持，或对客户在有关经济活动中的信用向第三方做出保证的行为。从国内外商业银行来看，授信管理具有以下五个方面的特点：

（一）发展变化趋势

1. 部门的数量从少到多，分工更加细化

在公司授信管理初期，各商业银行的部门设置较少，授信业务主要由信贷部负责，随着业务的开展，逐步剥离出新的部门，业务分工更加细化。比如，1998 年以前中国建设银行的公司授信业务主要由信贷部主管，此后经过多次改革，分离出公司业务部、投资银行部、资金结算部及风险管理部等部门。

2. 从总分行制、事业部制到矩阵式

早期各商业银行主要依靠分支网络的扩张，通过总行、分行、支行等不同层级的设置，实现授信业务的开展和自身的发展，这就是总分支行制的由来。后来，随着客户需求的多样化、市场竞争的加剧以及银行"脱媒"，以客户为中心的事业部制应运而生，不断替代总分支行制。随着金融国际化、电子化以及混业经营的趋势日益明显，以地区事业部、客户或产品事业部有机结合的矩阵式成为新的经营模式。从总体上看，"总分行制 – 事业部制 – 矩阵式"的经营规律也是各商业银行公司授信管理的重要发展趋势。

3. 从行政审批到专家审批

1995 年，我国制定了《商业银行法》，四大国有银行实行了专业性银行向商业银行的改革。各商业银行在发展初期，公司授信审批主要由部门经理以及主管副行长决定，但是行政领导对授信项目并不完全清楚，无法形成专业化的审批意见，从而不能有效地控制信贷风险。为了弱化行政领导对授信项目审批的影响，许多银行引入信贷审批委员会制度，实行集体决策机制。

（二）组织架构

1. 前、中、后台划分明晰

前、中、后台的划分最初是由投资银行而来的，如今这个概念已经引申到商业银行领域。一般而言，前台是负责业务拓展、直接面对客户的部门和人员，为客户提供一站式、全方位的服务；中台是通过分析宏观市场环境和内部资源的情况，制定各项业务发展的政策和策略，为前台提供专业性的管理和指导以及风险控制；后台主要是指业务和交易的处理和支持以及共享

服务。

在公司授信管理领域，前台主要包括公司部门、投资银行部和票据业务部等；中台主要包括授信审批部门；后台主要包括信贷管理部、风险管理部和法律部门等。各商业银行的信贷部门设置都可比较明确地归为前、中、后台，比如，工商银行从 2000 年以后逐步形成了前、中、后台分离的组织架构，前台部门包括公司一部、公司二部和投资银行部，中台部门包括信用审批部和授信业务部，后台部门包括风险管理部和信贷管理部。

2. 审贷分离

审贷分离是由法律法规所规定的。中国人民银行颁布的《贷款通则》第 40 条规定："贷款调查评估人员负责贷款调查评估，承担调查失误和评估失准的责任；贷款审查人员负责贷款风险的审查，承担审查失误的责任；贷款发放人员负责贷款的检查和清收，承担检查失误、清收不力的责任。"不同部门之间形成相互制约和平衡，从而较好地解决信贷人员的委托代理问题。

（三）业务流程

如前文所述，各商业银行信贷业务流程的主要环节主要可分为贷款申请、贷前调查、贷款审查、贷款审批、合同签订、贷款发放、贷后管理等环节。通过设置相应的岗位承担其中的各个环节，以实现各岗位的相互支持和制约，从而体现审贷分离的原则。此外，银行还要对借款人进行客户评级和额度授信。流程中的相关环节需要撰写报告，包括评级报告、授信报告、调查报告、审查报告和审批报告等。其中，业务受理、贷前调查和贷后检查等环节由前台业务部门负责，审查审批环节由中、后台部门负责。

业务流程设计中应遵循一站式审批的原则。一站式审批是业务受理行的前台业务部门完成尽职调查、形成调查报告后，对审批权超过该级行审批权限的，按照规定的流程和上报线，报送相关部门审批。

（四）信贷审批

目前各商业银行都建立了由信贷专家组成的贷款审批委员会（以下简称审贷会）实施贷款审批决策。审贷会决策是一种典型的群体决策，比如，工商银行实行审贷会决策制度，每周召开一次会议，每次审批贷款数目平均为七至八个。国家开发银行实施贷委会制度审批项目，设常设委员和独立委员，常设委员以会议方式进行审议，独立委员以电子路演方式参加审议。

各银行在信贷审批过程中面临一些共同的难题，包括审批质量和审批效率的平衡、审批人员的责任追究等。一方面，审查审批时间越长，环节越多，越有利于控制贷款风险，提高审批质量，但这又在一定程度上影响了审批效率，从而不利于更好地服务客户；另一方面，为了提高审批效率，减少环节，又在一定程度上影响到贷款质量。因此，处理好审批质量和审批效率之间的关系是一个难题。信贷审批人员的责任追究问题，主要反映审批人权责利的相互统一。审贷会信贷决策是集体负责，但绝不是无人负责，但是，如何考核审批人、建立科学的激励约束机制、强化责任追究制度仍然是一个难题。

（五）授权管理

一般而言，信贷授权管理由各银行的总行负责。每年各商业银行总行根据国家的宏观经济形势和产业政策，颁发信贷管理文件，对本行的信贷总量和结构进行指导，对各分支机构进行授权管理。目前，各商业银行的信贷授权都是多维度的，包括产品、客户信用等级、行业、额度和地区等。总体上来说，公司授信审批权限主要集中在总行和一级分行，二级分行主要处理风险较低的公司授信业务。

二、案例背景

对国内某实业有限公司的贷前审查①。

某实业公司是一家有多年生产经验的国有企业，在 A 商业银行有 620 万元短期贷款，2012 年 4 月到期。为了扩大生产规模，该公司现又向 A 商业银行申请 3 年期 800 万元人民币贷款，用以增加新的生产线。A 商业银行信贷员通过初步调查了解到如下情况：

第一，该公司前些年经营亏损，去年积极开发新产品，并深受市场欢迎，年底已经扭亏为盈，本年度初至 6 月底实现净利润 90 万元。如果新的生产线建成投产，年税前利润将有望达到 600 万元。

---

① 赵晓芳，李鹏. 商业银行业务与经营案例分析［M］. 北京：中国社会科学出版社，2012.

第二，该公司除了在 A 商业银行借款外，其他借款情况为：工商银行：1 600万元，2011 年 12 月到期；建设银行：1 800 万元，2012 年 2 月到期；农业银行：932 万元，2012 年 5 月到期。

其中，工商银行、建设银行的贷款是在市政府的直接干预下发放的，用于设备更新，实际是"流贷搞固贷"，贷款均由省总公司担保。银行不准备将其转为固定资产贷款，也没有短期内收回的计划。

第三，公司以位于厂区内的 2 号、3 号厂房，4 号宿舍楼、办公楼共 9 000 平方米作为贷款抵押物。

通过对该实业公司会计报表的分析，得到公司信用等级评定的基础数据如表 5 - 1 所示。

表 5 - 1　某实业公司信用等级评定基础数据

序号	项目名称	数据	序号	项目名称	数据
1	年度销售收入	8 130	10	应收账款平均余额	1 883
2	年度利润总额	402	11	年末贷款余额	4 952
3	年末资产总额	9 317	12	次级贷款余额	—
4	待处理财产损失	—	13	可疑贷款余额	—
5	年末负债总额	6 783	14	损失贷款余额	—
6	年末流动负债总额	6 783	15	应收利息	148.56
7	年末流动资产总额	7 517	16	实收利息	148.56
8	年末所有者权益	2 534	17	流动资产平均余额	5 829
9	年初所有者权益	2 054	18	全部资产平均余额	7 710

三、案例分析

根据 A 商业银行内部信用等级评定标准，可以得到对该实业公司的信用评级为 AAA，但这一结果仅能作为参考，具体放贷决策还应对财务报表中的各项关键指标进行进一步分析。表 5 - 2 为工业企业信用等级评定标准。

表 5 – 2 工业企业信用等级评定标准

等级	各等级必须符合的条件和标准						
	财务分析	年度销售收入	年末资产总额	年度利润	不良贷款占用率（％）	资产负债率（％）	利息偿付率（％）
AAA	≥90	≥1500	≥500	≥50	0	≤70	100
AA	≥90	≥800	≥300	≥20	0		100
A	≥80						100
B	≥60						
C	≥60						

通过对该实业公司的进一步了解，A 商业银行信贷员又掌握了以下情况：

第一，流动资产期末比年初增加了 3 376 万元，主要表现为应收账款和其他应收款的增加，分别比年初增加了 1 460 万元和 2 072 万元。而应收账款的增加主要是由于新产品的推出，并且其发生的时间不长，到期收回是没有问题的，但其他应收账款的增加则存在问题，主要是资金被主管部门占用。

第二，流动负债增加了 2 733 万元。其中短期贷款增加了 3 465 万元，而应付账款却减少了 1 232 万元。可以认为，公司贷款中的一部分用于归还了应付账款和增加了其他应收款项，但这种做法显然是不合理的。

第三，从贷款情况来看，存在的问题都反映在短期贷款上，虽然工商银行和建设银行没有短期收回的计划，但毕竟增加了企业的还贷压力，一旦公司经营出现问题，它们随时都可能收回贷款。

第四，从公司的生产情况来看，所开发的新产品受到市场的欢迎，如果新的生产线建成投产，年利润有望达到 600 万元，这是经过仔细测算的，较为准确。

第五，从目前该公司的资金运行状况看，有近 2 000 万元的资金被其主管部门占用，严重影响了企业资金的正常周转。

第六，申请 800 万元的 3 年期人民币贷款用于增加新的生产线，就目前公司的生产经营情况看还没有必要。公司提供的抵押品都在厂区内，变现比较困难，而且职工宿舍属于福利设施，不能作为抵押品。

综合上述情况，虽然根据财务报表估计得到的该实业公司的信用评级为 AAA，但 A 商业银行信贷部门仍做出了不同意该笔贷款申请的审核结果。可见，信用评级虽然有着诸多的模型与方法，但其处理的对象都是量化数据，而量化数据不仅容易被粉饰，而且不能全面反映真实生活中的各种情况。因此，信用评级只能为信贷业务提供参考，最终的信贷决策还要依靠相关人员的主观判断。

四、案例启示

信用风险是商业银行贷款业务面临的主要风险，因此，在贷款审核时，借款人信用风险的大小是主要的审核内容，而信用评级则是贷款业务信用审核评定的主要形式。信用评级以信用关系中的偿债能力及偿债意愿为中心，通过定性、定量的信息分析，对评估对象做出公证、客观的评价，因此，信用评级的基本作用在于揭示风险。

信用评级一般采用一些专门的符号表示借款人的信用等级，投资者或监管部门可以通过不同的符号一目了然地了解评级对象的信用风险。因此，穆迪公司于 1909 年推出的信用评级符号一直备受青睐，几乎成为所有评级机构表示信用等级的方法。表 5 - 3 为信用评级机构信用评级的符号。

表 5 - 3　信用评级符号

标准普尔		穆迪		惠誉国际	
长期债	短期债	长期债	短期债	长期债	短期债
AAA	A - 1 +	Aaa	P - 1	AAA	F1 +
AA +	A - 1 +	Aa1	P - 1	AA +	F1 +
AA	A - 1 +	Aa2	P - 1	AA	F1 +
AA -	A - 1 +	Aa3	P - 1	AA -	F1 +
A +	A - 1	A1	P - 1	A +	F1 +
A	A - 1	A2	P - 1	A	F1

标准普尔		穆迪		惠誉国际	
长期债	短期债	长期债	短期债	长期债	短期债
A－	A－2	A3	P－2	A－	F1
BBB＋	A－2	Baa1	P－2	BBB＋	F2
BBB	A－2/A－3	Baa2	P－2/P－3	BBB	F2
BBB－	A－3	Baa3	P－3	BBB－	F2/F3
BB＋	B	Ba1		BB＋	F3
BB	B	Ba2		BB	B
BB－	B	Ba3		BB－	B
B＋	B	B1		B＋	B
B	B	B2		B	C
B－	B	B3		B－	C
CCC＋	C	Caa1		CCC＋	C
CCC	C	Caa2		CCC	C
CCC－	C	Caa3		CCC－	C
CC	C	Ca		CC	C
C	C	C		C	C

以国际三大信用评级公司的信用等级符号为例，表5－3中每一列从上至下的各种字母组合分别代表了从最高的信用等级到最低的信用等级，每一信用等级的含义如表5－4所示。

表5－4　信用等级对应的含义

等级	含义	说　明
AAA	信誉极好，几乎无风险	表示企业信用程度高、资金实力雄厚，资产质量优良，各项指标先进，经济效益明显，清偿支付能力强，企业陷入财务困境的可能性极小

续表

等级	含义	说 明
AA	信誉优良，基本无风险	表示企业信用程度较高，企业资金实力较强，资产质量较好，各项指标先进，经营管理状况良好，经济效益稳定，有较强的清偿与支付能力
A	信誉较好，具备支付能力，风险较小	表示企业信用程度良好，企业资金实力、资产质量一般，有一定实力，各项经济指标处于中上等水平，经济效益不够稳定，清偿与支付能力尚可。受外部经济条件影响，偿债能力产生波动，但无大的风险
BBB	信誉一般，基本具备支付能力，稍有风险	企业信用程度一般，企业资产和财务状况一般，各项经济指标处于中等水平，可能受到不确定因素影响，有一定风险
BB	信誉欠佳，支付能力不稳定，有一定的风险	企业信用程度较差，企业资产和财务状况差，各项经济指标处于较低水平，清偿与支付能力不佳，容易受到不确定因素影响，有风险。该类企业具有较多不良信用记录，未来发展前景不明朗，含有投机性因素
B	信誉较差，近期内支付能力不稳定，有很大风险	企业的信用程度差，偿债能力较弱，管理水平和财务水平偏低。虽然目前尚能偿债，但无更多财务保障，而其一旦处于较为恶劣的经济环境中，则有可能发生违约
CCC	信誉很差，偿债能力不可靠，可能违约	企业信用程度很差，企业盈利能力和偿债能力很弱，对投资者而言，投资安全保障较小，存在重大风险和不稳定性，偿债能力低下
CC	信誉太差，偿还能力差	企业信用程度极差，企业已处于亏损状态，对投资者而言具有高度的投机性，偿债能力极低
C	信誉极差，完全丧失支付能力	企业无信用，企业基本无力偿还债务本息，亏损严重，接近破产，几乎完全丧失偿债能力
D	违约	企业破产，债务违约

实际上，对于商业银行的信用审核部门来说，目前大多数银行都拥有自己的信用等级符号及相应的含义，而依据不同企业的贷款申请材料，进而将

不同的企业与不同的信用等级符号对应起来这一过程，便涉及信用评级的方法，而这也是信用风险管理的主要内容。

目前已有的信用风险模型主要有以下三类：

第一类信用风险模型是基于专家评分制度的古典信用分析法。这种方法更多地倚重于定性分析、管理者的主观经验及其判断的艺术性，是已有信用风险模型中主观性最强的一类。

第二类信用风险模型可以称为拟合类模型。这类模型以回归的思想为主，如 Z 评分模型、Logit 模型、Probit 模型和信用组合观点模型（CreditPortfolio View）。其中，Z 评分模型以五个财务指标的比值作为变量，以经验得出的权重将其求加权和，得出一个 Z 值，进而根据 Z 值的区间范围确定企业的风险等级。Logit 模型和 Probit 模型与分类算法相似，一般是在样本的历史财务数据及其信用风险等级已知的情况下推算出一个新样本的信用风险等级。信用组合观点模型 的思路是：违约的发生与宏观经济环境密切相关，在宏观经济下滑期，违约事件会增加；反之，违约事件会减少。因此，信用组合观点模型并未采用财务指标作为解释变量，而是采用一组宏观经济指标作为解释变量，考察经济周期对企业违约概率以及信用等级转移概率的影响。

第三类信用风险模型可以称为概率类模型。这类模型以概率分布的思想为主，如 KMV 模型、信用度量制模型（CreditMetrics）和信用风险附加模型（CreditRisk +）。它们的共同点是：将受信企业未来的价值、违约率或信用评级等变化视为服从某些分布的随机数，进而得到某一置信度下的企业的违约距离、违约损失或贷款价值波动。具体来看，KMV 模型是在期权定价理论基础上建立起来的，它认为，一家企业之所以违约，是因为其资产的市场价值下降到负债的账面价值之下，丧失了偿债能力。而一家企业未来的价值是服从一定分布的随机数，通过求分位数与累积分布，便可计算出一定置信水平下的违约距离，进而判断该企业的信用风险大小。信用度量制模型主要考虑评级变化对贷款价值的影响，其核心思想是：根据对不同信用等级借款人贷款的现值以及信用等级转移概率，得到单笔贷款未来价值的分布，然后求出一定置信度下的信用风险在险值 VaR。信用风险附加模型主要考虑违约情况下的资产组合的预期损失。首先将所有资产按风险敞口大小分组；其次在泊松分布的假设下，将每一组的违约次数作为该组分布的参数；最后计算各组违约次数从 1～∞ 的概率分布及其联合分布，并以累计损失额所对应的联合概率作为该资产组合在某一置信水平下的最大损失值。

案例三　不良资产处置——破产公司抵押资产处置

一、案例背景①

某市兴望印染有限公司于 1993 年由香港成兴公司、望城县黄麻厂和湖南省进出口总公司华夏实业公司三方投资组建，其中，望城县黄麻厂以土地和设施出资（该土地使用权类型为"入股取得"或"作价入股"）。兴望印染有限公司于 2011 年向工商银行某市汇通支行借款共 200 万元，设定以上述土地使用权及房屋做抵押。由于受金融危机的影响，以及内部管理不善等原因，该公司于 2011 年 11 月底被迫停产。此后 40 家债权人起诉了该公司，涉案金额达 1 700 多万元，汇通支行也在起诉的债权人之列，法院做出支持债权人诉讼请求的相关判决。

在判决进入执行阶段时，望城县政府提出对该公司土地处置的方案，认定已设定抵押的 30 亩（2 公顷）土地为划拨地，拍卖成交后仍然为国有划拨，因此，土地拍卖所得税费优先、职工遗留问题处置优先。由于存在土地性质的争议等原因，法院执行程序中两次拍卖不动产。此后，执行法院在各债权人的强烈要求下，依法组织了对兴望印染有限公司房地产的第三次拍卖，最终于 2013 年 9 月 26 日拍卖成功，汇通支行于 2014 年下半年收回了全部贷款本金、部分利息以及诉讼费。

本案例所涉及的行业为纺织行业，该行业亲周期特点明显，在国家相关政策支持下，2011 年前后行业总体呈现恢复性增长，但盈利能力仍处于较低

---

① 改编自赵晓芳，李鹏．商业银行业务与经营案例分析［M］．北京：中国社会科学出版社，2012.

水平，亏损面仍较大。

（一）行业特征和政策环境

1. 行业特征

在案例发生的 2011 年，行业特征大致有如下几项：

（1）行业内销比重继续加大，出口增长缓慢，内销进一步支撑国内纺织行业发展。

（2）行业投资持续两年增长，中西部地区投资增速较快。

（3）产业地区集中度较高，并存在一定的产品结构差异化特征。

（4）经济效益有所增长，但盈利能力仍处于较低水平，亏损面超过 10%。

（5）资金环境趋紧，融资难度和融资成本上升。

（6）产业客户集中度有所提高，行业 500 强实力进一步增强。

2. 政策环境

从政策层面来看，产业升级、结构调整和区域优化的指导意见逐渐明晰，主要体现在以下四个方面：

（1）新《产业结构调整》将引导并加快纺织行业产业结构的调整。

（2）技术转型升级与淘汰落后产能并举，科技进步将成为纺织行业发展的重要因素。

（3）鼓励纺织行业技术进口，取长补短，有利于自主创新能力进一步提升。

（4）加快产业布局优化，实现中西部地区特别是新疆地区纺织行业升级再造。

（二）行业风险收益表现[①]

1. 行业风险收益总体表现

纺织和服装行业历史违约率为 1.6%，符合风险调整资本收益（RAROC）高、历史平均违约率高的特征。该行业 RAROC 与预期损失（EL）按规模细分分布如图 5-4 所示。

———————————

① 本节内容根据本案例中商业银行的资料整理。

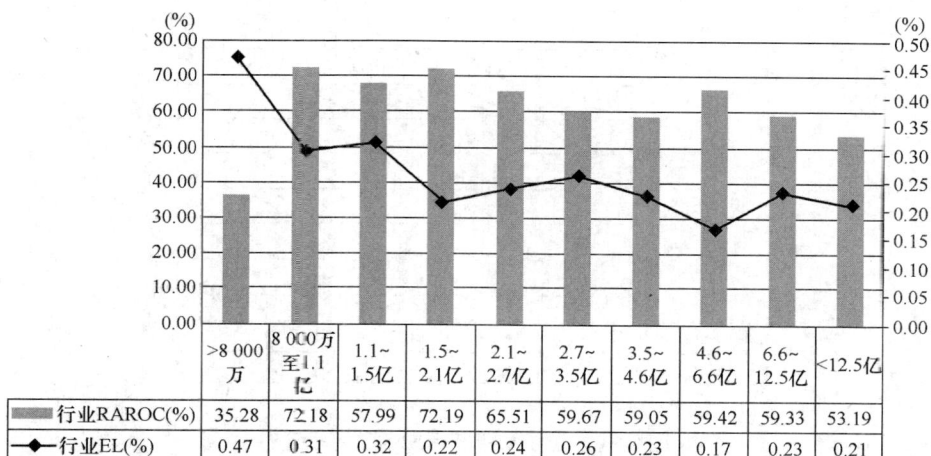

	>8 000万	8 000万至1.1亿	1.1~1.5亿	1.5~2.1亿	2.1~2.7亿	2.7~3.5亿	3.5~4.6亿	4.6~6.6亿	6.6~12.5亿	<12.5亿
行业RAROC(%)	35.28	72.18	57.99	72.19	65.51	59.67	59.05	59.42	59.33	53.19
行业EL(%)	0.47	0.31	0.32	0.22	0.24	0.26	0.23	0.17	0.23	0.21

图 5 - 4 纺织和服装行业 RAROC 与 EL 分布

资料来源：作者根据国内某商业银行 2012 年信贷投向指引整理。

2. RAROC 因素分析

进一步分析发现，影响该行业 RAROC 的相关因素表现为如下两种情况：

（1）行业客户评级情况。图 5 - 5 反映了该行业客户的评级分布。

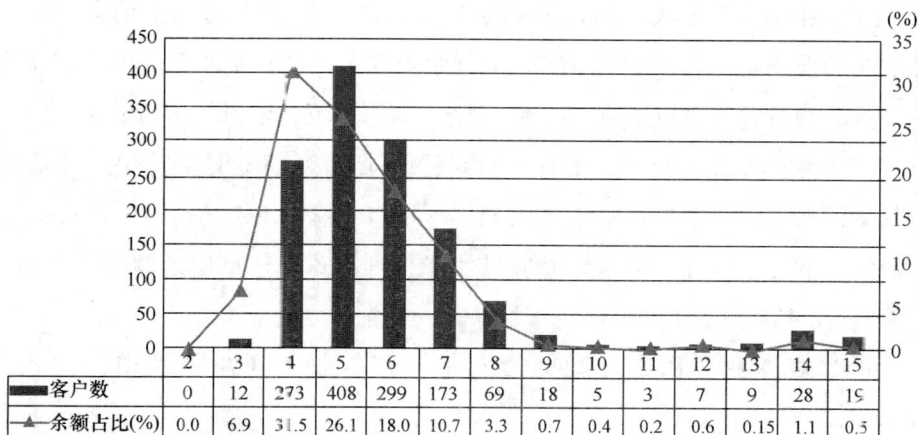

	2	3	4	5	6	7	8	9	10	11	12	13	14	15
客户数	0	12	273	408	299	173	69	18	5	3	7	9	28	19
余额占比(%)	0.0	6.9	31.5	26.1	18.0	10.7	3.3	0.7	0.4	0.2	0.6	0.15	1.1	0.5

图 5 - 5 纺织和服装行业客户评级分布

资料来源：作者根据国内某商业银行 2012 年信贷投向指引整理。

（2）行业债项评级情况。图 5 - 6 反映了该行业债项评级的分布。

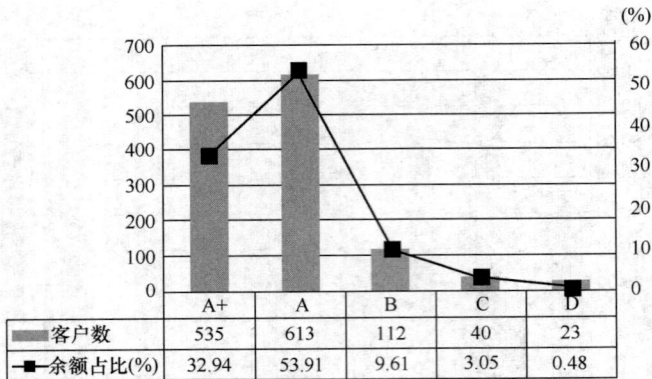

	A+	A	B	C	D
客户数	535	613	112	40	23
余额占比(%)	32.94	53.91	9.61	3.05	0.48

图 5 - 6   纺织和服装行业债项评级分布

资料来源：作者根据国内某商业银行 2012 年信贷投向指引整理。

根据分析，该行业的平均 LGD 为 21.1%，比上年同期（23.53%）降低了 2.47%（绝对值）。全行 LGD 的平均值为 34.1%（上年同期为 38.05%），影响该行业债项评级的主要因素是客户的抵押担保情况。

3. 综合回报表现原因分析

（1）期限短、定价高，净利差有优势。该公司贷款以期限较短的流动贷款为主，相应的资金成本低，因此净利差很高（贷款平均剩余期限为 1.07 年，全行业平均为 2.07 年，在 46 个行业中列第 1 位；平均利率 6.21%，列第 3 位；利息收入为资金成本的 1.73 倍，列第 1 位，全行平均为 1.47 倍）。

（2）信用贷款占比低，抵押率较高，债项风险缓释明显；同时，贷款期限短，因此风险成本低，资本占用较小（LGD 为 21.06%，列第 1 位；EL 为 0.25%，远低于全行业平均 0.48% 的水平，列第 3 位；单位余额资本占用仅 0.023 元，列第 3 位）。

（3）表外业务派生存款能力不足（存款收益在总收入中占比仅为 8.85%，列第 21 位）。

（4）纺织行业历史平均违约率很高（近 4 年平均历史违约率为 1.59%，高于全行业平均 1.01% 的水平，列第 40 位；2007 年为 1.32%，列第 27 位；2008 年为 2.74%，列第 39 位；2009 年为 1.38%，列第 33 位；2010 年有所下降，为 0.31%，列第 16 位）。

二、案例分析

该案例属于以破产清偿的方式处理不良资产，债务人在丧失了还款能力之后，银行通过法律手段对债务人的资产进行拍卖，成功收回了大部分本息。可以说，这是比较成功的不良资产处置案例，处置过程中不存在债务人恶意逃避债务的情况，唯一的障碍是 30 亩（2 公顷）土地的国有划拨性质对其变现带来了一定的困难，不过并未严重影响贷款处置的最终结果。

该案例处置不良资产的成功积累了一些经验：一是根据公司经营的实际情况，对贷款采取逐步压缩的措施，贷款余额从 1999 年的 1 520 万元逐年压缩至 2011 年年末的 200 万元；二是于 2005 年将机器设备抵押全部置换为房产及土地抵押，将不易变现或价值波动较大的抵押物置换为相对稳定、变现能力较强的抵押物；三是在得知公司停产后银行立即对企业账户实施监管，扣收企业账户资金，立即向该公司发出提前归还贷款的通知，并做好诉讼前的准备工作；四是排除行政干预，促进抵押财产依法拍卖。

三、案例启示

信贷审核并不能完全消除一笔贷款的风险，在商业银行的实际业务中，一笔贷款出现违约的成因是极其复杂的。不过，从借款人的主观意愿来看，大致可以分为两类：一类是借款人的还款意愿不强，大多是借款人在具有一定的偿付能力的前提下，通过各种说辞甚至直接"跑路"的行为逃避债务；另一类是借款人确实丧失了还款能力，如公司破产、项目烂尾等情况。当一笔贷款出现违约之后，便需要进行不良资产处置，以此尽力回收贷款资金，减少贷款损失。

在遵循"冰棍理论"[1] 和"苹果原理"[2] 的前提下，对于商业银行不良资

---

① "冰棍理论"是指不良资产就像是拿在手中的一根冰棍，随着时间的推移，其有效价值也会逐步降低，所以处置不良资产应尽快尽早。

② "苹果原理"是指不良资产就像是一筐不全都新鲜的苹果，如果想要把这一筐苹果整筐卖掉，可能并不能卖出好价钱，但如果把新鲜的苹果卖掉，而把不新鲜的苹果用作肥料，那么此时苹果的价值会高于整筐卖掉的价值。对于不良资产来说，如果也能做到区别对待，如以分类清收处置代替整体出售给资产管理公司，那么分类清收的价值肯定也会大于整体出售的价值。

产的处置大致有以下一些方法[①]：

第一，以物抵债：这是指债务到期时债务人无法以货币资金偿还债务，或债务虽未到期，但债务人已出现严重的经营问题或其他会影响到期还本付息能力的因素，以及当债务人丧失清偿能力时担保人也无力偿还债务，经银行、债务人、担保人三方协商，或法院等仲裁机构裁决，债务人、担保人以实物资产作价抵押的行为。

第二，破产清偿：这是指债务人依法破产，债权人将债务人的资产进行清算后，按照偿付顺序所得到的补偿。

第三，债务重组：这种情况主要包括不良资产债务人的变更、担保主体和方式的变更、抵押物的增加，以及借新还旧等债务重组方式，原则是最大限度地减少不良资产带来的损失。

第四，诉讼追偿：这种方式主要运用于债务人具有还款能力，但还款意愿不强的情况。在实际业务中，债务人可能通过各种说辞、公司重组和拒绝担保责任等方式逃避债务。这种情况下运用法律手段是最有效的解决方法。

第五，风险代理：这是以代理结果为付费前提的一种特殊代理方式。风险代理人必须是律师事务所等合法注册机构、组织或公司，通过更为专业的法律手段代理清收，最大限度地收回本金。

第六，债权出售：将不良资产全部或部分出售给第三人，它与打包转让的区别主要在于定价机制，债权出售是由法院主持的拍卖或由银行采取的公开竞争性出售，定价的市场化程度较高。

第七，打包转让：这是银行将不良债权通过买断的方式转让给资产管理公司。根据 2000 年和 2004 年我国两次对四大国有商业银行不良资产进行剥离的数据，打包转让的价格大多是以原资产的 1/3 折价收购。

第八，债务减免：在某些情况下，债务人的经营确实出现了重大问题，时间越长越难还清本息，此时通过本金减免、利息减免等方式，使不良贷款尽快得到处置，避免损失进一步扩大，这是处置不良资产一种较好的选择。

---

① 沙业伟. 信贷风险与资产保全案例选［M］. 成都：西南财经大学出版社，2015.

第九，核销处置：这主要是针对"一逾两呆"① 中的呆账进行核销②，实际中应采用"逐户、逐级上报、审核和总行集中审批，对外保密，账销案存"的原则进行操作。

案例四　我国商业银行小微企业贷款业务创新

一、小微企业授信概述

小微企业由于具有规模小和抵押物少等特点，一直以来都被认为是风险较高的贷款对象。对于商业银行来说，小微企业的这种高风险特性也决定了其在授信阶段必须更为重视风险；同时，小微企业贷款还普遍具有强调时效性的特征，因此，商业银行必须以切实有效的措施在风险控制和效率两个方面做出权衡。一般来说，小微企业授信需要明确以下八个方面的情况：

（一）授信客户背景情况

授信客户背景情况包括企业成立日期、注册地、注册资金、法人代表、股权结构、职工人数、经营资质和资产负债等基本情况；3 ~ 5 年内的信用记录；当前对外负债情况等。

（二）授信业务背景情况

对授信客户的生产经营情况进行简要分析，主要分析企业产能情况、销售预期情况、借款原因和借款用途。

（三）企业经营/管理风险分析

1. 对授信客户主要产品和服务以及主要市场的分析

对授信客户主要产品及用途进行分析、对客户产品的销售方式进行分析。

---

① 在我国，不良资产界定的标准期限为：贷款本息拖欠 180 天以上的为"逾期"；贷款利息拖欠逾期 3 年为"呆滞"；贷款人逃走死亡或经国务院批准的为"呆账"。

② 在我国，每年 3 月前后都是上市公司公布年报的高峰期。对于银行业来说，资产质量、拨备覆盖率指标一旦对外披露，其结果都会显著影响公众信心。与此同时，呆账核销与资产质量优劣和拨备水平高低直接相关，如果呆账核销行为不当，资产质量和拨备水平就会造成股民或市场对银行业金融机构经营绩效的误解误读。因此，对银行呆账核销的管理具有重要的意义。然而，呆账核销仅是一种会计操作，并非债权债务关系的"一笔勾销"。商业银行对于已经核销的呆账贷款、表外应收利息以及核销后的应计利息等，仍然要坚持持续清收。

2. 对授信客户产供销情况的分析

截至上一会计年度，授信申请人的销售收入情况及销售收入的构成（主要产品销售在总销售收入中的占比情况）。

（四）企业财务情况分析

1. 基本财务信息

基本财务信息包括财务报表质量、销售和盈利能力、偿债和利息保障能力、资产管理效率、流动性、长期偿债能力/再融资能力和现金流量分析等。

2. 权益情况

权益情况主要考察企业的未分配利润情况，近期该客户是否有利润分配计划，如有这项计划，是否对企业资金形成威胁，是否会利用贷款资金进行利润分配。

3. 损益情况

损益情况即客户收入及支出情况分析，主要对企业成本管理、利润实现情况进行分析，认定企业盈利能力是否可被接受，并对企业盈利能力持续情况进行预测。

（五）担保分析

对企业担保情况进行分析，包括担保人名称、地址，企业注册资本、法定代表人、主要经营范围和主体资格性质，公司保证需分析担保单位担保能力（包括但不限于：资产负债情况、现金流量情况、损益情况、对外担保情况、与本次授信客户关系、担保保证意愿），形成担保能力结论。抵押分析包括抵押物种类、预评估价值、权证编号和变现难易情况，形成是否可有效覆盖风险结论。质押分析包括质押品种类、预评估价值、权证编号和变现难易情况，形成是否可有效覆盖风险结论。

（六）借款额度/还款能力分析

借款额度/还款能力分析包括客户申请贷款的种类（流动资金贷款、银行承兑或其他）、额度、用途等；根据企业生产经营情况分析企业形成借款需求的原因。

（七）授信对象评级

授信对象评级主要从评级分数、内评等级、违约概率（PD）、违约风险暴露（EAD）、违约损失率（LGD）和预期损失率（EL）等方面进行分析，给出授信对象的内评结果。

（八）综合结论及授信安排

1. 授信客户特点

概括授信对象的主要风险、主要经营优势或风险化解措施。

2. 授信安排

明确短期流动资金贷款额度、业务期限及还款方式等。

3. 其他约束条件

其他约束条件主要包括用途监控和贷后监控两个方面。其中，用途监控重点关注贷款资金只能用做流动资金，不准用于固定资产；贷后监控重点关注公司的销售情况及客户结构的变化，关注客户的回款进度。

二、案例背景

上述的授信分析是商业银行对小微企业贷款的风险控制部分，为了兼顾效率，目前已有相当数量的商业银行在授信分析的基础上发展出贷款打分卡模式。

根据财务和非财务因素，小微企业贷款打分卡标准①将小微企业的信用等级从高到低分为A，B，C，D四级。其中，A，B，C级是目标客户，D级客户不予授信。

在信用评级指标体系之外，首先考虑的是客户的销售收入水平（客户销售收入等级划分如表5－5所示）。其次考虑信用评级指标体系。这一体系中所有的指标分为两类：一类是首要标准，若客户不符合其中任何一项标准便直接评为D级；另一类是次要标准，侧重对客户的财务状况和业务上下游进行分析。适用于销售等级1，2，3的客户选择标准如表5－6所示。

---

① 屈建国，龙小宝．新信贷——银行客户经理业务手册［M］．北京：北京大学出版社，2009．

表 5 – 5　客户销售收入等级划分

等级划分	销售额
销售等级 0	年销售收入在××万元以下
销售等级 1	年销售收入在××万元（含）到××万元之间
销售等级 2	年销售收入在××万元（含）到××万元之间
销售等级 3	年销售收入在××万元（含）到××万元之间

表 5 – 6　适用于销售等级 1，2，3 的客户选择标准

客户选择标准	在目标市场名单中所有可接受的行业		
	客户等级 A	客户等级 B	客户等级 C
首要标准			
1. 核心管理层经验：行业从业年限	≥年	≥年	≥年
公司成立年限	≥年	≥年	≥年
2. 在本行无不良贷款和结算记录（对现有客户）	符合	符合	符合
3. 银行对账单分析	符合	符合	符合
4. 银行同业查询	符合	符合	符合
5. 还款能力：偿债保障比率（DSCR）	≥倍	≥倍	≥倍
次要标准			
6. 销售收入增长情况			
6.1 批发、零售及服务业	％	％	％
6.2 制造业	％	％	％
7.（营业利润）盈利年限			
8. 贸易上下游客户查询	通过	通过	通过
9. 应收款周转天数较年初增加	≤天	≤天	≤天
10. 买方集中度风险	≤％	＞％	＞％
次要标准的特别项			
11. 财务杠杆率（总负债/总资产）			
11.1 制造业	≤倍	≤倍	≤倍
11.2 批发、零售及服务业	≤倍	≤倍	≤倍
12. 杠杆比率（总贷款/净资产）			
12.1 制造业	≤倍	≤倍	≤倍
12.2 批发、零售及服务业	≤倍	≤倍	≤倍

单一客户的最高授信额度是由该客户的客户等级和销售等级共同决定的（见表 5 - 7）。

表 5 - 7　客户授信额度

客户等级	销售等级	最高授信额度	
		按销售收入计算	按抵押覆盖率计算
客户等级 A	销售等级 1		
	销售等级 2		
	销售等级 3		
客户等级 B	销售等级 1		
	销售等级 2		
	销售等级 3		
客户等级 C	销售等级 1		
	销售等级 2		
	销售等级 3		

上述最高授信额度的计算有两种方法：一种是按销售收入计算的方法，依据的是表 5 - 7 所示的指标体系，而其中并未涉及抵（质）押物的相关信息；另一种是考虑抵（质）押物的价值，通过抵（质）押覆盖率计算最高授信额度，其依据是表 5 - 7 所确定的不同等级的客户规定不同的抵（质）押覆盖率，进而将经过抵（质）押率折价后的抵（质）押物的价值代入，计算出最高信贷额度。通过这种打分卡的信贷审核模式，商业银行可以很快地确定是否应该对小微企业进行授信，以及对其的最高授信额度，极大地提高了贷款审批的效率。

三、案例分析

（一）商业银行的小微企业贷款

从业务形式来看，目前商业银行提供的小微企业贷款主要有以下四种：

1. 资产支持型贷款

资产支持型贷款是商业银行在对大中型企业贷款时采取的一种主要方式。

一般来说，小微企业能够提供的抵（质）押资产主要有房地产、应收账款和存货等。

2. 新型担保贷款

担保贷款主要包括担保公司担保、信用保险和联保联贷三种形式。通过贷款担保，小微企业可以对自身进行信用增级，而商业银行也可以进行风险转移，减少其对小微企业贷款的风险。

3. 具有核心企业的供应链融资

一般来说，供应链的组织形式大致可以分为有核心和无核心两种，二者的区别在于在供应链中是否有一家或数家大企业。如果有一家或数家大企业，那么供应链中其他小微企业的现金流就会非常稳定，会极大地降低信用风险。因此，在这种贷款模式下，商业银行更为关注的是核心企业的财务状况。

4. 信用评级贷款

由于小微企业对贷款发放的效率要求较高，为简化贷款审批流程，一些银行开始实行"打分卡"式的贷款审批方法，即搜集企业的各项财务和非财务信息，将其与各自的计分标准进行对比，得到单项得分，然后加总得到总分，最后根据总分所对应的贷款额度对小微企业进行授信。

（二）解决小微企业贷款难的有效手段

上述针对小微企业的贷款业务主要是围绕风险控制和提高效率两个方面进行分析，这里提出和分析解决小微企业贷款难的主要手段：通过政府牵头的小微企业创新贷款模式"政银保"，以及积累了大量交易数据的互联网金融企业贷款或信息服务，都是解决小微企业贷款难问题的有效手段。

1. "政银保"模式

政府通过财政拨款设立基金对小微企业进行担保，银行对接受担保的小微企业提供贷款，保险公司对贷款进行保险，通过政府的介入，可以有效地降低小微企业的贷款风险。

2. 互联网金融服务

互联网金融企业在对小微企业的长期服务中，积累了大量的生产、运输和销售方面的交易数据，而这些数据对于评判小微企业的信用风险，以及对小微企业授信都有着巨大的指导作用。

四、案例启示

在信息不对称的现实世界中，信贷配给是商业银行贷款业务中必然出现的现象。它背后的逻辑是：由于银行面对着众多的贷款人，不可能对这些贷款人包括贷前和贷后的所有信息完全掌握，因此，银行的预期利润不仅取决于贷款利率的大小，而且取决于贷款风险的大小。如果贷款利率与贷款风险之间是完全独立的，那么通过提高贷款利率，银行便可以提高利润，但实际上二者是具有相关性的：较高的贷款利率会排挤走低风险的借款人，剩余的较高风险的借款人太少可能反而会降低银行的利润。因此，银行在超过一定的贷款利率之上会出现惜贷行为，使得那些具有较高贷款风险的借款人不能从银行获取资金，而上述现象也正是造成我国小微企业贷款困难的主要原因之一。

如果从商业银行经营管理以及小微企业自身贷款需求的角度分析，造成我国小微企业贷款困难的原因，除了信贷配给和其自身的高风险之外，还有如下两个原因：

第一，对小微企业贷款的管理成本较高。首先是对借款人相应的信息搜集、处理和监督等的成本相对较高，因为无论一笔贷款的金额是多少，这些成本大致都是固定不变的，而小微企业贷款的资金总量较小也就决定了发放贷款的成本率较高；其次是需要大量的人员和经营场所，由于小微企业贷款的特点是笔数多而金额小，因此，对小微企业的贷款业务兼具劳动密集型和资本密集型的特征。

第二，小微企业对贷款效率的要求较高。按照"以销定产"的经营模式，往往是在合同签订之后，小微企业对贷款资金就有着急迫的需求，用以购进原材料进行生产，而一般商业银行的贷款流程都有较长的调查审批期，往往难以在小微企业的合同期限内发放贷款资金。

在上述多方面原因的共同影响下，小微企业贷款难问题一直是影响我国实体经济快速、健康发展的瓶颈。从2005年开始，银监会陆续出台了一系列文件，鼓励银行开展小微企业融资，比如，《银行开展小企业贷款业务指导意见》《商业银行小企业授信工作尽职指引（试行）》，以及与之相关的《关于银行业金融机构与担保机构开展合作的风险提示》和《农村信用社小企业信用贷款和联保贷款指引》。这一系列文件不仅确定了对小微企业贷款的支持与鼓励的政策基调，更重要的是对商业银行的小微企业贷款业务进行了具体的指引和指导，具有现实的操作意义。

参 考 文 献

[1]屈建国,龙小宝. 新信贷——银行客户经理业务手册[M]. 北京:北京大学出版社,2009.

[2]赵晓芳,李鹏. 商业银行业务与经营案例分析[M]. 北京:中国社会科学出版社,2012.

[3]沙业伟. 信贷风险与资产保全案例选[M]. 成都:西南财经大学出版社,2015.

[4]李兴法,王庆石. 基于 Credit Metrics 模型的商业银行信用风险应用研究[J]. 财经问题研究,2006(12):47 - 53.

[5]刘源. 基于 CreditRisk + 模型的银行信用风险量化实证研究[J]. 现代金融,2011(12):46 - 48.

[6]曹麟,林德斯. 基于 CreditPortfolioView 模型的宏观压力测试方法评述[J]. 金融经济月刊,2012(22):137 - 139.

第六章 商业银行证券投资业务

引　言

一、商业银行证券投资概述

商业银行证券投资是指为了获取一定收益而承担一定风险，对有一定期限的资本证券的购买行为。它包含收益、期限和风险三个要素。其中，收益与风险成正比，期限则影响着投资的收益率与风险的大小，因此也制约着商业银行对不同环境、不同收益率和不同风险的证券投资的选择。

商业银行作为经营货币资金的特殊企业，其经营的总目标是追求经济利益。与此相一致，银行证券投资的基本目的是在一定风险水平下使投资收入最大化。围绕这个基本目标，商业银行证券投资具有以下四个方面的主要功能①：

1. 获取收益

从证券投资中获取收益是商业银行投资业务的首要目标。商业银行证券投资的收益包括利息收益和资本收益。利息收益是指银行购买一定量的有价证券后，依证券发行时确定的利率从发行者那里取得的利益。资本收益是指银行购入证券后，在出售或偿还时收到的本金高于购进价格的余额。

2. 实行资产分散化

分散风险和降低风险的一个基本做法是实行资产分散化。银行证券投资在分散风险方面有特殊的功效或特殊的作用。其一，证券投资为银行资产分

---

① 庄毓敏. 商业银行业务与经营（第3版）［M］. 北京：中国人民大学出版社，2010.

散提供了一种选择；其二，证券投资风险比贷款风险小，更有利于资金运用。另外，证券投资比较灵活，可以根据需要随时买进卖出。

3. 保持流动性

商业银行保持一定比例的高流动性资产是保证其资产业务安全的重要前提。在现金作为第一准备使用后，银行仍然需要有二级准备（是指银行的短期证券投资）作为补充。此外，银行购入的中长期证券也可在一定程度上满足流动性要求，只是相对短期证券其流动性要差一些。

4. 合理避税

商业银行投资的证券大都集中在国债和地方政府债券上，而地方政府债券往往具有税收优惠，故银行可以利用证券组合达到合理避税的目的，使收益进一步提高。

二、证券投资的主要种类

（一）政府债券

1. 中央政府债券

中央政府债券又称国家债券，是指由中央政府的财政部门发行的借款凭证。国家债券是银行证券投资的主要种类，其原因有三点：一是安全性高；二是流动性强；三是抵押代用率高。国家债券按期限长短可以分为短期和中长期国家债券，短期国家债券通常称为国库券，中长期国家债券通常称为公债。

（1）国库券。国库券是以贴息方式发行的短期政府债券。所谓贴息方式发行是指债券票面不标明收益率，而是按低于票面的价格出售给投资者，到期由财政部按面值收回债券，销售和收回的价格差异即为投资者收益。国库券发行的期限在 1 年以下，一般有 1 个月、3 个月、6 个月、9 个月、12 个月等不同期限，所筹资金主要用于中央财政预算平衡后的临时性开支。由于国库券期限短、风险低、流动性高，是商业银行证券投资最主要的组成部分。

（2）中长期国家债券。中长期国债是政府发行的中长期债务凭证，1～10 年为中期国债，10 年以上为长期国债，所筹资金用于平衡中央财政预算赤字。中长期债券一般在票面标明价格和收益率，购买时按票面价格支付款项，财政部定期付息，到期归还本金。中长期债券由于期限长，收益率比国库券高。

2. 政府机构证券

政府机构证券是指除中央财政部门以外的其他政府机构所发行的债券。政府机构债券通常以中长期债券为主，流动性不如国库券，但它的收益率比较高。它虽然不是政府的直接债务，但通常也得到政府担保，因此，债券信誉比较高，风险比较低。

3. 地方政府债券

市政债券是由地方政府发行的，所筹资金多用于地方基础设施建设和公益事业发展。地方政府债券的发行和流通市场不如国家债券活跃，除了一些信用较高的地方政府发行的债券可以在全国范围内发行并流通外，大部分都集中在本地，流动性不强。地方政府债券通常按面值出售，由于投资地方政府债券可以免缴投资收益的中央所得税和地方所得税，因此，地方政府债券的税后收益率比较高。在西方国家，商业银行成为地方政府债券的量大买主。

（二）公司债券

公司债券是企业对外筹集资金而发行的一种债务凭证。由于公司债券的税后收益率比较低，风险又比较高，所以，公司债券在二级市场上的流动性不如政府债券。为了保障商业银行投资的安全，许多国家在银行法中规定，仅允许商业银行购买信用等级在投资级别以上的公司债，而具体的投资级别和信用等级在各国有一定差别。

（三）股票

股票是股份公司发行的证明股东在公司中投资入股并能据此获得股息的所有权证书，它表明投资者拥有公司一定份额的资产和权利。由于工商企业股票的风险比较大，因而大多数西方国家在法律上都禁止商业银行投资工商企业股票，只有德国、奥地利和瑞士等少数国家允许。但是，随着政府管制的放松和商业银行业务综合化的发展，股票作为商业银行的投资对象已成为必然趋势。

（四）银行承兑票据

银行承兑票据是银行对从事进出口等业务的客户提供的一种信用担保，银行承诺在任何条件下都会偿付其客户的债务，银行从中收取费用。由银行承兑的票据是一种安全的投资工具，有较大的市场规模，信誉好的银行承兑票据还可以申请获得中央银行的贴现。银行承兑票据的交易可以增加银行的流动性资产和获得投资收益。

（五）其他金融工具

20 世纪 70 年代以来，由于金融创新的加快，金融衍生工具的交易也成为银行投资的新选择，包括远期交易、货币互换、金融期货与期权等。这些金融衍生工具的交易量在有些西方发达国家的银行已超过原生金融工具的交易规模。它们为银行开辟了新的投资渠道，也为银行增加了新的投资风险。

从发展趋势上看，未来我国资本市场的发展，将明显增加商业银行投资标的。我国资本市场发展的政策重点在于健全多层次市场体系，特别是要推进股票发行注册制改革，多渠道推动股权融资，发展并规范债券市场，提高直接融资比重，推动资本市场双向开放，有序提高跨境资本和金融交易可兑换程度。其中，多渠道股权融资、规范化债券市场等直接融资形式将带动产业升级和经济结构调整。以债权市场为例，未来几年，债券类别与形式、市场准入条件、信息披露标准、资信评级要求、适合投资者制度的健全和标准化将明显拓展债务融资的应用范围，各类大额可转让存单、地方政府债、房贷支持证券等产品也将较快推出，将丰富商业银行的金融投资标的，同时也对商业银行金融证券投资能力提出了更高的要求。

三、证券投资风险和防范

（一）信用风险

信用风险也称违约风险，是指债务人到期不能偿还本息的可能性。由于银行投资主要集中在政府证券上，这类证券多以财政税收作为偿付本息的保障，因而违约风险不高。银行证券投资中还有一部分是公司债和外国债券，这部分债券存在着真实违约的可能性。在市场经济发达的国家，银行在进行投资分析时，除了直接了解和调查债务人的信用状况外，更多地依据社会上权威信用评级机构对债券规定的评级标准（见表6-1），以此为依据对证券进行选择和投资决策。

表6-1　债券评级标准及划分依据

穆迪	标准普尔	费奇	金融世界	投　资　等　级
评级标准				
Aaa	AAA	AAA	A +	质量最高，风险最小
Aa	AA	AA	A	质量高，财务状况比上级略弱
A	A	A		财务能力较强，易受经济条件变化的影响
Baa	BBB	BBB	B +	中间等级，当期财务状况较好，缺乏优异的投资特征
投机等级				
Ba	BB	BB	B	具有投机特征，当期尚能支付利息，但未来不确定
B	B	B	C +	较高投机性，对本利的偿还不确定
Caa -	CCC	CCC	C - - - - D+	高度投机，违约可能性很大
Ca	CC	DDD	D	已经违约

规避方法：金融监管部门鼓励银行购买投资级证券，有些国家甚至不允许银行购买投机级证券，以保障银行投资组合的质量。

（二）通货膨胀风险

通货膨胀风险是指由于通货膨胀而使货币购买力下降的风险。通货膨胀期间，投资者实际利率应该是票面利率扣除通货膨胀率。例如，若债券利率为10%，通货膨胀率为8%，则实际收益率只有2%。购买力下降的风险是债券投资中最常出现的一种风险。

规避方法：对于通货膨胀风险，最好的规避方法就是分散投资，以分散风险，使购买力下降带来的风险能为某些收益较高的投资收益所弥补。通常采用的方法是将一部分资金投资于收益较高的投资品种上，如股票、期货等，但带来的风险也随之增加。

（三）变现能力风险

变现能力风险是指投资者在短期内无法以合理的价格卖掉债券的风险。如果投资者遇到一个更好的投资机会，他想出售现有债券，但短期内找不到愿意出合理价格的买主，要把价格降得很低或者很长时间后才能找到买主，那么，他不是遭受降价的损失，就是丧失新的投资机会。

规避方法：针对变现能力风险，投资者应尽量选择交易活跃的债券，如国债等，便于得到其他人的认同，信用评级低的债券最好不要购买。在投资债券之前也应准备一定的现金以备不时之需，毕竟债券的中途转让不会给债券持有人带来好回报。

（四）经营风险

经营风险是指发行债券的单位管理与决策人员在其经营管理过程中发生失误，导致资产减少而使债券投资者遭受损失。

规避方法：为了防范经营风险，选择债券时一定要对公司进行调查，通过对其报表进行分析，了解其盈利能力、偿债能力和信誉等。由于国债的投资风险极小，而公司债券的利率较高，但投资风险较大。所以，债券持有人需要在收益和风险之间做出权衡。

（五）违约风险

违约风险是指发行债券的公司不能按时支付债券利息或偿还本金，而给债券投资者带来的损失。

规避方法：违约风险一般是由于发行债券的公司经营状况不佳或信誉度不高带来的风险。所以，在选择债券时，一定要仔细了解债券发行公司的情况，包括公司的经营状况和公司以往的债券支付情况，尽量避免投资经营状况不佳或信誉不好的公司债券。在持有债券期间，应尽可能对公司经营状况进行了解，以便及时做出债券交易的选择。同时，由于国债的投资风险较低，保守的投资者应尽量选择投资风险低的国债。

（六）再投资风险

再投资风险是指购买短期债券，而没有购买长期债券会有再投资风险。例如，长期债券利率为14%，短期债券利率为13%，为减少利率风险而购买短期债券。但在短期债券到期收回现金时，如果利率降低到10%，就不容易找到高于10%的投资机会，还不如当期投资于长期债券，仍可以获得14%的收益。所以，再投资风险也是一个利率风险问题。

规避方法：对于再投资风险，应采取的防范措施是分散债券的期限，长短期配合。如果利率上升，短期投资可迅速找到高收益投资机会；若利率下降，长期债券却能保持高收益。也就是说，要分散投资，以分散风险，并使一些风险能够相互抵消。总之，"不要把所有的鸡蛋放在同一个篮子里"。

四、商业银行证券投资现状

按照我国《商业银行法》的规定，商业银行的证券投资仅限于信用可靠、安全性、流动性强的政府债券（如国库券）和金融债券，禁止从事企业债券或股票投资。按照规定，我国商业银行不得进行五个方面的投资：不得从事信托投资；不得从事证券经营业务；不得投资于非自用不动产；不得向非银行机构投资；不得向企业投资，但国家另有规定的除外。这为今后银行业务的拓展和扩大经营范围留有余地。

目前，我国商业银行证券投资可供选择的品种有国库券、重点建设债券、财政债券和国家建设债券、基本建设债券、特种国债、保值公债和金融债券、国家重点企业债券和地方企业债券及股票等。

在上述可供银行投资选择的证券中，商业银行的投资主要集中在国债和地方债上。随着国际金融业务综合化的发展趋势以及我国金融业的发展，我国商业银行也已悄然开展证券投资业务。

总体来看，尽管我国金融市场起步晚，商业银行证券投资占银行总资产的比例较低，但未来商业银行金融证券投资将有广阔的发展空间。这源于以下方面的原因：

第一，银行表内资产增长趋缓，在社会金融资产中的比重逐步下降，资本补充压力将有所降低；而表外资产相对比重上升，泛资产管理业务进入黄金发展期。

第二，银行资产规模中贷款占比将相对下降，债券投资类资产占比相对提升，未来几年公司信用类债券发展将明显快于信贷。

第三，贷款组合中，中小企业、个人消费贷款比重将上升，公司债发行会促使银行业加大金融创新步伐、下沉产品结构、改进业务模式和服务水平。

第四，标准化资产证券化工具的推出，使得银行可以通过盘活资产释放资金和经济资本，改善资产结构和提高资本充足率。

可见，资本市场发展为银行资金/资本来源多元化提供了机遇，未来我国大额可转让存单、境内外金融债、次级债、混合资本债以及优先股规模将明显扩大，以改善银行业长周期项目融资较多、久期敞口较大的现状，并发挥支持定向信贷的作用。

五、商业银行证券投资面临的趋势和挑战

未来几年，一系列宏观经济和金融环境的变化将对金融资产投资产生影响，商业银行需要转换思路，推动投资策略和管理的转变。

(一) 资金来源面临的挑战

在经济增速放缓的背景下，居民、企业、政府三个部分的储蓄水平都受到影响，未来3年银行业负债结构也将出现变化。

第一，人口结构老龄化带来居民储蓄率降低，将影响银行负债结构。研究显示，劳动适龄人口与储蓄率两者的相关系数为0.88。劳动适龄人口比例在2010年达到最高值，为74.5%，之后迅速下降到2013年的72.8%；国内总储蓄率也在2010年达到最高值，为51.81%，之后下降到2013年的50.2%。中国总储蓄率大幅高于全世界25%的均值，金融机构储蓄存款占比42.7%也非常高，随着人口老龄化及消费习惯的改变，储蓄率将显著降低，由此带来金融企业储蓄存款类负债比重降低。

第二，经济增速放缓及增长模式转变带来企业（特别是工业企业）存款增长放缓。我国正处于工业经济型社会向服务经济型社会转变的关键时期，工业增加值和工业企业利润增速的下降将直接影响企业存款的增长；企业扩大生产及投资的意愿降低，融资增量减少进而影响企业存款的增长。

第三，财税体制改革及财政收入增速放缓导致政府对商业银行的存款减少。新《预算法》要求执行全口径预算管理，政府全部资金上缴国库，商业银行的存款面临结构性减少。专项转移支付大幅度减少，地方政府融资平台的清理，土地出让金减少，公共财政收入增速已经从2012年的29.17%下降至2014年前8个月的8.3%，直接影响政府相关存款增量。

(二) 货币政策变化对流动性的影响

当前，中国经济仍面临着内需不足，新的增长引擎难以迅速形成；同时，

风险形势依然严峻，去杠杆压力较大，加之政府对经济增速下降的容忍度有所提高，预计短期内货币政策维持偏宽松的总体格局。基准利率和存款准备金率存在小幅调整的可能，但高频率、大幅调整的可能性不大。过去以外汇占款被动投放为主渠道的基础货币投放方式，将逐渐转为"公开市场操作＋再贷款"的流动性调节机制，新的利率调控体系将逐步构建，"短期利率锚＋利率走廊＋中期政策利率"可能是主要特征。货币政策调整和操作模式变化对银行金融资产投资将产生多方面的影响。

第一，稳健货币政策下银行资产负债规模难以快速扩张。在宏观调控坚持不采取大规模刺激政策和货币政策稳健的背景下，预计央行每年 M2 的增长目标保持 12% ~13% 或更低。在这种情况下，银行资产负债规模快速扩张受到限制。

第二，政策偏宽松和利率走廊机制有利于货币市场平稳，有利于银行开展短期流动性调节。在利率走廊机制下，由于短期利率被设定在利率走廊之间，这意味着利率波动会下降，利率在短期内大幅飙升的"钱荒"事件不大可能再次发生。这为银行调节流动性短期余缺提供了良好的市场环境，也有利于发展主动负债，市场利率的稳中下行，也有利于债券市场行情，有利于银行发展交易型业务。

（三）利率市场化将提高负债成本并带来一系列风险

预计未来利率市场化推进仍会按照"先长期、后短期，先大额、后小额"的基本原则，稳妥有序推进。利率市场化的具体完成时间主要取决于内外部经济条件。在我国经济运行总体平稳但下行压力仍存、物价涨幅基本平稳、美联储退出 QE 的内外部经济环境中，预计存款利率上限将会逐步放开，同时推动债券市场建设和利率调控机制建设。利率市场化后的初期，1 年期定期存款利率有超过 1 个百分点的上升空间；中长期存款则进一步向均衡利率水平靠拢，1 年期存款利率最终可能会上升 2 个百分点左右，达到 4% ~5% 的较高水平。

利率市场化下银行资产负债管理面临严峻挑战：一是为弥补负债成本上升的影响，银行趋向于加大对高风险资产的配置，以获取高收益，从而导致信用风险加大，风险定价能力面临考验；二是存量中长期贷款利率难以进行调整，甚至因基准利率下调而降低，而负债成本上升趋势不改，利率风险加大；三是随着存款利率上限逐步放开，央行公布的基准利率不再作为存贷款定价的基准，存贷款定价的基准利率不同将随之出现，基差风险随之产生，需要提前加以应对。

（四）同业市场监管环境日趋严格

监管新政主要体现在采取疏堵结合的监管策略、完善同业业务制度管理的监管要求，以及构建各部门联动管理的监管机制三个方面。监管新政的目标是促使同业业务回归流动性管理的基本职能，逐渐以资产证券化业务替代同业项下的非标资产，以同业存单替代同业存款，实现同业业务资产和负债两端的标准化。基于国内同业市场的监管环境日趋严格，同业业务依赖业务创新进行监管套利的发展模式不具有可持续性，其未来的职能定位将体现在拓展低成本核心负债来源、优化同业资产配置、改善流动性管理等方面，进而提升银行资产负债管理的总体水平。在新的监管标准下，部分同业非标债权资产将转移至同业投资项下，一定程度上将减缓同业资产规模上升的趋势。

此外，同业资产的结构性变化以及对同业投资按照基础资产计提拨备和资本的监管要求，将压低同业资产整体的收益水平和潜在风险。在负债端，短期内商业银行同业负债占比上升的趋势将会因非结算类同业存款规模下降受到一定遏制，而随着资产证券化业务的推广、资本市场的深化，以及由此带来的直接融资模式的发展和金融脱媒的加剧，商业银行同业负债占银行负债的比重不断提升是长期趋势，尤其是针对中小型机构的同业理财市场具有较大的增长空间。

案例一   地方债——济南历城区城建公司 3 500 万元贷款逾期调查

一、案例背景

2014 年 6 月 24 日，齐鲁银行发布了 2013 年年报，首次披露济南市历城区城市建设综合开发公司（下称"历城区城建公司"）3 507 万元贷款本金违约，并欠息高达 613 万元，而以往商业银行公开披露政府性债务违约尚不多见。

有资料显示，历城区城建公司成立于 1992 年，注册资本 1 806 万元，由济南市历城区建设管理局全资成立，主要从事历城区新区建设、旧城改造范围内的房地产开发。

历城区城建公司此次借款违约过程较为具有代表性。该公司与齐鲁银行已有多年业务往来，此前，这部分贷款以借新还旧的形式产生，但 2012 年，自身现金流有限的历城区城建公司开始拖欠利息，揭开了贷款违约的序幕。

（一）全国首个地方信违约

历城区城建公司的设立源起于 20 世纪 90 年代城市大规模建设。当时，全国大中城市普遍掀起城市开发高潮，一方面是新城区的规划、开发；另一方面是对老城区进行改造、新设。

作为一种普遍模式，济南各个辖区当时均由区建设管理局出资成立一家城建公司，编制为隶属区建委的事业单位，专门承担区级城市建设任务。除了历城区，济南历下区、市中区、槐荫区和天桥区等也均成立了城建公司。

公司成立后，历城区城建公司一度成为济南历城区城建、房地产开发的主要平台。但从实际开发项目来看，该公司开发过七里堡小区、铜件厂小区、电筒厂小区、花园小区、将军小区、环东佳苑小区和杏林苑小区等诸多地产项目，其中部分小区为政府部门和国有企业的单位宿舍。

在经营高峰时期，历城区城建公司还分别出资 50 万元、203 万元成立了两家全资子公司，分别为济南永顺达经贸中心（下称"济南永顺达"）、济南市历城区城建建材综合经营处。前者拥有粮食收购许可经营证，后者主营建筑材料、五金等，以分散和多元化历城区城建公司的功能。

此外，历城区城建公司还一度对齐鲁银行持有近 200 万股股权，业务进一步呈现多元化。据当地媒体报道，该公司负责人曾表示，在早期，该公司是当地银行争抢的宠儿，很多银行争着为历城区城建公司贷款。

随着济南市城市建设、房地产开发参与者越来越多，历城区城建公司从济南市政府承接的项目在减少。2010 年前后，公司的现金流和资信状况都大不如前。一是 2010 年公司在向齐鲁银行申请一笔贷款还旧贷款时，被要求引入济南市级政府平台进行担保增信；二是历城区城建公司上述旗下两家公司在向济南市历城区农村信用合作联社（历城农信社）贷款时，也被要求以房地产进行抵押增信。

　　但这并非最困难的时刻。2010 年，国家四部委出台通知清理地方投融资平台。该政策对地市、区县级平台被清理影响最大；同时，对于部分平台仅允许政府以出资额承担有限责任，银行对现金流覆盖不全的平台，一般要求省市级平台进行担保。

　　此外，2011 年时，历城区城建公司实质性业务已很少，不少员工相当于赋闲在家。在此情况下，历城区城建公司"造血"功能大为削弱，现金流对债务的覆盖能力越来越差，甚至从 2011 年年底起，该公司开始拖欠员工工资。

　　然而，在丧失基本的"造血"功能后，借新还旧也已经无法帮助历城区城建公司摆脱困境。2012 年 1 月，该平台无法支付上一期的借款利息，该笔借款宣告违约。事实上，当初的借款协议还约定，如果历城区城建公司逾期还款，齐鲁银行有权对逾期部分按照借款利息上浮 50% 计算利息，对不能支付的利息按照借款利率上浮 50% 计算复利。

　　然而，一直到 2013 年年初，历城区城建公司冒着可能被罚的巨额罚息，仍然一直拖欠利息，这似乎已预示该公司自身完全丧失了还款能力。2013 年 4 月 21 日，贷款截止日，一如预期，历城区城建公司本金偿还违约。截至 2013 年年底，历城区城建公司在齐鲁银行的贷款余额高于 1 490 万元，违约本金 3 507 万元，欠息高达 613 万元。

　　对于担保方济南城投，根据当时的借款合约，历城区城建公司向齐鲁银行借款 1 490 万元，用途为归还上述 2005 年的借款，借款期限截至 2013 年 4 月 21 日，贷款利率为 5.94%。此外，齐鲁银行又与济南城投签订了一份担保协议，约定济南城投对历城区城建公司的借款本金、利息、复利进行连带担保，保证期限为借款合同履行期满之后两年止。对于上述超过 1 000 万元的连带责任担保，如果最终法院裁定该担保有效，济南城投不得不面对或有的代偿债务风险。

　　有数据显示，济南城投对外担保压力并不轻松。截至 2012 年年底，济南城投对外提供担保金额共计 45.03 亿元，担保比率较高，达到 31.55%，主要是对济南市旧城改造公司和济南市小清河开发公司提供担保。而从济南城投自身来看，2012 年年底，公司获得各家银行授信额度为人民币 44.79 亿元，尚未使用额度 0.56 亿元，间接融资渠道有待拓宽，资金运转存在压力①。

事实上，济南城投并不是特例。目前不少地方融资平台对外担保比重较高，担保对象除了低一级的政府平台、开发区，还包括不少地方政府扶持的国企、民企，后者的债务风险将更为隐蔽，最终这些债务兜底方都指向了地方政府。

（二）商业银行投资地方债的动机

1. 地方融资平台快速膨胀的原因

虽然央行报告披露地方融资平台贷款的增速已经得到了明显控制，但其绝对增速依然不低。地方政府的融资平台之所以能够如此快速的膨胀，主要原因有以下几点：

首先，与 2008 年下半年美国金融危机之后政府出台 4 万亿元的财政刺激计划有关，这不仅使经济增长出现 V 字形反弹，并且还使银行体系大量的流动性涌向市场，导致吹大了资产价格泡沫，财政刺激计划成为地方政府融资平台盛行的政策基础。

其次，地方政府融资平台之所以能够再出现并迅速发展，与当前国内混乱的土地制度有关。因为，地方政府融资平台的核心就是国家土地资源的资本化。按照我国宪法，土地实行国家所有制与集体所有制。前者在出自公共利益的情况下可征用并可进行交易，后者则只能持有、不可交易。而地方政府就是利用国家土地可交易的性质，通过土地的资本化（把土地抵押给银行），就能够把没有成本获得或少许成本获得的土地变成地方政府增加财政收入的工具（土地财政），进而变成房地产开发用地。如果说，当前这种土地制度不进行重大的改革，这种无本生利的土地资本化的过程仍然会进行下去。

再次，地方政府的融资平台之所以能够短期内在全国盛行，很大程度上与国内银行竞争方式及盈利模式有关。银行盈利的主要模式是信贷规模无限扩张中的利差收益，谁的规模扩张大，其盈利水平就好。而且，当前国内银

---

① 政府性债务违约样本：区"贷"市"保"滚雪球　济南历城区城建公司 3 500 万贷款逾期［J］. 21 世纪经济报道，2014 - 06 - 30.

行的信贷无限扩张其收益可以归自己，其成本将由央行或整个社会来承担。因此，2008 年下半年信贷规模一放松，国内银行就使出浑身解数让自己的信贷规模扩大。

最后，地方政府融资平台还与我国的财政制度有关。1994 年实施分税制之后，我国明确了中央政府和地方政府之间在财政收入和支出中的权利与义务。在收入方面，增值税是我国的第一大税种，占到了税收总收入的 45% 以上，而中央政府分享其中的 75%，地方政府仅仅获得 25%（见表 6 – 2）。此外，中央政府的收入还包括关税、消费税以及中央企业利润等，地方政府的收入还包括营业税的主要部分、地方企业利润、城市维护建设税和烟叶税等部分。近年来，土地转让收入在地方财政收入中所占的比重不断上升。

表 6 – 2　中央和地方税收收入项目的划分

中央固定收入	中央与地方共享收入	地方固定收入
铁道部门、各银行总行、各保险公司总公司等集中缴纳的收入（包括营业税、利润和城市维护建设税）	资源税按不同的资源品种划分，海洋石油资源税为中央收入，其余资源税为地方收入	营业税（不含铁道部门、各银行总行、各保险公司总公司集中缴纳的营业税）
关税、海关代征消费税和增值税	纳入共享范围的企业所得税和个人所得税中央分享 60%，地方分享 40%	城市维护建设税（不含铁道部门、各银行总行、各保险公司总公司集中缴纳的部分）
消费税	增值税中央分享 75%，地方分享 25%	地方企业上缴利润
未纳入共享范围的中央企业所得税	证券交易印花税中央分享 97%，上海、深圳分享 3%	城镇土地使用税
中央企业上缴的利润等		印花税（不含证券交易印花税）、车船税、房产税、耕地占用税、契税、烟叶税、土地增值税、国有土地有偿使用收入等

资料来源：银联信咨询公司报告。

在支出方面，中央财政主要承担国防、武警、外交和中央国家机关运转所需的经费，调整国民经济结构、协调地区发展和实施宏观调控所必需的支出以及中央直接管理的发展事业支出；地方财政主要承担本地区行政机关运转所需的支出，以及本地区经济、事业发展所需的支出。

实施分税制之后，中央政府获得财政收入的比重不断上升，地方政府的比重不断下降。这有助于增强中央政府对地方的调控能力，提升中央政府在经济和政治上的话语权。但是，财政支出的情况与收入正好相反。分税制之后，地方政府在财政支出中的比重不断上升，中央政府财政支出中所占的比重不断下降，这就导致了地方政府在财政上入不敷出，每年都会有财政赤字。为了避免地方政府财政缺口过大，中央政府负责每年在一定范围内，通过税收返还或者补助的形式，补偿地方财政收支上的缺口。

2. 商业银行是地方债的主要购买机构

城投公司或者地方融资平台主要通过商业银行贷款的方式进行融资，同时其发行的债券也多被银行购买。在地方融资平台融资的过程中，地方政府以担保人的角色出现。这样，地方政府、商业银行和地方融资平台存在着利益关联性（见图6-1），从而使权益人和债务人被绑架在一起。如果出现危害金融稳定的债务风险，政府或者银行必然存在救助的激励。

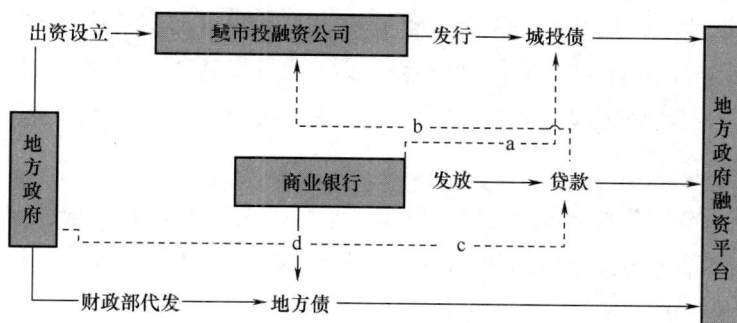

图6-1　政府、银行和地方融资平台三位一体的融资模式

资料来源：银联信咨询公司报告。

注：a为商业银行认购城投债；b为商业银行向城市投融资公司发放贷款；c为地方政府为贷款提供担保；d为商业银行认购地方债。

二、案例分析

根据国家审计署发布的 2013 年度全国政府性债务审计结果，至 2013 年 6 月底，全国各级政府负有偿还责任的债务 20.7 万亿元、负有担保责任的债务 2.9 万亿元、可能承担一定救助责任的债务 6.65 万亿元。审计署披露了此次审计发现的主要问题：政府性债务管理制度尚不健全，未归口管理；借新还旧数额较大；债务举借和使用不规范。审计结果同时显示，2013 年 6 月底至 2014 年 3 月底，9 个省本级为偿还到期债务举借新债 579.31 亿元，但仍有 8.21 亿元逾期未还。在这样的背景之下，商业银行在地方债问题上有以下风险点需要关注①。

（一） 当前银行仍需关注地方债风险

根据 2013 年 12 月 30 日国家审计署公布的《全国政府性债务审计结果》，截至 2013 年 6 月末，地方各种债务中商业银行贷款余额共约 10.12 万亿元。根据审计报告，平台贷款主要投向公路与市政基础设施建设等，这也正是地方融资平台风险点所在，即把地方政府用于基础建设和公共事业产生的债务信贷化。因为如果以土地质押作为贷款进行投资，一旦出现风险，是否能够产生有效收益用来还款并不确定。

此外，在平台贷款中 5 年期以上贷款占比超过 50%，中长期贷款比重高，经济波动带来的债务风险大多需要银行承担，因投资期限错配而导致资金问题的风险骤增。由于政府借债投资基础设施项目多年以后才能见到效益，但偿还本金和利息却必须立刻开始，因此，地方政府性债务影响着银行业的收益和坏账损失。

在现有的融资平台中，地市级以下的平台（县或县以下）偿债能力较弱，尤其是中西部地区，经济结构单一、收入来源有限，加之管理水平低，导致风险相对较大。

（二） 融资平台"变味儿"，融资还在继续

在监管部门叫停了地方融资平台后，地方政府类项目融资变得异常困难。

---

① 国家审计署. 全国政府性债务审计结果 [R]. 国家审计署网站，http://www.audit.gov.cn. 2013 - 12 - 30.

为了筹到钱，很多地方开始搭建新的更加隐蔽的平台公司，用以贷款融资。银监会刚刚叫停融资平台之后，先是由于当时企业债还可以发，所以很多省市都开始申请企业债。后来又通过"银证合作"在"理财＋信托"的传统操作模式中，商业银行发行理财产品募集资金，对接信托公司发起的信托计划，并委托信托公司运用理财资金，主要投向为债权和股权投资。除此之外，委托贷款的方式、保障性住房的假融资等方式也变成政府项目的融资渠道。当前，地方政府开始以保障房名义试图套取贷款尤需引起银行注意。

（三）房地产行业对地方偿债能力影响巨大

由于当前相当数量的平台贷款是以抵押质押为主，而土地抵押又占有相当比例，很多还款主要依靠土地出让收入，在今后一段时期楼市低迷的情况下，如果土地出让收益出现缩水，这些信贷资产的质量和平台的债务还付能力都有可能大打折扣。

（四）风险集中县级财政，国有商业银行和政策性银行首当其冲

地方融资平台的风险集中在财政能力脆弱的县级财政层面，而提供贷款的主力——国有商业银行和政策性银行也正是地方融资平台违约首当其冲的受害者。《2010 中国区域金融运行报告》显示，县级（含县级市）的地方融资平台约占总量的 70%。东部地区平台个数较多，占全部地方政府融资平台总数的 50%，而剩下的"半壁江山"中集结了大量的中部、西部地区县级贷款平台。湖南、江西两省县级平台占全省融资平台总数的比例均超过 70%，西部地区的四川、云南两省的县级平台占比更是高达 80%。

虽然地方融资平台贷款增长得到了控制，但因为提供贷款主体的集中，导致违约风险一旦爆发，破坏力依然十分惊人。而国有商业银行和政策性银行正是地方融资平台贷款的主要提供方，尤其是政策性银行，更成为西部地区地方政府融资平台贷款的主力，地方融资平台贷款风险高度集中，且在短期内难以消化。而地方融资平台贷款的投资方向更决定了这种风险在短期内难以消化。地方融资平台贷款中 5 年期以上贷款占比超过 50%，而投资方向主要是公路与市政基础设施，占比也超过 5 成。

（五）中小银行更为被动

数据显示，地方融资平台总量的 10% 通过中小银行融资，而中小银行的资产在整个银行体系资产中的占比还不足 10%，这就意味着平台债务对中小银行的信贷比例要显著高于大银行。因而，中小银行更容易受到地方政府性债务的影响[①]。

对于地方政府而言，一般情况下，大项目会首选能够提供充足资金的大型商业银行。如果信贷环境趋紧，大银行不能满足其信贷需求，或是项目质量等级较低，不能在大银行顺利融资，地方政府会去找地区性的中小银行，中小银行由此积累了债务膨胀的风险。

同时，由于中小银行自身存在的制约，也更加容易受流动性的影响。与大银行相比，中小银行客户稳定性较弱，信息渠道少，受到地方政府的行政干预较多。因此，中小银行可能在不充分的风险评估之下，就不得不接受地方政府发出的债券，以获取地方政府的支持。这就使得中小银行容易受到所在地区的影响。

此外，中小银行对于资金的依赖程度高，本身就需要不断积累资本。但是，由于规模经济不明显，融资成本高而收益比较低，大量借贷给地方政府很有可能导致入不敷出。

三、案例启示

银行业要化解债务风险，首先要控制地方融资平台贷款增长的速度，正确把握地方融资平台贷款的流向，注重对生产性、还款效益较好和还款能力强的项目给予支持。其次要充分重视政府背景贷款的特殊性，增强信贷审批与管理强化的风险意识。严格按照商业银行信贷业务流程，对政府融资平台业务加强"贷前调查，贷中审查，贷后检查"，重点关注两个方面的情况：一是政府融资平台的设立情况，包括资产、负债、应收账款、营业收入、利润和出资方式，注册资金来源是财政资金、土地划拨，或是股权等其他方式；二是政府融资平台融资规模的情况，包括银行贷款、发行债券、银政信合作，

---

① 崔文苑．地方债对银行业的影响分析［N］．经济日报，2014-01-15．

以及担保情况和资金使用方式等①。

此外，2014 年 9 月，国务院出台《关于加强地方政府性债务管理的意见》明确指出，纳入预算管理的地方政府存量债务，可以通过发行一定规模的地方政府债券予以置换，对于防范地方政府债务风险、化解潜在的金融风险、顶住经济下行压力，以及推动建立中国多层次的债券市场等都具有重大意义。从银行层面看，地方债务置换大大降低了债务人的还款压力和违约风险。另外，银行增加了抵押品品种，有利于流动性管理。根据财库 102 号文件的规定，将地方债纳入合格抵押品范畴，增加了银行的抵押品品种。需要时，银行可按规定开展回购交易，增加流动性；同时也可用地方债做抵押，申请相对低利率的再贷款等货币政策工具，降低负债端成本。此外，债券投资不计入贷存比，将贷款置换为债券，银行可降低贷存比，释放部分规模，增加可贷资金。

案例二　伦敦鲸事件

一、案例背景

摩根大通银行（以下简称"摩根大通"）2012 年第二季度财报显示，该行因"伦敦鲸事件"造成的衍生品交易损失已由最早预估的 20 亿美元激增至58 亿美元。摩根大通承认，如果在最坏的情况下，这一项交易损失还将在现有基础上增长 17 亿美元，也就是说，交易损失最终恐攀升至 75 亿美元。

（一）CIO 及伦敦鲸的作用

摩根大通之所以需要 CIO 及伦敦鲸的交易，是因为摩根大通的负债（即存款）为 1.1 万亿美元，超过其大约 7 200 亿美元的贷款资产。摩根大通使用多余的存款进行投资，至今这些投资组合的总金额大约为 3 600 亿美元。摩根大通的投资集中在高评级、低风险的证券上，包括 1 750 亿美元的 MBS 以及

---

① 郭长虹. 商业银行政府融资平台信贷业务风险管理研究［J］. 产业与科技论坛, 2009（7）：213 – 214.

政府机构证券、高评级及担保（covered）债券、证券化产品和市政债券等。这些投资中绝大部分都是政府或政府支持证券，拥有高评级。摩根大通投资这些证券以对冲银行因负债与资产错配而产生的利率风险①。

摩根大通通过 CIO 来管理基差风险、凸性风险（convexityrisk）及汇率风险等的对冲。摩根大通同样需要持有对冲敞口来管理信贷资产组合的"灾难性损失（stress－loss）"风险。

此前摩根大通的 CFO Braunstein 也曾表示，伦敦鲸的敞口是为了对冲该行使用多余存款（摩根大通在全球拥有 1.1 万亿美元存款）在"极高评级"的证券上的投资敞口，用来对冲债券资产组合的"灾难性损失"风险。而且，CIO 的敞口是按照该行总体风险策略指定的。

（二）CIO 及伦敦鲸的对冲策略

伦敦鲸所做的对冲交易并非直接做空那些债券或购买相关债券的 CDS；相反，伦敦鲸通过在 CDX（CDS 指数）实施大规模的 flattener 策略（即下注 CDS 指数期限曲线会变得平坦的策略）或份额交易（tranche trades）进行对冲。在这种策略下，CDS 的小幅波动的影响对其敞口的影响是相对中性的（neutral），但在事态极具恶化时（即 CDS 大幅上升时），该策略将获得收益。

伦敦鲸做多 CDX 指数的长期合约，同时做空 CDX 指数的短期合约进行对冲。实施 flattener 策略意味着对市场是看空的。

摩根大通使用 CDS 衍生品对冲债券风险可能有以下四个原因：

第一，随着企业越来越依赖债券市场，企业的贷款需求下降，而对于摩根大通来说，保持其在企业部门贷款上的净息差要比在二级市场购买企业债券更有吸引力。

第二，摩根大通认为美国房地产市场已接近底部，所有的迹象都是向好的，因此，摩根大通承担投资级企业风险的做法就很说得通了。

第三，它们可能同时做空高收益级（highyield）企业债券 CDS，并垄断了新债券 CDS 的发行市场，因此很可能做空这些债券。

---

① 顾成琦. 伦敦鲸的覆灭——摩根大通巨亏全解析［N］. 华尔街见闻，2012－05－12.

　　第四，美联储的压力测试可能促使摩根大通采用份额交易和衍生品来对冲风险。而针对 IG9，可以实施中性交易（DV01 - neutral），通过在 2011 年年初实施这一交易，信贷息差可能改善或恶化，但只要这一变动在整个曲线上是相等的，这种交易策略的市场价值变动就是 0。然而，当信贷息差开始显示市场认为近期局势将恶化而长期将再度转好时，该曲线形状开始变平，曲线的近端（短期）息差扩大幅度超过远端（长期）（见图 6 - 2），这就是 flat-tener 策略获利的方式。

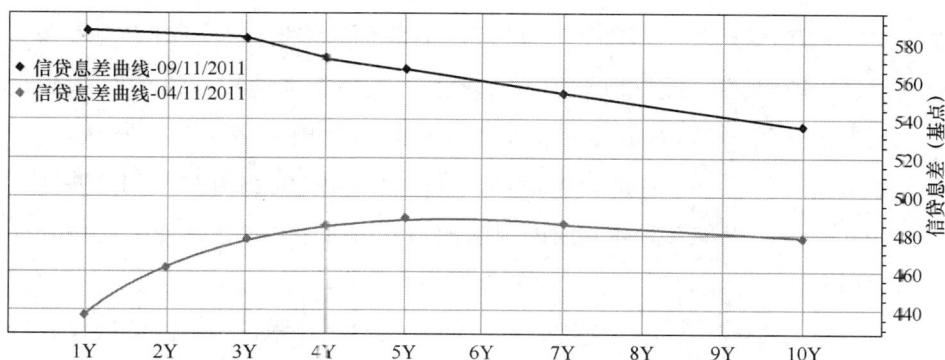

图 6 - 2　中性交易（DV01 - neutral）策略示例

　　当然，购买这条曲线上任何一个期限保护合约的投资者都会赚钱，但需要支付高额保费。然而，如果投资者实施曲线交易，那么他们将会获利，同时成本和风险都更低。因为购买曲线近端保险的成本能够由出售曲线远端保护的收入来支付。

（三）CIO 及伦敦鲸的对冲交易

　　市场都认为伦敦鲸采取的是针对 Markit CDX. NA. IG（北美投资级评级企业 CDS）指数中的 IG9 系列指数 flattener 策略，即针对 IG9：购买 5 年期合约，出售 10 年期合约。

　　如此分析的原因主要是 IG9 是最具流动性的投资级 CDS 系列指数（主要由于 IG9 是金融危机前发行的最后一个指数系列，许多结构化的产品都以该指数为基础），而这种分析也得到了 IG5 年期和 10 年期合约异常大的偏斜度（skew）确认。从该偏斜度的幅度及对冲基金抱怨摩根大通操纵市场的角度看，伦敦鲸的持仓量非常巨大。到 2011 年年底，该指数的净名义敞口总额为 900 亿美元，但到了 2012 年 4 月的第一周，该数值上升至 1 480 亿美元。

（四）伦敦鲸的搁浅

摩根大通执行此类对冲交易已有多年，对此驾轻就熟。因此，在 2012 年 4 月初媒体曝光伦敦鲸交易引发一片哗然时，负责人戴蒙曾轻描淡写地用"茶杯里的风暴"一词来回应质疑。

然而，尽管这种对冲策略的成本很低，但需要相当小心地每天关注和维护（调整对冲敞口等）。而随着市场反弹，这些敞口要求出售大量的 CDS，以维持对冲策略。但到了 4 月上旬，随着欧债危机的传染以及美国宏观数据不佳的消息出现，债市和股市开始感受到颤抖，而摩根大通持有的 CDX 指数也经历了大幅波动。伦敦鲸的巨量敞口在这种市场波动中遭受大量损失。

来自高收益级企业债券 CDS 市场的表现显示出伦敦鲸开始使用这些新券（on - the - run）指数来对冲此前的风险敞口。因为 HY18 系列指数的偏斜度大幅增加，但未结清合约净名义金额仅仅小幅下降。

而摩根大通此前决定减少其在 CDS 指数上的对冲敞口，即对冲敞口进行"再对冲（re - hedge）"。但是这一决策存在缺陷，过于复杂而且难以管理。从 CDX 指数的未结清合约净名义金额及指数偏斜度的变化看，随着市场稍显平静，伦敦鲸在上周再度尝试关闭更多此前的巨额敞口（这种敞口显然突破了银行风险控制和 VaR 控制的限制）。但伦敦鲸的补救措施显然未能奏效，然后就有了摩根大通召开电话会议宣布巨亏。

二、案例分析

（一）伦敦鲸关键风险点分析

尽管摩根大通负责人戴蒙解释了伦敦鲸的交易目的，并坚持这是根据摩根大通整体资产配置风险策略做出的对冲策略，然而并不能使市场的质疑声停止。这种质疑来自以下两个方面：

1. 自营交易的质疑

首先，摩根大通 CIO 投资并非对冲的一个公开的标志是：其交易风险与摩根大通投行部门不相上下。摩根大通 2011 年财报显示，CIO 在当年最大的单日亏损高达 5 700 万美元，这与其投行部门的 5 800 万美元差距不大，但后者有着华尔街最大的股票和债券交易部门。

　　另一个迹象是：两名前雇员表示，CIO 与摩根大通投行及销售部门的关系十分紧张。一名前雇员表示，由于 CIO 的雇员从交易利润中的提成比例少于投行部门，这促使以节约成本著称的戴蒙将更多交易通过 CIO 来执行。因此，业内人士质疑，CIO 并非仅执行对冲交易，而是事实上的世界上最大的自营交易部门。

　　2. 风险对冲策略及 VaR 之惑

　　造成"伦敦鲸"对冲敞口过大的原因是摩根大通 2011 年 1 季度引入了新的 VaR 模型，该 VaR 模型低估了风险敞口，如在新模型下，CIO 的 VaR 每天平均 6 700 万美元，而在旧模型下则为 1.29 亿美元，大大低估了风险。摩根大通在发现风险敞口计算错误后停止管理对冲交易比例。但是停止管理对冲交易比例意味着摩根大通的敞口变为单向的看空或看多，违背了对冲的初衷，同时也使自己的敞口暴露在市场风险之下。

　　（二）伦敦鲸事件影响分析

　　1. 面临降级危险

　　由于此次亏损，摩根大通在新巴塞尔 III 规则下计算的风险加权核心资本充足率从 8.4% 降至 8.2%。若考虑后续摩根大通关闭伦敦鲸敞口所带来的亏损以及此次亏损所反映出的内控问题，摩根大通遭遇穆迪降级的危险性加大，甚至面临更多降级的可能，那么随之而来的就是更多的补充抵押物的要求。

　　2. 沃克尔规则卷土重来

　　沃克尔规则的目标是禁止美国银行的自营交易，在各方的游说下，美联储推迟沃克尔规则最后期限。然而，作为华尔街银行典范的摩根大通此次出现交易巨亏并显露内控缺陷后，监管层实施沃克尔规则的决心必然更强。

　　3. 未来资金压力可能加大

　　通过摩根大通伦敦鲸事件，未来如果评级机构对美国银行的风控能力提出质疑，进而影响其评级决定的话，考虑到大银行们手里持有的衍生品规模，对银行的资金压力将会非常大。

三、案例启示

市场风险是商业银行金融投资业务面临的最常见的风险。由于影响市场风险的变量复杂而广泛,准确地度量和管理市场风险存在着较大的难度。"伦敦鲸"事件就是由于采用了错误的 VaR 模型,低估了市场风险而导致的。

摩根大通的"伦敦鲸"事件在防范市场风险方面为业界积累了几点宝贵的经验和教训。

第一,要坚持风险中性的策略,严防对冲风险的业务操作成为持有单边头寸的自营交易。

第二,要建立精确的市场风险监测体系。目前,计量与评价市场风险的主流标准为 VaR 模型,然而,"伦敦鲸"事件显示 Delta One 业务对于 VaR 模型过于倚重,防范市场风险显然需要更全面的市场风险监测体系。

第三,防范市场风险需要完善风控体系和内控机制的结合,形成防范市场风险的合力。要建立严格的风控体系和内控机制,建立风险预警体系,增强防范、识别和化解市场风险的能力。

参 考 文 献

[1]政府性债务违约样本:区"贷"市"保"滚雪球　济南历城区城建公司3 500万贷款逾期[N]. 21 世纪经济报道,2014 – 06 – 30.

[2]国家审计署. 全国政府性债务审计结果[R]. 国家审计署网站,http://www. audit. gov. cn. 2013 – 12 – 30.

[3]崔文苑. 地方债对银行业的影响分析[N]. 经济日报,2014 – 01 – 15.

[4]郭长虹. 商业银行政府融资平台信贷业务风险管理研究[J]. 产业与科技论坛,2009(7):213 – 214.

[5]顾成琦. 伦敦鲸的覆灭 – 摩根大通巨亏全解析[N]. 华尔街见闻,2012 – 05 – 12.

第七章 商业银行中间业务

引 言

所谓中间业务，是指不构成商业银行表内资产、表内负债，形成银行非利息收入的业务。中间业务由于具有占用资金少、业务品种多、风险小和收益高等特点，越来越受到商业银行的重视。发展中间业务，一方面能够扩大商业银行的利润来源，从而提升应对利率市场化和激烈的市场竞争的能力；另一方面，对于增强商业银行的抗风险能力、积极应对利率市场化及金融"脱媒"的挑战也具有极其重要的作用。

一、商业银行中间业务发展历程

（一）美国商业银行中间业务发展历程

美国的银行自建立之初便开展了中间业务。纵观第二次世界大战结束后美国商业银行的中间业务发展情况，可将美国商业银行的中间业务发展分为三个阶段：20世纪80年代以前；80至90年代中期；90年代中期至今。

1. 20世纪80年代以前的起步阶段

20世纪80年代以前，是美国商业银行中间业务的起步阶段。30年代金融危机之前，美国经济处于繁荣时期，全能银行制下中间业务的办理可以以混业经营的形式进行，这时的中间业务主要是投资银行等业务。随着1933年美国《银行法》的颁布，对分业经营和利率管制的管理更为严格，商业银行中间业务的发展因此遭到了强大的阻力，曾一直处于停滞状态。随着西方经济在战后的逐步恢复，国际性资本借贷活动逐渐活跃起来，到20世纪70年代末，布雷顿森林体系的解体使得浮动汇率和浮动利率取代了固定汇率和固定利率，预示着以美元为中心的世界货币体系崩溃，全球货币金融活动出现了自由化的趋势。迅速发展的金融市场，促使美国商业银行寻求逃避金融管制的方法，进行大量的业务创新，中间业务开始得以发展。

2. 20世纪80至90年代中期的发展阶段

20世纪80至90年代中期，美国商业银行中间业务步入大发展阶段。在此期间，跟随利率市场化的进程，不断放宽的分业经营管制打破了银行单一运营的界限。这一时期，尽管金融自由化还没有完全实现，但各种制度和金融工具的创新形成了很好的良性循环，相得益彰，形成了密集的创新频率，富有想象力的金融衍生品不断出现，如金融期货和期权、资产证券化等，对金融市场发展的走向产生了一定的影响（见表7-1）。同时，金融衍生品的不断出现，使得中间业务呈现出了多样性，也打破了人们对金融的固有观念，中间业务的品种与规模都迅速增加。

表7-1 20世纪80年代至90年代中期美国商业银行的重大事件

时间	事件	影响
1980年3月	1980年废止对存款机构管制及货币控制法案	各类金融机构业务范围放宽
1983年	美洲银行购买贴现经济公司	获取手续收益可以通过出售证券
1986年4月	完全取消储蓄存款利率上限	实现利率自由化
1987年	商业银行承购及交易证券被允许	大部分银行建立其证券附属机构
		证券公司提供支票账户服务
1991年12月	通过《联邦储备改善法》	金融业务分工限制进一步放宽
1992年	准许佛罗里达州伯爵纳特银行出售所辖保险机构的产品	解除对银行业销售保险产品限制

3. 20世纪90年代中期至今的快速发展阶段

1999年11月美国《金融服务现代化法案》正式通过，美国商业银行中间业务的发展发生了历史性的转折。这个法案的顺利通过，扩大了外国银行在美国境内的非银行业务的拓展范围；银行可以被保险公司和其他金融公司并购；银行控股公司与证券公司以及互助基金公司的结合得到了允许。美国金融分业经营制度宣告结束，美国金融业进入新的阶段，也彻底打开了商业银行全面经营金融业务的大门，《金融服务现代化法案》的通过对金融业的发展具有深远的影响。这一法案促进了美国金融市场的发展和金融效率的提高，使得美国货币政策操作和金融监管体制日臻完善，金融管制逐步放松。此外，美国电子技术、网络技术、通信技术和软件技术飞速发展，也为银行、保险和证券混业经营提供了有利的技术条件。美国《金融服务现代化法案》颁布后，其金融业混业经营的速度加快，商业银行业务经营的范围大大扩展，从而也促进了美国商业银行中间业务的快速发展。

（二）我国商业银行中间业务发展历程

1. 20 世纪 90 年代中期前，为我国商业银行中间业务发展的起步阶段

我国在 1979 年之前实行的是计划经济体制，严格来讲，当时并不存在现代意义上的商业银行，中间业务的品种与数量也极其有限。改革开放后，我国开始恢复构建现代金融体系，伴随着金融体系的改革与发展，我国商业银行中间业务才开始逐渐发展起来，但一直到 90 年代中期前，由于受到传统经营理念的束缚和分业经营的限制，我国商业银行仍然在较大程度上依赖于传统的存贷业务，把存贷业务作为自身发展的重点，把存贷差作为商业银行的主要利润增长点，许多银行都未从经营战略上把中间业务作为现代商业银行发展的三大支柱业务之一，并且对金融创新、发展中间业务的思想认识不足，仅仅把中间业务作为资产负债表内业务的补充工具，作为银行自身的一项附加业务，一直将中间业务作为拓展低成本存款的手段而不是利润的增长点来看待，因此，在这段时期内，商业银行中间业务的发展非常缓慢，中间业务的品种非常单一，业务规模不大，中间业务收入的占比也很小。

2. 20 世纪 90 年代中期至 2005 年，为我国商业银行中间业务的初步发展阶段

在这段时期内，商业银行开始逐渐意识到中间业务的发展对商业银行的重要性，因此，尽管中间业务的种类仍然单调，结算、代理和银行卡三类传统中间业务收入占到中间业务总收入的 65% 以上，但是中间业务已经被很多商业银行当作一项重要的业务进行开发，业务品种和规模都在缓慢上升。

3. 从 2006 年开始，中间业务逐渐成为我国商业银行业务发展的重点

从 2000 年起，我国商业银行开始以增加收入和改善收益结构为中间业务

发展的主要目的。同时，随着商业银行股份制改造的推进和资本市场的快速发展，推动了以国有商业银行为主体的中间业务的创新，理财业务、资产托管业务和投资银行业务等创新型业务快速增长，账户服务、银行卡和结算业务等传统中间业务产品也获得了新的发展机遇。商业银行中间业务产品数量从 200 余项快速增加到上千项。部分银行的中间业务品种已经享有较高的市场声誉，具有了一定的市场优势。商业银行中间业务收入规模迅速扩张，占营业收入的比重不断提高。从 2004 年到 2014 年的 10 年间，我国银行业手续费及佣金净收入增长逾 10 倍。

二、中西方商业银行中间业务的发展状况

（一）西方商业银行中间业务的发展状况

处于混合经营环境中的西方商业银行，其资产运用能力和产品开发能力不断提高，中间业务也呈现出多元化、个性化、系列化和综合化的发展趋势。总体来说，西方商业银行的中间业务大致可分为四类：结算运营类业务；交易、投资及保险业务；信用卡类业务；数据处理服务和 ATM 等其他业务。根据大多数西方国家学者及银行家的观点，中间业务收入占总收入的比重越高，商业银行的收入就越稳定，受经济环境变化的影响就越小。欧洲央行统计数据显示，欧洲前五十大银行中间业务收入在总收入中的占比从 1989 年的 23%上升到 2005 年的 55%，中间业务收入占比的高低已成为衡量银行稳定性的重要指标。下面将汇丰银行作为外国商业银行的代表，具体剖析西方商业银行的中间业务项目及收入情况（见表 7 - 2）。

表 7 - 2　2011—2014 年汇丰银行收入类型及结构

项　　目	2011	2012	2013	2014
	收入额（百万美元）			
利息净收益	40 662	37 672	35 539	34 705
服务费用净收益	17 160	16 430	16 434	15 957
长期债券债权价差收益	3 933	− 5 215	− 1 246	417

续表

项　　目	2011	2012	2013	2014
	收入额（百万美元）			
出售美国分支机构、美国信用卡业务和平安保险公司股权的收益	—	7 024	—	—
其他营业收入	10 525	12 419	13 918	10 169
营业总收入	72 280	68 330	64 645	61 248

资料来源：汇丰控股2012—2014年年报。

　　作为全球规模最大的银行及金融机构之一，汇丰集团在欧洲、亚太地区、美洲、中东及非洲76个国家和地区拥有约9 500家附属机构，且在伦敦、香港、纽约、巴黎及百慕大等多家证券交易所上市，全球股东约有200 000人，分布在100多个国家和地区。汇丰银行为全球客户提供广泛的银行及金融服务，具体包括个人金融服务、工商业务、企业银行、投资银行及资本市场、私人银行、财富管理以及其他业务等。

　　通过表7-2中的各年服务费用净收入，计算出各年服务费用净收入占营业总收入的百分比，并得到图7-1。由图7-1可以看出，2011—2014年，汇丰银行的服务净收益占营业总收入的比重均为25%左右，且呈上升趋势。实际上，中间业务收入占总收入的比重还要比该数值高，因为在"其他营业收入"项目（如净交易收入、金融工具公允价值变动收入、财务投资收入、股息收入和净保险佣金收入等）中也有部分项目属于广义上的中间业务收入。粗略估算下来，汇丰银行的中间业务收入可以占到总营业收入的30%以上。

　　表7-3列出了汇丰银行2014年服务费净收益的内容与结构。服务费净收益是中间业务中占收入额最高的业务类型，通过对服务费净收益的研究，能够更加直观、清晰地了解汇丰银行中间业务的发展情况。

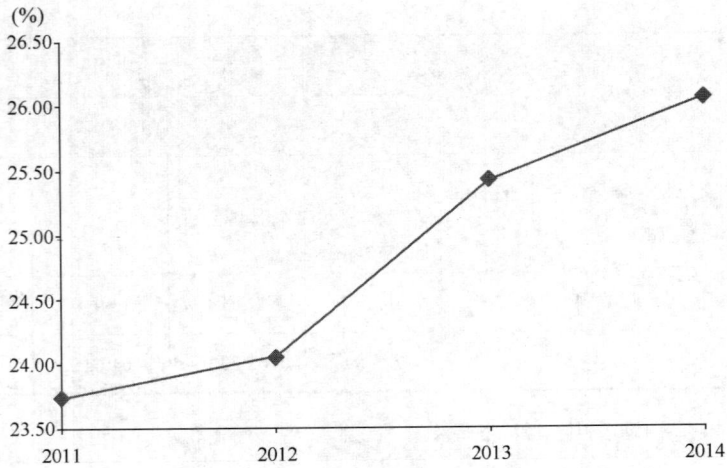

图 7 - 1   2011—2014 年汇丰银行服务净收益占比的变化

表 7 - 3   2014 年汇丰银行服务费净收益及其结构

项　　目	收入（百万美元）	所占比例（%）
账户服务	3 407	17. 43
资金管理业务	2 658	13. 60
银行卡业务	2 460	12. 59
信贷	1 890	9. 67
经纪业务收益	1 371	7. 01
进出口业务	1 115	5. 70
单位信托基金	1 005	5. 14
包销	872	4. 46
汇款业务	833	4. 26
环球托管	726	3. 72
保险业务	516	2. 64
其他业务	2 692	13. 78

项　目	收入（百万美元）	所占比例（%）
费用收益	19 545	100
减：费用支出	3 588	18.36
服务费净收益	15 957	81.64

资料来源：汇丰控股 2014 年年报。

由表 7-3 可以看出，汇丰银行服务净收入的各个项目以基本无风险的支付结算类业务、银行卡业务、资金管理业务和代理业务为主，其余还包括风险较低的信贷、环球托管和包销类业务等。

（二）我国商业银行中间业务的发展状况

我国商业银行的中间业务主要包括九大类：支付结算类中间业务、银行卡业务、代理类中间业务、担保类中间业务、承诺类中间业务、交易类中间业务、基金托管业务、咨询顾问类业务和其他类中间业务。我国习惯上以"非利息收入"作为衡量中间业务收入的指标。根据中国金融监管部门的有关规定，"非利息收入"项目在信息披露时包含了"手续费和佣金净收入"及"其他非利息收入"两个子项目。"其他非利息收入"项目中主要包括投资收益、汇兑收益、公允价值变动收益（损失）和其他业务收入等项目。表 7-4 列出了 2006 年以来，我国最大的 3 家银行（工商银行、中国银行、建设银行）的中间业务收入情况。

表 7-4　2006—2014 年我国工、中、建三大银行中间业务收入及其占比

银行	年份	2006	2008	2010	2012	2014
工商银行	收入（百万元）	18 520	46 721	77 072	119 117	165 370
	占比（%）	10.29	15.08	20.24	22.18	25.10
中国银行	收入（百万元）	25 381	65 352	82 855	109 127	135 229
	占比（%）	17.30	25.63	29.93	29.81	29.63

续表

年份 银行		2006	2008	2010	2012	2014
建设银行	收入（百万元）	11 225	42 587	68 156	107 544	133 072
	占比（%）	7.40	15.92	20.92	23.34	23.33

资料来源：工、中、建 3 家银行各年年报。

由表 7-4 可以看出，2006—2014 年，我国大型商业银行的中间业务规模迅速扩张，3 家银行的中间业务收入从绝对数额上看已经超越了汇丰银行。但从中间业务相对比重的角度分析，中国商业银行中间业务的发展程度与发达国家同等规模的大型商业银行之间尚存在一定差距。其中，中间业务收入占比最高的中国银行在 2014 年的收入比重仅有 29.63%，相比于 2010 年和 2012 年有所下降。这表明，中间业务最近 4 年的增长速度比传统的银行存贷款业务增速要缓，与欧美发达国家的同类大型银行相比，中国银行业的中间业务收入比重偏低。

除此之外，中国银行业中间业务的具体内容结构与欧美国家银行也有较大的不同。表 7-5 列出了中国工商银行（集团）在 2013 年和 2014 年非利息收入的项目结构。

表 7-5　2013 年和 2014 年中国工商银行（集团）非利息收入的项目结构

单位：人民币百万元

年份 项目	2014	2013	增减额	增长率（%）
银行卡	35 133	28 533	6 600	23.1
投资收益	30 474	29 486	988	3.4
结算、清算及现金管理	30 422	30 513	-91	-0.3
个人理财及私人银行	20 676	18 231	2 445	13.4
对公理财	14 929	12 611	2 318	18.4
资产托管	5 923	6 893	-970	-14.1

续表

年份　　　　项目	2014	2013	增减额	增长率（%）
担保及承诺	4 614	4 357	257	5.9
代理收付及委托	2 019	1 857	162	8.7
其他业务	2 488	2 069	419	20.3
手续费及佣金收入	146 678	134 550	12 128	9.0
减：手续费及佣金支出	14 181	12 224	1 957	16.0
手续费及佣金净收入	132 497	122 326	10 171	8.3
投资收益	4 920	3 078	1 842	59.8
公允价值变动净收益/（损失）	680	−151	831	不适用
汇兑及汇率产品净收益	3 673	6 593	−2 920	−44.3
其他业务收入	23 600	14 456	9 144	63.3
其他非利息收入	32 873	23 976	8 897	37.1
非利息收入合计	165 370	146 302	19 068	13.0

资料来源：中国工商银行 2014 年年报。

根据中国工商银行2014年年报披露，表7-5中"投资收益"项目主要包括对交易性金融工具、可供出售金融资产、衍生金融工具和长期股权投资等业务的投资收益。"公允价值变动净收益（损失）"项目包括指定为以公允价值计量且其变动计入当期损益的金融工具的价值损益和投资性房地产公允价值变化损益。"汇兑及汇率产品净收益"项目为外币货币性资产和负债折算产生的损益。"其他业务收入"项目包括保险业务收入、贵金属销售收入和飞行设备租赁收入等。

通过以上对中外商业银行中间业务收入结构的分析可以发现，中外商业银行中间业务的收入结构既有其共性，又有其个性。

首先，分析中外商业银行中间业务收入结构的共性。其一，在非利息收入大力发展的时期，中外商业银行非利息收入中的传统服务类业务收入比重不断下降；投资类、交易类和新型的中间业务收入比重则不断上涨。其二，中外商业银行的中间业务收入都受到了美国金融危机的影响。金融危机对国外银行业影响的主要表现是交易账户收益急剧下降，资产证券化、资产销售收益、保险业务收入、投资银行和传统服务类业务等都受到了一定的不利影响，而后两项业务收入受到的影响比前面的低很多；金融危机对中国银行业的主要影响表现在手续费及佣金中各项目的年增长率都有不同程度的下降，而结算、银行卡、代理和托管业务收入年增长率下降的幅度要远远小于担保承诺和顾问咨询业务的收入。其三，中间业务中的传统服务类业务收入在中美两国商业银行的中间业务收入中都占有非常大的比重。

其次，分析中外商业银行中间业务收入结构的差别。从中国工商银行与汇丰银行的中间业务收入构成比较的角度看，汇丰银行各种类型的中间业务的分布相对较为均衡，既有创新型中间业务（如投资银行业务、财富管理业务和另类投资业务等），也有传统型中间业务（如商业银行结算业务、零售银行业务和银行卡业务等），特别是零售中间业务和银行卡业务表现更为突出。而中国工商银行的中间业务收入则主要集中于传统银行相关服务（如支付结算、银行卡、代理业务等）。这些业务大多属于操作相对简单的劳动密集型业务，而投融资财务顾问和涉及金融市场交易等高技术含量、高附加值的创新型中间业务产品较少。

从内部环境来看，我国国有控股商业银行中间业务产品创新机制滞后，一方面，部门条块分割的产品开发模式导致其在产品创新中对市场需求分析不足；另一方面，在利用银行信息、技术和人才等为客户提供高质量和综合型服务方面较为欠缺，存在一定程度的重复开发现象。从外部经营环境来看，尽管有很多创新型中间业务涉及不同金融机构交叉经营的领域，但是国内金融业分业经营和分业监管的制度却在一定程度上制约了金融机构之间业务领域的交叉扩张以及如证券类、衍生金融工具类等跨领域、综合性中间业务的产品创新。

案例一 中国工商银行的私人银行业务

一、案例背景

从广义的角度分析，现代意义上的私人银行是指主要为高净值及以上客户层级提供综合金融服务的机构。私人银行具有安全性、私密性、专业性、个性化和全球化等基本特质。

商业银行私人银行业务历史久远，起源于 16 世纪的瑞士。私人银行业务最初是为了保护欧洲贵族们的财富，经过 400 余年的发展演变，已从为少数贵族的财富管理服务逐渐发展到为各国高端富裕客户的综合性金融服务。不同于传统银行业务，私人银行业务是一项具有极强私密性的专业金融服务，并始终在不同的市场环境变化中发挥着"生财、理财、护财、传财"的核心作用，因此，私人银行业务成为与存款商业银行业务、投资银行业务并驾齐驱的银行服务体系之一。

目前，全球私人银行业以日内瓦、苏黎世、伦敦、纽约、迈阿密、新加坡和香港等地为中心，形成了欧洲、北美和亚太三大区域市场。此外，中东石油生产国家、拉美资源矿产国家也是私人银行业务的重点区域市场。据市场研究机构（Scorpio Partnership）发布的《2014 年全球私人银行业报告》显示，2014年全球私人银行业规模增长 1.7 万亿美元，达到 20.6 万亿美元。其中，瑞银集团、摩根士丹利和美银美林资产管理规模占据前三，规模大约为 2 万亿美元。

（一）我国私人银行的设立

我国私人银行于 2007 年正式"亮相"。2007 年 3 月，中国银行与其战略投资者苏格兰皇家银行合作，并在京、沪两地设立私人银行部。截至 2010 年年底，国内共有 16 家银行在 22 个城市开设了超过 150 家私人银行网点，客户数超过 2 万，管理资产规模超过 3 万亿元。2007 年 3 月 28 日，中国银行私人银行部成为国内首家设立私人银行部的中资银行。2009 年 7 月，银监会发布《关于进一步规范商业银行个人理财业务投资管理有关问题的通知》，在全国范围内开放私人银行牌照的申请，允许建立私人银行专营机构。银监会只给工商银行、农业银行和交通银行 3 家银行颁发过私人银行牌照，且只针对上海设立的私人银行管理总部。我国五大国有商业银行以及主要股份制商业银行的私人银行业务设立情况如表7-6所示。

表7-6 商业银行私人银行业务设立情况

银行类别	银行名称	开业时间	资产门槛
国有银行	中国银行	2007 年 3 月	100 万美元
	交通银行	2007 年 7 月	200 万美元
	工商银行	2008 年 3 月	800 万元人民币
	建设银行	2008 年 7 月	1 000 万元人民币
	农业银行	2010 年 9 月	800 万元人民币
股份制银行	招商银行	2007 年 8 月	1 000 万元人民币
	中信银行	2007 年 8 月	100 万美元
	民生银行	2008 年 10 月	1 000 万元人民币
	兴业银行	2011 年 8 月	600 万元人民币
	光大银行	2011 年 12 月	1 000 万元人民币
	浦发银行	2011 年 12 月	未披露

数据来源：各大商业银行官方网站披露。

在五大国有银行以及主要股份制商业银行开展私人银行业务后，许多城市商业银行也纷纷开展私人银行业务。

我国商业银行私人银行业务自2007年开展以来，规模不断扩大，取得了长足的进步。经过从机构、队伍和品牌建设的初创期，到依靠刚兑及以高收益产品为王的高速发展期，我国商业银行的私人银行业务近年已进入新的发展阶段。2015年5月26日，招商银行和贝恩公司联合发布《2015中国私人财富报告》披露，2015年中国个人可投资资产1 000万元人民币以上的高净值人群规模已超过100万人，全国个人总体持有的可投资资产规模达到112万亿元人民币。中国私人财富市场持续释放可观的增长潜力和巨大的市场价值，前景看好。经过多年的市场培育和深耕，私人银行服务已深入人心，高净值人群对私人银行服务的信任和依赖度进一步增强。中资私人银行在不断探索境内高端财富管理市场创新服务模式的基础上，也积极加大对境外市场战略的投入，致力于为中国高净值人群打造境内外联动的综合金融服务平台。

（二）中国工商银行私人银行业务发展现状

2008 年 3 月 27 日，中国工商银行私人银行部在上海正式成立，成为国内首家经中国银监会批准持牌经营的私人银行业务专营机构。截至 2014 年年末，中国工商银行私人银行业务的基本情况如表 7 - 7 所示。

表 7 - 7　中国工商银行私人银行业务基本情况

银行部门	中国工商银行私人银行部
业务开展时间	2008 年 3 月 27 日
资金门槛	800 万元人民币
主要负责人	马健（中国工商银行私人银行部总经理）
网点情况	总部位于上海，下设北京、上海、广州、深圳、太原、南京、杭州、济南、郑州、成都等分部，以及湖北、宁波、苏州、吉林等私人银行中心
客户数量	43 000 户
管理资产	7 357 亿元人民币
业务收入	35.86 亿元人民币
组织架构	准事业部制模式
曾获荣誉	《财资》（The Asset）"中国最佳私人银行"（2014 年、2013 年） 《亚洲金融》"中国最佳私人银行"（2014 年、2013 年、2011 年） 《上海证券报》"中国最佳私人银行"（2014 年） 《亚洲银行家》"中国最佳私人银行"（2013 年、2012 年） 《欧洲货币》"中国最佳私人银行"（2011 年、2012 年） 《理财周报》"中国最佳私人银行"（2011 年）

资料来源：中国工商银行私人银行部官网。

1. 工商银行私人银行业务的客户数量与管理资产规模

自 2008 年工商银行开办私人银行业务以来，截至 2014 年年末，全行金融资产 800 万元以上高净值客户从 4 318 户增长至 43 000 户，增长 9 倍，复合增长率为 39%；管理资产规模从 749 亿元增长至 7 357 亿元（见表 7 - 8），增长 9 倍，复合增长率为 39%；私人银行业务收入从最初的 323 万元提高到 2014 年 35.86 亿元，增幅显著；私人银行产品余额 3 786.7 亿元，较年初增加

2 448亿元，增幅为 183%。2014 年，私人银行业务各项指标增幅均超过 35%，全面超额完成了年初制定的各项工作目标，初步确立了工商银行在私人银行业务中的行业领先地位。

表 7 - 8　2008—2014 年中国工商银行客户规模

时　　期	高净值客户数	管理资产（亿元）
成立之初	4 318	749
2008	8 262	1 701
2009	13 032	2 550
2010	18 003	3 543
2011	22 173	4 345
2012	26 090	4 732
2014	43 000	7 357

2. 工商银行私人银行业务收入增长情况

2014 年年末，工商银行个人理财与私人银行业务收入为 206.8 亿元，较上年同期增长 24.5 亿元，增幅为 13.44%。图 7 - 2 展示了 2009—2014 年工商银行个人理财与私人银行业务收入的变化趋势，可以看出，2009—2011 年、2012—2014 年，个人理财与私人银行业务收入逐年上升。

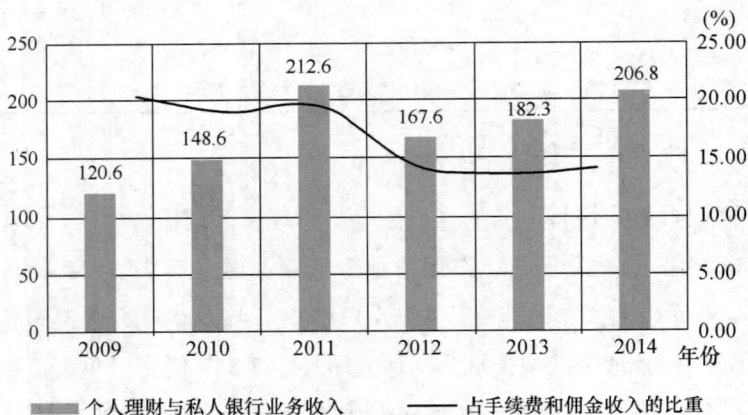

图 7 - 2　2009—2014 年工商银行个人理财与私人银行业务收入的变化趋势

二、案例分析

经过不懈的努力，工商银行的私人银行业务取得了快速发展，不仅走上了国际大舞台，也成功地融入了工商银行"大零售"战略，取得了不俗的业绩。

（一）加快私人银行业务的境内外布局

工商银行已在境内设立了 36 家私人银行一级中心，并在具备潜力的二级城市延伸了 400 余家服务中心，形成了覆盖全国高端客户市场的业务布局；同时，工商银行将服务拓展至境外市场，先后在中国香港、新加坡、法国、美国、澳大利亚、阿根廷和中国澳门等 14 个国家和地区启动了私人银行业务，让更多海外客户有机会分享中国经济增长的红利。在境外，工商银行初步形成了以香港私人银行中心作为全球产品研发中心，以香港、欧洲、新加坡和中东为区域中心，覆盖重点市场的良好局面。

第一，私人银行全球产品与服务不断创新突破。工商银行在国际主流基金市场完成了中资银行首个私募基金的注册工作。2014 年 12 月 4 日，工商银行私人银行全球理财基金在卢森堡完成注册，成为中国首家利用全球认可基金平台发展的私人银行私募基金产品，首次实现境外工商银行私人银行专属 RQFII 产品的发行，这是标志工商银行私人银行业务走上国际舞台新的里程碑。在中国香港和新加坡，工商银行先后发行了 3 款 RQFII 私募基金以及 3 款 RQFII 基金专户，规模总计 8.5 亿元人民币。这两种产品均由私人银行部担任投资管理人，业绩表现位居同类基金前列，广受客户好评。同时，工商银行形成了以安居、安家、留学等标准化跨境顾问咨询业务。一方面，工商银行发展以澳大利亚、新西兰、美国、加拿大和中国香港为重点的安家和安居跨境顾问咨询服务；另一方面，发展以美国和英国为重点的留学跨境顾问咨询服务，以此满足境内客户走出去、境外客户走进来的综合性服务需求。

第二，积极打造境内外一体化服务平台。为满足客户全球资产配置的服务需求，工商银行组织境内私人银行客户前往法国、西班牙、葡萄牙、加拿大、美国、阿根廷、澳大利亚、新西兰、新加坡、泰国和中国澳门等地进行投资、置业和留学等全方位考察，为客户打造"出国不出行"的全新服务体验。为帮助客户及时了解全球投资热点，工商银行携手境外机构私人银行部门，联合其当地专业合作机构，为境内客户送上一手资讯。

（二）进一步加强"大零售"战略下私人银行业务的创新

经过近几年的发展，工商银行私人银行业务从初创的探索期逐步进入快速发展的成长期。在经历转型改革之后，工商银行私人银行业务成功融入"大零售"战略，获得新的发展契机。

2013年年底，工商银行率先向中国银监会递交《私人银行业务管理办法》，从制度层面为客户提供资产管理、产品遴选、另类投资、全权委托、顾问咨询和财务管理等一系列产品和服务。私人银行部主要负责对产品组合进行动态管理，而在细分投资市场上则选用最优秀的管理人员，建立了自上而下的投资管理模式。

工商银行私人银行部改变了以往简单销售单一产品的方式，而是通过一组产品来满足客户的多样性需求，建立了"四位一体"的产品线结构，包括核心系列理财产品、基础系列理财产品、策略型产品和区域投融资产品，进一步健全了"核心＋基础＋策略"的产品体系，为客户提供跨市场、跨机构、跨区域的投资品，实现了产品期限由短到长、风险收益由低到高、投资领域由单一到多元的全覆盖、完善型理财产品线布局，基本覆盖私人银行客户多元化的投资需求；建立了以做大基础型产品规模、做强核心系列产品收益、做精策略型产品结构的业务思路，已经形成了货币市场类、固定收益类、股权投资类、权益投资类和另类投资类等六大序列。

除此之外，工商银行私人银行还为在其拥有5 000万元以上资产的客户进行专户理财，实行投资策略动态调整。2015年上半年，工商银行私人银行完成一对一专户服务，实现跨越式发展，通过专户产品管理人员勤勉尽责的交互式投资管理服务，为客户提供了稳健、出色、富有持续性的投资业绩回报。截至2015年6月30日，工商银行私人银行专户客户已经突破600户，管理资产也已经突破300亿元，最大专户管理资产突破30亿元。2016年上半年，各类专户服务为客户创造了平均年化14.26%的收益，其中，尊享系列专户服务平均年化收益率达到16.51%，在稳健发展中把握了业绩的成长性。

三、案例启示——值得关注的问题

我国工商银行的私人银行业务尽管从无到有取得了快速的进步，也取得了丰硕的成果，但其在快速发展的过程中也暴露出很多问题，应引起人们的关注与思考。

（一）同业竞争激烈

伴随着国内私人财富的迅速增长，财富管理服务的需求大大提升，而国内的私人银行远不能满足如此庞大的市场需求。外资银行在国内没有存量客户，他们在国内获得的每一位高端客户，都是来自于国内商业银行。因而，外资银行与国内银行存在着激烈的竞争关系，外资银行明显的竞争实力和竞争优势仍是国内私人银行强有力的竞争对手。

作为发展较好的国内私人银行——工商银行私人银行部的资产管理水平虽然有了一定程度的提高，但与外资银行相比尚处于初级阶段且存在较大差距。由于工商银行私人银行业务绝大多数从业人员缺乏服务富裕客户的足够经验，因而在获得客户信任、了解并挖掘客户需求等方面的能力仍有待提升。此外，在品牌历史、人力资源等方面，外资私人银行仍然比国内银行更具优势。面临着外资银行的竞争压力，工商银行应直面挑战，积极借鉴外资企业的经验，并提升自己的核心竞争力。

（二）相关制度制约

我国目前实行的是分业经营、分业监管的法律制度。商业银行仅能通过代销证券、保险等产品获取较低的代销费用，不能根据客户的实际需求设计个性化的金融产品，无法满足客户综合化的金融需求，因而难以实现服务收益的最大化。

由于受到分业经营的制约，目前工商银行私人银行业务所能提供的理财服务主要停留在建议、咨询或者理财方案的设计等初级水平上，尚不能为客户提供较高层次的资产管理服务，限制了私人银行业务向其他市场的交叉和延伸。私人银行客户一旦得不到所需的资产管理服务，便会选择将资产投资到符合自身风险收益投资需求的领域，这将导致私人银行客户与资金的流失。

(三) 政策监管复杂

私人银行业务是创新型业务，监管主体多元化，存在重复监管的现象。从监管部门来看，银监会对商业银行私人银行业务进行监管，但从整个业务范围看，涉及的监管部门更多。例如，中国人民银行负责反洗钱，国家外汇管理局管理外汇，证监会对证券市场进行监管等。商业银行开展私人银行业务需要与不同的监管部门沟通，得到不同部门的许可，这就不可避免地造成监管职能的重复，造成商业银行监管成本的提高。

案例二　互联网金融对传统商业银行支付体系的冲击
——以第三方支付平台为例

一、案例背景

狭义上的第三方支付是指具备一定实力和信誉保障的非银行机构，借助通信、计算机和信息安全技术，采用与各大银行签约的方式，在用户与银行支付结算系统间建立连接的电子支付模式。根据中央银行 2010 年在《非金融机构支付服务管理办法》中给出的非金融机构支付服务的定义，从广义上讲，第三方支付是指非金融机构作为收、付款人的支付中介所提供的网络支付、预付卡、银行卡收单以及中国人民银行确定的其他支付服务。之所以称为"第三方"，是因为这些支付平台并不涉及资金的所有权，而只是起到中转的作用。它原本是用来解决不同银行卡的网上银行对接以及异常交易带来的信用缺失问题，通过提供线上和线下支付渠道，完成从消费者到商户以及金融机构间的货币支付、资金清算、查询统计等系列过程。

第三方支付具有如下方面的特点：

第一，交易过程方便快捷。作为一种综合性支付中介，支付宝提供了更加便捷的服务。其一，通过第三方支付平台便可以实现交易双方之间的划拨，很大程度上降低了直接资金交易带来的风险；其二，第三方支付将多家银行的金融支付服务统一在同一个操作界面进行交易管理，付款方和收款方的交易过程可以轻松在线完成。

第二，支付成本低。此前，消费客户和网络商户需要到每家银行各自开设账户，成本相对较高。第三方支付平台的建成改变了这种情况，所有交易只需通过第三方支付平台便可以实现，明显地降低了消费客户网络支付成本，有效提高了运营商的利润；同时，第三方交易业务也为银行带来可观的经济收入。

第三，流程清晰，易于操作。虽然以往的 SSL 和 SET 等支付方式具有较强的安全性，但由于其手续及流程较为繁杂、实现成本高且速度相对较慢，无法满足客户的需要；依托第三方支付技术，商家和客户可通过其交易平台进行交易，流程清晰简洁，操作较为便捷。

第四，信用保证，支付安全。绝大多数第三方支付机构管理规范、制度合理，且仅对符合相关条件的合法企业提供支付服务，在很大程度上杜绝或减少了交易欺诈的发生，安全的支付运行环境也让消费者更加安心。此外，第三方支付平台并不影响具体的商品交易过程，因此可以更好地维护交易双方的利益。

随着计算机信息技术的普及、互联网技术的发展及相关快捷通信设备的应用，电子商务已渗透到社会生活的方方面面。大到一个企业的生产运营和销售，小到个人日常生活的购物和生活开支，电子商务逐渐成为方便快捷的代名词。伴随着电子支付结算需求的日益增加，网上银行、第三方支付作为开展电子商户营销的必备工具应运而生。

1999 年，我国成立了第一家第三方支付公司——首信易支付。这家第三方支付公司的产生是为了应对易趣网与当当网的网上支付需求问题，最初仅具有提供指令传递、向银行反馈用户支付需求和跳转至网银支付页面等功能。2003 年，阿里巴巴旗下的 C2C 网购平台——淘宝网总结我国网络购物发展缓慢的主要原因，即买卖双方信息不对称、信任缺失。从买方的角度分析，担心商品的质量，不愿意直接付款；从卖方的角度分析，对于订立合同后买方违约、拒收货物，或收货后拖延付款、赖账情况存有顾虑。因此很长一段时间内，电子商务一直停留在信息发布阶段，网络购物的发展也处于瓶颈期。同年 10 月，"支付宝"作为淘宝网旗下的分支部门成立，并在全球首创了"担保交易模式"。在这一模式下，首先是买方付款，所付款项由支付宝平台托管，并通知卖家货款到达；其次是卖家发货，待买家收验货品完成后，向支付宝平台确认付款；最后是支付宝将款项转给卖方，整个交易流程至此完成。2004 年，支付宝脱离淘宝，成为独立的支付公司，致力于拓展服务外延并与其他电子支付网站开展合作。2005 年，腾讯公司成立旗下支付公司——"财付通"。之后，全球最大的支付公司 PayPal 高调进入中国，并与上海网付易公司合作建立本土化支付产品——"贝宝"；同时，随着"快钱"和"银联电子支付"等第三方支付平台的相继建成，我国第三方支付进入快速发展阶段。然而，随之而来的是我国整个支付行业出现挪用沉淀资金、信用卡非法套现和监管漏洞等问题。2010 年，中国人民银行颁布《非金融机构支付服务管理办法》，将第三方支付企业纳入国家的监督管理之下，规定第三方支付企业必须进行申请审核，才能发放电子支付牌照；没有取得第三方支付牌照的公司，将被禁止继续从事支付业务。截至 2013 年 7 月，中国人民银行先后分 7 批发放了约 250 张第三方支付牌照，由此，第三方支付的运行逐渐进入正轨。

二、案例分析

第三方支付业务的资金支付过程通过关联性交易网络完成，第三方支付最初的业务范围定为个人客户，主要为小规模资金交易提供支付平台，大规模的资金交易还是要通过银行金融服务业务完成。商业银行与第三方支付机构的合作有效提升了电子商务的发展速度；第三方支付业务的快速发展对传统银行金融业务带来较大冲击，银行业务脱媒现象也逐渐显露。2014Q1—2015Q1 中国第三方互联网支付业务交易规模如图 7-3 所示。

由图 7-3 可见，2015Q1e 中国第三方互联网支付交易规模达到 24 308.8 亿元，同比增长 29.8%，环比增长 3.4%。第一季度，航旅、网游等传统行业增速较稳，且基金申购逐渐回暖，第一季度交易规模增速较快，促使第三方互联网支付交易规模持续增长，达到 2.4 万亿元；然而，第一季度电商行业进入淡季，网购、电商 B2B 交易规模环比下降，导致第三方互联网支付交易规模增速明显下降，环比增长 3.4%。

图 7-4 为 2013Q4—2015Q1 中国第三方移动支付市场交易规模及增长率。

（亿元）

84.0　　　64.1　　　41.9　　　29.7　　　29.8

3.3　　　-1.7　　　9.5　　　16.7　　　3.4

18 731.5　　18 406.6　　20 154.3　　23 511.5　　24 308.8

2014Q1　2014Q2　2014Q3　2014Q4　2015Q1e

■ 交易规模（亿元）　　　环比增长率（%）　　　同比增长率（%）

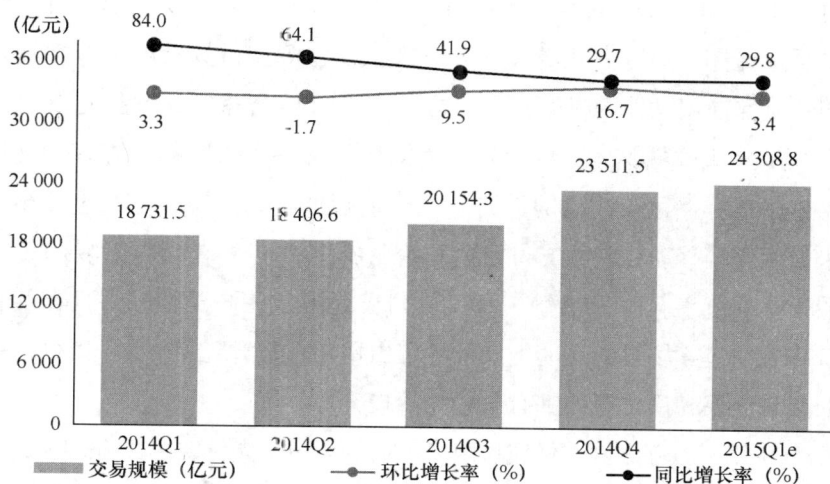

注：1.互联网支付是指客户通过桌式电脑或便携式电脑等设备，依托互联网发起支付指令，实现货币资金转移的行为；2.统计企业中不含银行、银联，仅指规模以上非金融机构支付企业。

图7-3　2014Q1—2015Q1 中国第三方互联网支付业务交易规模及增长率

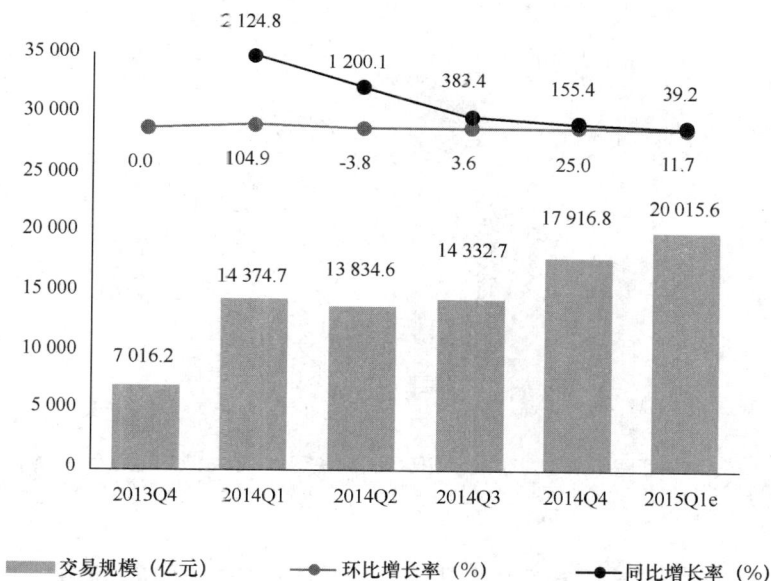

2 124.8　　1 200.1　　383.4　　155.4　　39.2

0.0　　104.9　　-3.8　　3.6　　25.0　　11.7

7 016.2　　14 374.7　　13 834.6　　14 332.7　　17 916.8　　20 015.6

2013Q4　2014Q1　2014Q2　2014Q3　2014Q4　2015Q1e

■ 交易规模（亿元）　　　环比增长率（%）　　　同比增长率（%）

注：统计企业类型中不含银行和中国银联，仅指第三方支付企业。

图7-4　2013Q4—2015Q1 中国第三方移动支付市场交易规模及增长率

数据来源：艾瑞咨询. 中国第三方支付市场核心数据发布［OL］. www.iresearch.com.cn. 2015-05.

对比 2014Q1 和 2015Q1e，中国第三方移动支付市场交易规模的迅猛增势渐趋平缓（见图 7-4），其增长一方面来自红包等支付场景的季节性爆发带来的用户量和使用黏性的提升；另一方面来自移动端各类 App 搭建支付场景的增多和用户 App 端整体支付行为的增长。回顾 2014Q1，第三方移动支付企业开始越来越看重移动互联网支付领域，重磅推出如打车、发红包等场景应用，个人用户端移动互联网支付习惯开始逐步养成，并有支付习惯从 PC 端向移动端迁移的苗头。而 2015Q1，移动支付已经形成用户黏性，并且在某些线下场景和发红包等场景的带动下已经显现出用户长尾化趋势，较 2014Q1 移动支付的交易规模和用户规模都有了较大的提升。

2015Q1 第三方互联网支付交易规模市场份额中，支付宝占比 48.9%，财付通占比 19.9%，银商占比 10.7%，快钱占比 6.8%，汇付天下占比 4.9%，易宝支付占比 3.2%，环迅支付占比 2.1%，京东支付占比 1.9%（见图 7-5）。

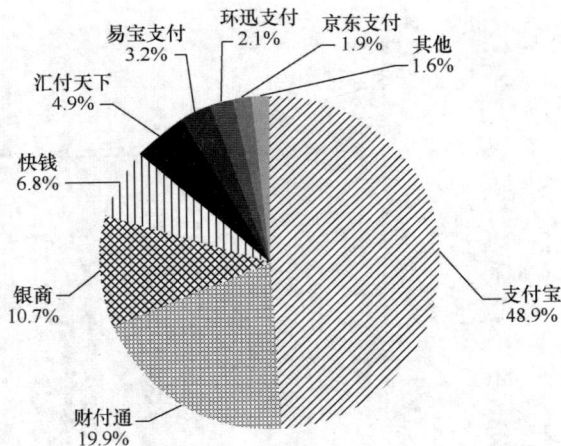

注：1.互联网支付是指客户通过桌式电脑或便携式电脑等设备，依托互联网发起支付指令，实现货币资金转移的行为；2.统计企业中不含银行、银联，仅指规模以上非金融机构支付企业；3.2015Q1中国第三方互联网支付交易规模为24 308.8亿元。

图 7-5 2015Q1 中国第三方互联网支付交易规模市场份额

在 2015Q1 中国第三方移动支付的市场中，支付宝、财付通两家企业占据了 90.7% 的市场份额，其中支付宝份额为 77.2%，财付通的市场份额达到了 13.5%（见图 7-6）。在移动支付时代，同时拥有庞大用户群和应用场景的互联网企业掌握了绝对的市场优势。该季度支付宝、财付通继续凭借微信支付的发红包等场景积累长尾用户，在用户数量和黏性方面均获得了增长。

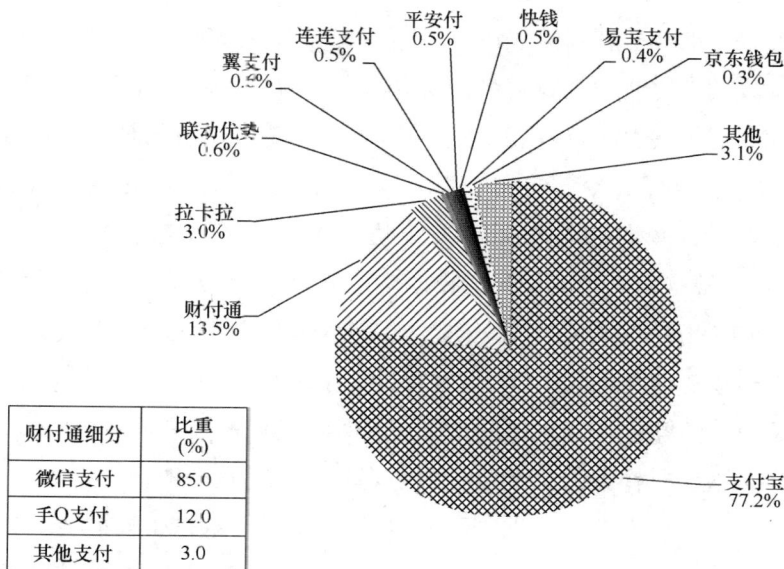

财付通细分	比重(%)
微信支付	85.0
手Q支付	12.0
其他支付	3.0

图 7 - 6　2015Q1 中国第三方移动支付交易的市场份额

数据来源：艾瑞咨询. 中国第三方支付市场核心数据发布［OL］. www. iresearch. com. cn. 2015 - 05.

三、第三方支付平台对商业银行支付体系的冲击

商业银行的中间业务是不构成商业银行资产负债表的表内资产、表内负债，而形成非利息收入的业务，中间业务与资产业务、负债业务一起构成商业银行的三大支柱业务。其中，支付结算业务属于商业银行中间业务中的重要组成部分。

据中央银行发布的信息显示，2014 年，全国共办理非现金支付业务627. 52 亿笔，金额为 1 817. 38 万亿元，而支付系统共处理支付业务 305. 35 亿笔，金额为 3 388. 85 万亿元，业务金额是全国 GDP 总量的 53. 24 倍。其中，银行业金融机构行内支付系统共处理业务 143. 18 亿笔，金额为 896. 28 万亿元，分别占支付系统业务量的 46. 89% 和 26. 45%。可以说，商业银行的支付

业务在市场内占有一定的份额。但是，随着第三方支付机构的出现，这种局面有了改变。以支付宝为代表的第三方支付机构通过电商等网络平台构建出一种全新的商业模式，在改变人们支付行为的同时，也对商业银行的支付业务形成了一定的冲击。截至2014年12月，全国共有269家支付机构获得由中央银行颁发的支付业务牌照，包括以银联商务为代表的老牌支付机构和以支付宝、财付通为代表的新兴第三方支付机构。根据艾瑞咨询最新的报告显示，2014年，中国第三方互联网支付交易规模达到80 767亿元，同比增长50.3%。其中，移动支付市场交易规模达59 924.7亿元，同比上涨391.3%。而2013年，第三方移动支付的增长率高达707%。相较之下，虽然不及商业银行1 376.02万亿元的网上支付金额，但是其增长速度引人注目。第三方互联网支付已经逐渐成为人们惯用的支付工具。在这种趋势影响下，商业银行在市场上的支付份额势必会受到一定挤压，进而影响商业银行中间业务的发展。

我国商业银行在国内金融市场中一直处于非常重要的地位，这是由我国特殊的国情所致。首先，商业银行长期享受着中国体制和政策带来的红利。相较于其他金融机构，商业银行在运营成本、信息获取等方面都有绝对的领先权。其次，商业银行在货币流通过程中承担着资金清算的功能。在金融经济活动中，商业银行本身具备的成熟清算支付系统以及金融相关设备，能够为客户提供更好、更低成本的资金融通服务；同时，商业银行也具有信息中介的功能。受资本条件限制，我国的金融市场不属于有效的市场，在资金供求双方之间存在着非常严重的信息不对称问题。而商业银行由于自身业务办理的关系需要对客户的信息进行收集、处理、分析、审核。鉴于此，商业银行建立起强大的数据信息库，缓解信息不对称带来的失衡问题。最后，商业银行在支付领域内占有重要地位。中国银联建立的银联跨行交易清算系统，实现了商业银行系统间的互联互通和资源共享，保证银行卡跨行、跨地区和跨境的使用。因此，商业银行在中国金融市场中处于强势的地位。

但是，随着金融行业进入互联网时代，一批掌握互联网接口的信息技术企业，利用大数据、云计算等技术对金融业实施逐步蚕食，完成金融业务模式的创新，对商业银行的市场地位造成了一定冲击。一方面，支付领域内在线支付业务快速发展，尽管金额较低，但是成交量庞大，其便利的支付模式、简单的操作手法已经主导了 PC 端和移动端消费支付市场。据了解，2013 年第三方支付在移动端与 PC 端的市场份额已达到76%，这样的发展令商业银行自有的支付业务逐渐被边缘化；另一方面，互联网金融所具有的加速金融脱媒、降低交易成本以及减少信息不对称性的优点，同样也弱化了商业银行金融中介的地位，降低了人们对商业银行金融中介服务的需求。至此，银行垄断强势的地位被打破，其支付中介和金融中介的地位也受到影响。尽管 2014 年内互联网金融因余额宝、P2P 平台等负面新闻受到部分人的批评，但是监管部门始终认为互联网金融业务是一种金融创新，这种创新模式推动着我国金融服务业的改革和开放，应当给予支持和鼓励，监管部门将逐渐放开对商业银行垄断地位的保护。

通过以上分析可以看出，商业银行必须高度重视互联网金融带来的机遇和挑战。一方面认清自身实际和竞争优势，制定分步实施的互联网金融发展行动计划，快速抢占互联网金融市场的先机；另一方面也要从经营管理的各个层面，积极推动向智能化网络银行的转型，进一步增强商业银行在互联网经营环境中的综合竞争力和可持续发展的能力。

案例三　我国商业银行的银行卡业务

一、案例背景

银行卡是商品经济高度发展与科技进步的产物，其产生最早可追溯到 20 世纪初。随着现代信息科技的发展及经济全球化进程的加快，银行卡支付已成为当前全球普遍采用的一种支付方式。无论是欧美地区还是亚太地区，处于全球视域下的银行卡业务都取得了较为长足的进步与发展。银行卡业务的发展对于促成信息技术与金融服务的有机融合、推动社会经济发展与加强信用制度建设都具有非常重要的意义。一方面，能够有效引导和刺激消费、促进国民经济增长，同时大幅提高支付效率，降低社会交易成本；另一方面，为提高交易透明度、完善税收体系、增加财政收入，以及推动支付体系现代化、提高金融服务水平等方面的调整和改善形成必要的支撑。除此之外，银行卡业务为商业银行的经营管理也产生了积极的作用。具体表现为：其一，推动银行业务创新，增强综合竞争力；其二，提高银行经营效益，培育新的利润增长点；其三，建立新型客户关系，提高综合服务水平。

中国人民银行 2011 年 6 月 10 日颁布了《银行卡名词术语》，其中对我国银行卡的概念、发行方式及分类等做出了规范性诠释。一般来说，银行卡是由商业银行等金融机构向社会发行的，具有消费信用、转账结算和存取现金等全部或部分功能的支付工具。银行卡可由发卡机构独立发行，也可由其他机构或团体联合发行。银行卡的种类包括信用卡和借记卡。信用卡是持卡人凭借其信用获得发卡机构授信并在授信额度内从特定金融机构获得现金、转账存取或者从特约商户获得商品、服务等，按照约定方式清偿账款所使用的电子支付卡片。信用卡按是否向发卡机构交存备用金分为贷记卡、准贷记卡两类。借记卡没有透支功能，需要存款后才能进行消费或支取现金。

我国的银行卡业务始于 20 世纪 70 年代末，早期主要是代理国外信用卡。20 世纪 90 年代中后期，全国"金卡工程"开始启动，中国银行卡产业步入初步发展阶段，不仅各国有商业银行及分支机构在大、中城市独立开展银行卡业务，股份制商业银行也纷纷加入发卡行列。进入 21 世纪，随着中国银联的成立、金卡工程与互联网联合建设的深入以及专业化服务机构的兴起，各商业银行都加大了业务拓展的力度，中国银行卡业务呈现出蓬勃发展的态势。这一时期，银行卡的发卡量迅速增加，各种银行卡产品层出不穷，持卡人规模不断扩大，国内银行卡市场逐步进入快速成长的全面发展阶段。据中央银行《2014 年支付体系运行总体情况》报告，截至 2014 年年末，全国累计发行银行卡 49.36 亿张，较上年年末增长 17.13%。其中，借记卡累计发卡 44.81 亿张，较上年年末增长 17.20%；信用卡累计发卡 4.55 亿张，较上年年末增长 16.45%。借记卡累计发卡量与信用卡累计发卡量之间的比例约为 9.85：1，较上年年末略有上升。截至 2014 年年末，全国人均持有银行卡 3.64 张，较上年年末增长 17.04%。其中，人均持有信用卡 0.34 张，较上年年末增长 17.24%。北京、上海信用卡人均拥有量仍远高于全国平均水平，分别达到 1.70 张和 1.33 张。

二、案例分析

经过多年的努力，目前我国商业银行的银行卡业务取得了令人瞩目的成就，对于提升商业银行的盈利水平和竞争力起到了非常大的作用。

第一，受理市场环境不断完善。截至 2014 年年末，银行卡跨行支付系统联网商户 1 203.40 万户，联网 POS 机具 1 593.50 万台，ATM 机 61.49 万台，较上年年末分别增加 439.93 万户、530.29 万台和 9.49 万台。截至 2014 年年末，每台 ATM 机对应的银行卡数量为 8 027 张，较上年年末下降 0.95%；每台 POS 机具对应的银行卡数量为 310 张，较上年年末下降 21.72%。

第二，银行卡交易量继续增长。2014 年，全国共发生银行卡交易 595.73 亿笔，同比增长 25.16%，增速加快 2.85 个百分点；金额为 449.90 万亿元，同比增长 6.27%，增速放缓 16.01 个百分点；日均 16 321.49 万笔，金额为 12 326.09 亿元。其中，银行卡存现 87.90 亿笔，金额为 70.64 万亿元，同比分别增长 10.68% 和 6.05%；取现 199.11 亿笔，金额为 74.41 万亿元，同比分别增长 9.9% 和 5.1%；转账业务 111.18 亿笔，金额为 262.46 万亿元，同比分别增长 29.79% 和 3.25%；消费业务 197.54 亿笔，金额为 42.38 万亿元，同比分别增长 52.3% 和 33.16%。

第三，消费业务增长显著。2014 年，全国银行卡卡均消费金额为 8 587 元，同比增长 13.67%；笔均消费金额为 2 146 元，同比下降 12.55%；银行卡跨行消费业务 82.8 亿笔，金额为 28.64 万亿元，同比分别增长 21.82% 和 20.59%，分别占银行卡消费业务量的 41.92% 和 67.58%。全年银行卡渗透率达到 47.7%，比上年上升 0.25 个百分点。

第四，信用卡信贷规模适度增长，授信使用率持续上升。截至 2014 年年末，信用卡授信总额为 5.60 万亿元，同比增长 22.50%；信用卡期末应偿信贷总额为 2.34 万亿元，同比增长 26.75%。信用卡卡均授信额度为 1.23 万元，授信使用率为 41.69%，较上年年末增加 1.4 个百分点。信用卡逾期半年未偿信贷总额 357.64 亿元。较上年年末增加 105.72 亿元，增长 41.97%；信用卡逾期半年未偿信贷总额占期末应偿信贷总额的 1.53%，较上年年末上升 0.16 个百分点。

　　我国银行卡业务的发展已有 20 余年的历史。1993 年"金卡工程"的启动标志着我国银行卡产业发展进入初级阶段。2002 年,伴随着中国银联的成立,中国银行卡产业进入快速发展期。最近 10 年来,中国银行卡产业在起点低、实力弱的基础上实现了包括发卡、受理、自主品牌创建、境外市场开拓和支付技术创新等在内的全方位、超常规、跨越式发展。

　　从上述情况可以看出,我国银行卡发卡量增长迅速,发卡主体多元化(见表 7 - 9)。2002 年年末,中国银行卡发卡量仅为 4.97 亿张,其中借记卡 4.73 亿张,信用卡 0.24 亿张。到 2014 年年末,全国累计发行银行卡 49.36 亿张,借记卡累计发卡 44.81 亿张,信用卡累计发卡 4.55 亿张。经过 12 年的时间,我国银行卡和借记卡累计发卡量增长了近 10 倍,信用卡更是接近 20 倍的增长,人均持卡量快速增加。近年来,虽然各种银行卡发卡量增速放缓,但仍处于高速增长阶段。除国有大型商业银行外,越来越多的全国性股份制商业银行、地方性商业银行加入发卡行列,发卡市场的参与主体逐渐多元化。从上述情况还可以看出,借记卡在银行卡市场中占据主体地位。如前文所述,借记卡累计发卡量与信用卡累计发卡量之间的比例约为 9.85 : 1,而且这一比例还在缓慢上升中。可以说,随着银行卡普及程度的不断提高,银行卡在我国已经相当普及,成为居民使用最频繁的非现金支付工具。

表 7 - 9　我国各大银行信用卡发卡量

银行名称	2013 年(万张)	2014 年(万张)	增长率(%)
工商银行	8 805	10 056	14.21
建设银行	5 201	6 593	26.76
招商银行	5 121	5 981	16.77
中国银行	4 190	4 787	14.25
农业银行	3 971	4 651	17.13
交通银行	3 020	3 628	20.13
广发银行	2 793	3 450	23.52
中信银行	2 078	2 460	18.37

续表

银行名称	2013 年（万张）	2014 年（万张）	增长率（%）
光大银行	2 001	2 377	18.77
民生银行	1 740	2 055	18.08
平安银行	1 381	1 643	18.97
兴业银行	1 195	1 331	11.37

资料来源：中央银行《2014 年支付体系运行总体情况》报告。

由表 7 - 9 可以看出，我国各大银行的信用卡业务发展迅猛，信用卡发卡量均呈现两位数的增长率。可以说，信用卡业务在商业银行经营中的地位越来越重要。

三、案例启示——值得关注的问题

我国商业银行银行卡业务在蓬勃发展的同时，仍然存在着许多问题值得我们关注与研究。

（一）区域发展不均衡

从发卡市场角度看，借记卡发卡量大量集中于发达地区。从人均持卡量角度看，北京、上海、深圳位居前列，远高于全国平均水平，青海、海南、西藏等欠发达地区人均持卡量较少。从受理市场角度看，全国大多数特约商户的受理终端都在发达地区。从每万人对应 ATM 机数量角度看，北京、深圳、上海位居前列，而最不发达的地区甚至没有 ATM 机。这些因素大大限制了银行卡在全国使用的操作性和便捷性。由于欠发达地区盈利能力较弱，高科技应用水平较低，业务创新能力不强，同时具有产品趋于雷同、缺乏有效的管理等问题，严重阻碍了银行卡业务在当地的拓展和深入开展。

（二）粗放式经营，缺乏精细化操作

首先，各大商业银行及金融机构在拓展银行卡业务时，过分看重发卡量和市场份额；其次，迫于发卡任务重等压力，商业银行将精力、人力更多地倾向市场营销，导致后台审核和风险管理人员配备严重不足。

（三）违规操作频发，缺乏监管审查

由于发卡任务繁重，很多银行营销人员将重心倾向营销，导致营销人员为了完成发卡指标，对不符合办卡条件的客户采取"睁一只眼、闭一只眼"，甚至虚构信用卡额度等办法，诱导客户办卡。

（四）用卡环境差，存在安全风险

不良的用卡环境极大地限制着银行卡业务的健康发展。比如：市民日常刷卡消费常会遇到线路故障；节假日刷卡高峰期间会出现处理速度慢、刷卡延时现象；ATM 机和 POS 机跨行交易时吞卡、死机；犯罪分子和不法商户勾结诈骗；银行卡盗刷问题等。这些问题的解决已是当务之急。

（五）银行卡乱收费屡禁不止

银行卡乱收费是社会上争论最大的问题。有调查显示，相当一部分客户经历过银行卡乱收费问题，甚至是上有政策下有对策，屡禁不止。银行卡收费虽然在短期内可以增加商业银行银行卡业务利润，但从长远来看，这无疑是银行卡业务的一个毒瘤，具有致命的危害。

四、招商银行银行卡业务纪实

招商银行 1987 年成立于中国改革开放的最前沿——深圳经济特区，是中国境内第一家完全由企业法人持股的股份制商业银行，也是中国从体制外推动银行业改革的第一家试点银行。

成立 30 年来，伴随着中国经济的快速增长和社会各界及广大客户的支持，招商银行已从最初仅有 1 亿元资本金、1 家营业网点、30 余名员工的小银行，逐渐发展成为资本净额超过 3 600 亿元、资产总额超过 4.7 万亿元、全国超过 1 200 家网点、员工超过 7 万人的全国性股份制商业银行，并成功跻身全球前 100 家大银行之列。凭借持续的金融创新、优质的客户服务、稳健的经营风格和良好的经营业绩，招商银行已发展成为中国境内最具品牌影响力的商业银行之一。

招商银行的银行卡业务一直走在银行业的前列。无论是借记卡还是信用卡业务，招商银行都做得十分出色且颇具代表性。其中，借记卡业务有人们耳熟能详的招商银行"一卡通"。

（一）招商银行借记"一卡通"：中国最受欢迎的银行卡品牌之一

作为国内第一张基于客户号管理的银行借记卡，招商银行"一卡通"被誉为"客户最喜爱的银行卡之一"，招商银行信用卡的发卡量已长时间占据国内第二把交椅，作为非国有四大行能取得如此骄人的成绩已实属不易。下面以颇具代表性的招商银行为例，具体分析国内银行卡业务的现状及存在的问题。

招商银行"一卡通"是招商银行向社会大众提供的、需以真实姓名开户的个人理财基本账户，具有活期、多储种、多币种和多功能的特点，多次被评为"消费者喜爱的银行卡品牌"，也是国内银行卡中独具特色的知名银行卡品牌。招商银行"一卡通"自 1995 年 7 月发行以来，凭借高科技优势，不断改进自身功能并完善综合服务体系，创造了个人理财的新概念。

招商银行"一卡通"集多种功能于一身。①一卡多户，具有人民币、美元、港币、日元、欧元等多币种的活期、定期等各类储蓄账户；②能够通存通兑，在招商银行同城任一网点办理各储种存取款业务，并在全国各网点办理人民币、港币、美元活期账户异地存取款业务；③可以通过网上银行、ATM 自助设备、自助查询终端渠道进行资金划转；④招商银行和中国银联的特约商户直接进行消费结算；⑤在招商银行开户地自动柜员机上可以办理人民币活期取款、修改密码和第三方转账及查询活期账户余额等业务；⑥在招商银行非开户地自动柜员机上可办理人民币活期取款；⑦在加入中国银联的他行自动柜员机上办理人民币活期取款、活期账户余额查询等业务；⑧能够办理自助缴费、基金业务、受托理财、代理保险业务、黄金业务以及外汇买卖等业务。

招商银行"一卡通"累计发卡超过 5 400 万张，卡均存款超过 9 300 元，远超全国平均水平。可以说，作为我国商业银行借记卡的典型代表，招商银行"一卡通"取得了巨大的成功。

（二）招商银行信用卡：中国第一张符合国际标准的双币信用卡

招商银行的信用卡业务十分突出，发卡量居全国第三，与第二位——国有四大行之一的建设银行差距甚微。招商银行信用卡作为国内第一张符合国际标准的双币信用卡，发卡量已超过 5 981 万张，被哈佛大学编进 MBA 课程教学案例。

招商银行信用卡具有支付、理财及生活服务三大功能。由于具有支付方便、隐性收益高、融资便捷、个人财务结构优化和优惠可专享等优点，得到越来越多的消费者尤其是年轻消费群体的青睐和认可。

自 2002 年 12 月发行国内首张符合国际标准的"一卡双币"信用卡至今，招商银行取得了一系列令人瞩目的成绩，成为中国信用卡市场的先行者。招商银行信用卡中心运用全国集中化运作方式，是国内首家真正意义上完全按照国际标准独立运作的信用卡中心，真正实现了信用卡的一体化和专业化服务。在刷新一个个信用卡记录的同时，招商银行秉承"因您而变"的服务理念和创新精神，积极开拓市场，扩大市场联盟，深化市场细分，使信用卡的功能和服务得到长足发展与完善，招商银行也成为中国最具创新力的股份制商业银行之一。自开办信用卡业务以来，招商银行率先推出"刷卡买机票，送百万航意险"；首家推出"境外消费，人民币还款"业务；领先同业开展了信用卡免息分期付款业务，并在业内率先推出"短信交易提醒"和"失卡万全保障"等功能创新措施。此外，全国首创的积分永久有效制、国际 24 小时道路救援服务等已逐渐成为国内信用卡行业的服务标准。在产品服务创新上，招商银行信用卡打造了百余项新的产品和服务，坚持推进异业合作模式，陆续与百货业、旅游业和体育消费业等不同生活领域的翘楚企业开展合作，为持卡人提供双重意义上的产品和功能服务。2006 年 4 月，招商银行的发卡量占据行业的最大市场份额，正式宣布并以实际行动打造"五星级信用卡"；2007 年 9 月，招商银行又率先提出了"五重安全"的信用卡服务理念，巩固了在业内的领导品牌地位。

在信用卡业务上，招商银行堪称股份制商业银行的先导。据《招商银行 2014 年年报》，2014 年招商银行信用卡业务创收（利息收入 + 非利息收入）239.61 亿元，同比增长 43.81%，业务收入占其营业收入的 14.45%。

2014 年，招商银行信用卡新增发卡量增长迅猛。年报数据显示，截至 2014 年年底，招商银行信用卡累计发卡量达到 5 981 万张，相比年初增长 16.77%，增幅是 2013 年的 2 倍。随着招商银行信用卡发卡量及业务创收的增长，信用卡业务已经成为招商银行的一个很大的营收贡献点。

参 考 文 献

［1］苏立峰，高晓娟.商业银行经营与管理案例分析［M］.上海：立信会计出版社，2015.

［2］杨巍.中美商业银行中间业务发展对比研究［J］.世界经济，2013(5).

［3］唐士奇.商业银行典型案例评析［M］.北京：中国人民大学出版社，2014.

［4］安贺新，是凯.商业银行私人银行业务营销［M］.北京：清华大学出版社，2013.

［5］龙燕娜.中国私人银行业务发展分析——以中国工商银行为例［D］.山东大学，2013.

［6］胡世良.互联网金融模式与创新［M］.北京：人民邮电出版社，2014.

［7］中国支付清算协会.中国支付清算行业运行报告［M］.北京：中国金融出版社，2015.

［8］周载群，祝树民，岳毅，等.银行卡业务［M］.北京：中国金融出版社，2012.

第八章 商业银行国际业务

引 言

经济金融一体化背景下，商业银行国际业务成为大型商业银行业务的重要组成部分，同时，国际化发展也成为大型商业银行发展战略布局的重要组成部分。本章案例主要介绍典型的国际化发展银行——汇丰银行与花旗银行的全球化发展、我国曾经的外汇专业银行——中国银行的国际化发展以及国际业务中的国际银团贷款以及进出口贸易信贷业务。

案例一 汇丰银行与花旗银行全球化路径比较

香港上海汇丰银行成立于 1865 年。作为英国的海外独立银行，汇丰银行以香港业务为出发点，开业时为当时的股东之一 ——沙逊洋行拥有，位于中环域多利街（现称银行街），域多利大厦为其总部。发展至今，汇丰银行已经成为全球规模最大的银行及金融服务机构之一。截至 2012 年 12 月 31 日，汇丰银行市值达 1 940 亿美元，在全球约有 6 600 个办事处，业务网络广及欧洲、中国香港、亚太、中东及北非、北美洲及拉丁美洲等六个地区，覆盖全汇丰银行的成长史就是一部并购史，成功的并购是它实现"环球金融，地方智慧"的基础。

一、汇丰银行的海外扩张

汇丰银行从创立之初就将全球作为指向性。自 1865 年汇丰银行在中国香港创立之后，立即在中国上海和英国伦敦设立分行，并在美国旧金山设立办事处。此后，通过新设机构的方式，汇丰银行初步形成了一个以中国和东南亚为中心的业务网络。但是，由于这种方式对时间与资金的耗费巨大，汇丰银行在这一时期的扩张只局限于一些点上的突破，并没有形成面的覆盖。

第二次世界大战之后，世界经济政治格局的巨变，为汇丰银行的发展提供了机遇。汇丰银行调整了自身的发展战略，由此走向了真正的全球扩张之路。此时，汇丰确立了"三角凳"的空间扩展战略，以亚太、北美、欧洲三块市场为目标，先后进行定点突破。汇丰银行以拓展和巩固目标市场为目的，进入方式也由之前的新设进入转变为并购形式。1997—2012 年汇丰银行主要海外扩张活动如表 8－1 所示。

表 8－1　1997—2012 年汇丰银行主要海外扩张活动

年份	海外扩张行为	地理扩张区域	业务扩张
1997	19 亿美元 100% 股权收购墨西哥第五大银行 Bital 金融集团（GF Bital）	拉丁美洲墨西哥	个人理财业务
1999	9 亿美元 70% 股权收购汉城银行	韩国	零售存款和贷款服务
2000	2 200 万美元收购菲律宾远南菲商业国际银行旗下储蓄银行 PCIB Savings Bank	东南亚菲律宾	零售存款和贷款服务
2000	366.19 亿泰珠收购泰国第八银行曼谷京华银行（Bangkok Metropolitan Bank）75% 的股份	东南亚泰国	零售存款和贷款服务
2001	成立汇丰巴马兰特银行，以接管 Banco Bamerindus do Brasil S. A.	拉丁美洲巴西	保险、租赁和证券业务
2001	6 260 万美元购买上海银行 8% 股权	中国大陆	零售存款和贷款服务
2002	6 亿美元收购中国平安保险股份有限公司 10% 的股权	中国大陆	保险业务
2003	245 亿美元收购韩国 AM TeK（Assel Management Technology Korea）资产管理公司 82.19% 的股权	韩国	资产管理业务
2003	8.15 亿美元收购英国莱吉银行旗下巴西最大的消费信贷机构 Losango Promotora de Vendas Ltda	拉丁美洲巴西	消费信贷业务
2003	6 000 万美元收购福建亚洲银行 50% 的股权	中国大陆	零售存款和贷款业务
2003	17.26 亿元人民币收购福州兴业银行 15.98% 的股权	中国大陆	信用卡和消费信贷业务

续表

年份	海外扩张行为	地理扩张区域	业务扩张
2004	收购马来西亚最大的投资公司皇朝集团62%的股权	东南亚马来西亚	投资银行业务
	约6 642亿美元收购印度第二大私人零售银行UTI Bankl 4.62%的股权	印度	企业银行、零售贷款和存款服务、网上银行服务
	17.47亿美元购买交通银行19.9%的股份	中国大陆	信用卡业务
2005	汇丰投资管理有限公司与山西信托投资有限责任公司成立合资基金管理公司，持有33%的股权，2005年增持至49%，并更名为"汇丰晋信基金管理有限公司"	中国大陆	基金业务
	81.04亿港元增持平安保险9.9%的股份，达到19.9%	中国	保险业务
2006	17.81亿美元收购中美洲最大的银行Groupo Banist-mo S.A. 99.98%的股权	南美巴拿马	零售存款和贷款服务、消费信贷业务
	1.5亿澳元收购西太平洋银行（Westpac Banking Corp. WBC. AU）的托管业务	澳大利亚新西兰	托管业务
2007	收购越南Baoviet保险公司10%的股权	越南	保险业务
	收购中国台湾中华商业银行	中国台湾	零售存款和贷款服务
	收购韩国Hana Life Insurance50%的股权	韩国	保险业务
	收购英国劳埃德TSB银行巴拉圭业务	南美洲	信托、储蓄业务
2008	收购印度最大零售证券经济商IL&FS Investsmat 93.86%的股权	印度	证券业务
	6.075亿美元收购印尼最大工商银行PT Bank Ekonomi RaharjaTbk	印尼	批发、零售银行业务
2010	收购苏格兰皇家银行在印度的零售及商业银行业务	印度	零售业务、商业银行业务
2012	每股5.63港元的价格认购23.6亿股交通银行H股，持股比例高于19.03%	中国大陆	商业银行业务
	收购莱斯银行与阿联酋的零售及商业银行	中东地区	商业银行、零售业务
	4.19亿港元购入中东最大投资银行EFG Hermes至少5%的股权	中东地区	投资银行业务

（一）立足亚太，全球本土化

1959 年对中东英格兰银行和印度有利银行的收购，使汇丰银行在中东初步建立了银行网络。此后，对中东石油业务的贸易追随，扩大了汇丰银行的网络，更加坚固了其在中东的地位。1965 年汇丰银行在香港恒生银行挤提风波身价大跌之际，收购了其 61.5% 的股权，稳固了自身在香港金融龙头的地位，并为其日后的并购和集团化运作积累了经验。随着业务扩张和金融创新，汇丰银行在亚太区域的优势地位基本确立。

汇丰银行的国际化进程则是侧重于资产寻求，在不同时段重点开拓某一战略区域。通过本土化的进入及经营方式，汇丰银行最终完成了以亚洲、北美和欧洲为重点的全球战略布局。由于汇丰银行成立于中国香港，由于母国优势并不明显，它从成立之初就开始了国际化进程。基于逐步国际化理论，汇丰银行首先在地域及文化距离较近的亚太地区建立业务网络。在积累了一定的国际化经验之后，出于能力获取和市场开发等目的，它开始向北美等发达国家进行对外直接投资，并最终形成了"全球本土化"的国际化路径。

（二）进军北美，挺进欧洲

美国在 20 世纪 80 年代初颁布《存款机构放松管制和货币控制法》等法案，市场管制逐渐放松，汇丰银行抓住时机，将国际化扩张的重点放在北美市场。在这一阶段，汇丰银行主要从美国、澳大利亚和加拿大三块区域进行定点扩张。汇丰银行在美国先后收购了海丰银行（1980，1987）、克拉克国民银行和不列颠哥伦比亚银行；通过开设加拿大香港汇丰银行，先后收购英属哥伦比亚银行（1986）在加拿大的业务、加拿大皇家银行（1990）和加拿大澳新银行（1993）；在澳大利亚开设澳大利亚香港银行有限公司（1986）等。对银行业务的收购，为汇丰银行在北美的业务网络奠定了基础。此外，汇丰银行还积极实施横向收购。1983 年，汇丰银行收购美国证券的主要交易商卡洛尔麦肯蒂与麦金莱公司（Carroll McEnetee&McGinlye）等，拓展了自身业务。

通过投资拓展和并购活动，汇丰银行开拓和巩固了北美市场，实现了能力的多样化与专业化，并形成了自身的第二核心区域，并为进一步将业务扩大到整个美洲做好了准备。

这一时期，欧洲市场成为汇丰银行国际化扩展的目标。汇丰银行在英国米德兰银行巨额亏损之际将其收购，接管了其在英国本土及欧洲各国的零售银行业务、个人银行、投资银行和证券承销等多元化的业务。通过对米德兰银行的收购，汇丰银行成功地构建了其"三角凳"计划在欧洲的立足点，同时也迅速扩展了经营区域与业务范围。

（三）平衡战略，全能发展

进入新世纪以来，汇丰银行在巩固了亚洲和欧美等发达市场后，提出了"环球金融，地方智慧（The World's Local Bank）"的宣传口号，还确立了"价值管理（Managing for value）"和"增长管理（Managing for Growth）"的战略目标，以及制定在成熟的发达市场国家和快速增长的新兴市场国家之间不断寻求平衡的战略实施途径。在这一战略的指导下，汇丰银行不断加固"三角凳"地区的业务网络，同时大规模进入各个新兴市场国家，通过一系列的并购活动平衡其业务版图，保持了稳定的增长率，成为世界第三大银行。

二、花旗银行的海外扩张

花旗银行（Citibank）是花旗集团（Citigroup）的一家零售银行，其前身主要是 1812 年成立的纽约城市银行（City Bankof New York）。花旗银行经过近两个世纪的发展，已成为美国最大的银行，同时也是在全球近 93 个国家及地区设有分支机构的国际大型银行。

（一）立足国内

花旗银行的国际化也同样经历了从区域性银行到全球性银行的转变。区别于汇丰银行自成立开始就致力于全球化发展，花旗银行自成立到 1897 年相当长的一段时期内，一直专注于国内市场的发展。1894 年，花旗银行成为美国最大的银行，在国内市场形成了垄断优势。1955 年，花旗银行并购纽约第一国民银行，更名为纽约第一国民城市银行（The First National city Bank of New York），成为仅次于美洲银行和大通曼哈顿银行的美国第三大银行。1982—1984 年，花旗银行在加利福尼亚、佛罗里达、依利诺伊和华盛顿哥伦比亚特区收购储蓄与贷款业务，成为美国最大的银行控股公司。1998 年 10 月 8 日，花旗公司和旅行者集团（Travelers Group）合并成为花旗集团，此举拓展了花旗银行在保险领域的业务，形成了"金融百货公司"式的金融服务，进一步扩宽了其业务领域，提高了国际化程度，为其国际化扩张奠定了坚实的基础。

（二）放眼全球

在打下坚实的国内市场基础之后，花旗银行开始实施海外扩张战略。由于已在国内市场建立起庞大的网络，花旗银行在国际化扩张中能将国内市场发展起来的技术、经验等竞争优势以较低的边际成本输出，从而获得更多的获利机会。

在国际化的地域选择上，花旗银行主要受政策因素影响。1987 年，为了向已经走出国门的美国制造业公司提供外贸金融服务，花旗银行开设了外贸部，在全球范围内传递资金，是美国外贸业强有力的资金后盾。20 世纪初，美国提出了"门户开放""机会均等"的贸易原则，使得花旗银行走出国门，并在中国和拉丁美洲等地建立分行网络。

自 20 世纪 70 年代以来的国际金融一体化，成为花旗银行全球化的助推器。20 世纪 50 年代到 70 年代，花旗银行在"马歇尔计划"的引导下，在西欧等发达国家进行大规模的直接投资。

在国际化扩张方式上，花旗银行主要采取并购策略。区别于汇丰银行专注于海外银行的并购行为，花旗银行较为重视对美国国内国际化程度较高的银行的并购，通过对母国银行的并购来接管其在海外的业务网络。比如：1915 年对美国本土主要处理美国对中国及菲律宾贸易业务的国际银行公司（International Banking Corporation）的兼并，花旗银行接手了其在亚太地区的国际化业务，使得花旗银行海外分支网络扩大了近 1 倍。

进入新世纪以来，花旗银行同样通过并购的方式开展自身多元化的国际扩张战略。在"5I"战略的指导之下，花旗银行全面发展个人银行业务（Individual bank）、机构银行业务（Institutional Bank）、投资银行业务（Investment Bank Insurance）及信息业务（Information）。为进入证券市场，花旗集团在 1999 年 3 月与日本第三大证券公司的日兴证券公司（Nikko Securities Co., Ltd）在日本共同建立日兴所罗门美邦（Nikko Salomon Smith Barncy Ltd.）。紧接着，花旗集团于 2000 年收购 Associates First capital 的 15 个国家共 2 600 家分行，将零售金融业务推向全球的同时扩张了分销渠道，成为全球第一的零售金融银行。为进一步开拓拉丁美洲国家市场，花旗集团在 2001 年以逾 120 亿美元收购墨西哥第二大金融机构 Banamex，并于 2006 年要约收购土耳其银行。到 2012 年，花旗银行在全世界 93 个国家 拥有海外机构。

三、汇丰银行与花旗银行国际化路径不同的原因分析

（一）银行机构特殊因素

1. 银行规模

在银行战略目的的形成过程中，银行规模的影响较大。大量研究表明，大型银行更有可能国际化，大型银行更有可能拥有跨国公司客户。根据贸易追随理论，大型银行更有可能被拉动至新的地区。同时，在母国拥有大量市场份额的银行，有更强的动机去搜寻风险分散的市场机会；大规模的银行希望通过国际化来寻求规模经济效应。

在进行大规模国际化之前，花旗银行在美国本土通过新设和兼并的扩张，已成为国内的第一大国民商业银行，在国内拥有一定的垄断优势及大批资产规模巨大的客户。这对花旗银行形成客户追随的战略目标有着正向影响。而汇丰银行在成立之初虽是以追随殖民建立了自己的国际化网点，但还是没有形成较大的规模。因此，在战后，汇丰银行通过资产寻求来扩展自己的国际化网络。

2. 高管国际化经验

海外背景丰富的银行高层管理团队对国际市场更为了解，能够在一定程度上帮助银行降低外来者风险。汇丰银行由 15 个来自英国、美国、德国、丹麦、犹太及印度的商人及银行家创立。自创立以来，汇丰银行的高管团队就汇聚了不同国籍的精英，并且有着比较丰富的国际化经验。基于丰富的海外背景，汇丰银行的高管团队在银行成立之后迅速着手国际化。并且，由于汇丰一直重视人才的培养，这为它迅速积累了国际化经验，使得汇丰银行在收购完成之后，能够快速实现资源整合并达成"本土化"的战略目标。花旗银行由美国共和党高级政治家塞缪尔·奥斯古德与一些美国商人共同建立，高管的海外背景较为匮乏，这使得花旗银行在组建早期形成了"立足母国"的

战略。此后，通过对国内银行国际业务的收购及客户追随的国际化经验积累，花旗银行也开始了国际化进程。

（二）母国因素

母国因素对花旗银行和汇丰银行的国际化路径影响是双重的，既影响了银行的战略目标的形成，也影响了其战略的实施过程。

1. 母国非银行机构对外直接投资程度

银行最初的国际化一般基于对银行本身客户的"贸易追随"。在这一阶段，银行可通过满足本国客户在国际化进程中的金融需求获取稳定的中介收入。因此，跨国银行的区域分布显示出较高的贸易指向性。此外，银行在这一阶段较为被动，其国际化的进程对非金融企业的国际贸易进程具有较大的依附性。随着对外直接投资逐步成为经济全球化的主导力量，银行的追随角色开始转变。"投资追随论"指出，在追随企业对外直接投资方向并为其提供金融服务的同时，银行的国际化也引导着本国的客户进行对外直接投资。

由于母国的非银行产业十分发达且对外直接投资活跃，花旗银行的国际化主要是在"客户追随理论"指导下进行的。花旗银行有许多在南美洲拥有大量业务和销售网络的大客户（如美国钢铁公司等）需要机构为其提供金融服务。通过设立"对外贸易部"、到未开设分行地区进行调研等，花旗银行成为美国对外贸易的主要服务银行之一。虽然汇丰银行创立的目的就是为了满足中英商人买办需求，但在战后，无论是英国还是中国香港的非金融产业企业对外直接投资都不太活跃，所以，汇丰银行改变客户跟随的策略，转为资产寻求战略。

2. 母国银行业的集中程度

银行集中度理论认为，处在拥有较高银行集中度国家的银行能满足其海外扩张时的资金需求。此外，母国银行业的规模和利润对银行的国际化有着积极的影响。母国银行业发达的银行在国际化过程中专注于提供自身先进的且有利可图的服务。

美国的银行业在战后迅速崛起，作为金融体系中最为发达的美国，其本国的金融产品、信息技术、法律环境等都为跨国银行提供了良好的经营环境。身处美国的跨国银行能够从市场中快速学习经验，提高经营能力。跨国银行在美国设立银行机构可成为其通向世界的一块跳板。

花旗银行充分利用了这一有利的母国市场条件，以美国纽约为中心，先在国内发展壮大，获取竞争能力，而后将其应用于欠发达的国家或其他地区。母国优势的缺乏使得汇丰银行成立之初便开始在全球范围内获取资源。在国际化过程中，汇丰银行进而以全球本土化作为使命，充分融入当地，开发当地资源。

3. 母国的制度因素

母国政府的政策主要影响银行国际化路径的实施，其影响主要体现在两个方面：一是对本国银行对外直接投资的支持力度；二是对国外银行进入本国市场的限制作用。

花旗银行的海外发展路径深受美国政府政策的影响。1914 年，美国颁布的《联邦储备法》允许资本总额在 100 万元以上的国民银行在海外设立分行，花旗银行抓住这一机会，在全球范围内初步建立自身的国际化网络。1970 年，美国修改了《银行持股公司法》，规定美国的银行持股公司可从事国际活动。这一法律催生了花旗银行成立花旗控股公司实行国际化的战略行为。美国政府的这些银行立法，是花旗银行能在 20 世纪末荣登全球金融霸主地位的必要条件。由于美国银行法对银行业的限制力较强，在法律允许银行能够进行海外直接投资之前，花旗银行只能专注于国内市场，塑造了它"立足母国"的国际化根基。

汇丰银行的国际化发展受母国政策影响较小。只是在战争时期，它受英国殖民政策影响，追随殖民者，成为英国的殖民代理银行。但在战后，由于英国的殖民统治日渐消亡，汇丰银行很快从跟随政策的国际化扩张中摆脱出来，开始制定并实施自身战略，最终形成以全球本地化为核心的国际化战略。

4. 母国与东道国的一体化程度

由于信息成本的原因，银行国际化的路径受母国与东道国一体化程度的影响。母国与东道国的一体化程度可从经济、地域及文化相似性等方面综合考量。母国与东道国的经济一体化程度通过双边贸易水平、两国人均 GDP 和母国非银行机构在东道国的直接投资数量等来考量。当发达国家跨国银行对发达国家进行对外直接投资时，其投资量与两国的经济一体化程度正相关；

而对发展中国家进行投资时，经济一体化的影响并不显著。母国与东道匡经济一体化程度对其国际化路径选择的影响也较弱。

由于市场的不完全性，地理距离和文化距离对信息成本的影响显著。因为国际化经验和客户信息对银行运营的重要性，跨国银行对外扩张时会考虑语言、文化及业务运营等因素，选择从近距离的区域开始，逐步地进行国际化扩张。

从花旗银行和汇丰银行的国际化地理路径中我们可以看出，除却母国政策因素，它们都优先选择了与母国一体化程度高的国家进行对外直接投资。由于母国的地域、经济文化等差别，花旗银行和汇丰银行选择了从不同的国家开始自己的国际化进程。花旗银行地处美国这个经济发达的国家，它的国际化先从发达国家开始，逐渐辐射至发展中国家。而汇丰银行虽为英资银行，但身处中国香港，所以它以亚太地区作为自己"三角凳"国际化战略的"第一条腿"。

案例二 中国银行的国际化发展

一、中国银行国际业务发展历程

（一）新中国成立前的中国银行

中国银行的前身是中国第一家国家银行——户部银行。光绪三十年元月28日（1903年3月14日），奕劻上奏"试办大清户部银行推行银币"。经过一年多的筹备，中国历史上第一家国家银行——户部银行于1905年8月在北京成立。1906年，户部更名为度支部。1908年2月，户部银行改为大清银行，行使中央银行职能。到1911年，大清银行在全国各省省会和通商口岸设立分支机构35处，成为清末规模最大的银行。1912年2月2日，大清银行上海分行停业清理。1912年2月5日，中国银行在上海汉口路3号大清银行旧址庆祝成立并开始营业；1912年2月14日，中国银行南京分行在南京城内珠宝廊宣布开业；1912年8月1日，中国银行总行在北京西交民巷原大清银行旧址成立，上海中国银行随即改称上海分行。随后，天津、汉口、济南、杭州、广州和南昌等地的大清银行也都在清理后，相继改为各地的中国银行分支机构。

1928 年 10 月 26 日，国民政府公布了《中国银行条例》24 条，明确中国银行经国民政府特许为国际汇兑银行。此次改组成为中国银行发展历史上的重要转折点。

当选为中国银行总经理的张嘉璈为把中国银行办成一个近代化、国际化的大银行，能够与外商银行相抗衡，决心锐意改革，于 1929 年 5 月 27 日启程出国考察，1930 年 3 月 15 日回国。这次考察历时 10 个月，张嘉璈走访了苏联、法、德、英、美等 18 个国家，对中国银行前途影响很大。其中，伦敦分理处的开办前后只用了 3 个月的筹备时间，便于 1929 年 11 月 4 日正式开业，这是中国金融机构迈步走向世界金融中心的开始，意义重大。这次考察还洽定了 11 家欧洲、加拿大通汇行，17 家英国、美国代理行，均属当地一流的大银行和信托公司，为中国银行国际汇兑业务的开展奠定了全球的网络基础。这次考察还聘请了 4 位英、德银行专家，协助中国银行进行改革和开展工作，效果显著。

改组之后，中国银行的经营思想和业务方向发生了转变。作为国际汇兑银行，中国银行以经营外汇业务作为发展方向，力争在国外多设机构，并与多家国外银行建立代理行关系；业务方针以服务公众、改进国民生活为核心，将银行业务由面向政府机关转向工商业，努力争取存款，以低利资金扶助大小工商业，促进生产发展。中国银行此次经营方针的转变对今后几年中国银行业务的发展产生了重要的影响。中国银行当时还对组织机构和管理体系进行了改革，调整内部机构设置，撤销总司库和总司券，专设调查部，加强调研工作。调整总处领导层构成，当时中国银行的主要负责人共 38 人，其中曾留学美、英、日、瑞士等国取得大学学位的就有 20 人，有国内大学经历的有 7 人，外籍专家 2 人，其余 9 人则是从事金融工作多年，有着丰富的行业经验。中国银行作为政府特许的国际汇兑银行，业务得到了较快发展，一度成为国内民族金融业的基石，成为全国实力最强的银行。1936 年，中国银行资产总额达到 17.19 亿元，比 1927 年增长了 2 倍多，货币发行量为 4.65 亿元，也比 1927 年增长了 2 倍多。1939 年，中国银行存款占中央银行、中国银行、交通银行和农民银行存款总额的57%，贷款余额占4家银行总额的38%。

（二）改革前的外汇专业银行

新中国成立后，中国银行是人民银行大一统银行体系中外汇业务的工作部门，是在人民银行领导下的、经过中央人民政府政务院特许的外汇专业银行。为适应这一银行体系的要求，中国银行需要将其业务经营和机构设置尽快地实现专业化。

新中国成立初期，上海人民政府接管旧中国银行并成立新中国银行总管理处后，中国人民银行华东区行根据总行的指示，拟订了中国银行业务专业化范围。随着中国人民银行一元化领导体制的建立和逐步完善，中国银行的体制也进行了必要的变革。

1950年4月6日，中国人民银行总行决定，总行国外业务处与中国银行总管理处联合办公，中国银行国内分支机构受中国银行总管理处和当地人民银行双重领导，国外分支机构由中国银行总管理处领导。1952年，各地中国银行改为各地人民银行内部的外汇工作部门，由当地人民银行领导，对外仍保持中国银行的名义。中国银行总管理处则由初期与人民银行总行国外业务处的联合办公，改为与人民银行总行国外业务管理局合署办公，即一套机构、两块牌子。经过一系列改革后，中国银行的外汇专业优势得到了强化，外汇业务实现了进一步的发展。中国银行作为国家特许的外汇专业银行，在计划经济体制下，承担着统一经营管理外汇资金的工作。中国银行经营的外汇资金分为两部分：国家外汇和银行自有的外汇资金。中国银行的外汇资金自20世纪70年代起就不断增加，截至1976年末，中国银行的外汇资金总额已达到16.71亿美元。

对外贸易运输是对外贸易事业的重要组成部分，做好外贸运输工作是保证外贸进出口任务顺利完成的一个重要条件。1965年，中国远洋船队只有63艘船舶，共57.6万载重吨。由于当时对外运输任务不断增加，而自由运力又十分紧张，所以就必须租用外国船舶，1965年支付的租船外汇就达1.53亿美元。解决租船沉重负担的最为合理的途径就是发展本国的远洋船队。1964年，周恩来总理指示交通部，远洋运输要立足于发展国内的造船工业，在国内造船不能适应需要时，则造船、购船同时进行。当时国内自造远洋船舶的能力还很弱，而且依靠国内造船建立远洋船队也缓不济急。所以，当时必须首先购买外国船舶，才能解决对外运输任务不断增加的需求。但是，由国家购买船舶存在外汇困难。1963 年，国务院决定用中国银行的外汇贷款购买远洋运输船舶，1964—1965 年的买船贷款，两次共计 2 560 万美元，属于试行性质。1973 年，远洋运输船队从中国银行贷款 3 亿美元，购买外轮 225 万吨。自 1972 年到 1976 年，中国银行为远洋运输船队建设共提供外汇贷款 8.8 亿美元。外汇贷款主要用于购买、订造远洋船舶，1972—1976 年共购买、订造 232 艘、427.67 万吨远洋轮船，还进口了港口装卸机械、建立修船基地以及进口国内造船所需的材料和设备。

（三）改革开放后中国银行的国际业务

根据国家利用外资的需要，中国银行在积极开展"三贷"（出口信贷中的政府贷款、混合贷款和买方信贷）、筹措国际商业贷款之后，开始调查研究在国际金融市场发行债券的问题。1979 年 11 月，中国银行向中国人民银行和国家进出口管理委员会提出发行国家债券筹集资金的意见。1984 年，经国家政府批准，中国银行开始在国际资本市场发行债券。1984 年 11 月，中国银行在日本东京市场第一次发行日元债券，金额为 200 亿日元，期限 10 年，发行价格为 99.65%，票面利率为 7%。此次债券发行主干事为日本野村证券公司，主受托行为日本东京银行。中国银行这次发行的债券被东京市场定为一级品质，发行获得成功，打开了进入国际金融市场发行债券的局面。半年之后，即 1985 年 4 月，中国银行第二次发行日元债券 200 亿日元。

中国银行在亚洲市场发行国际债券，除东京外还选择了新加坡。1987 年 4 月，中国银行在新加坡发行第一笔亚洲美元债券，金额为 2 亿美元，期限为 10 年，利率为 LIBOR ＋1/16%。1992 年 10 月，中国银行又在新加坡发行亚洲美元债券，金额为 1.5 亿美元，期限 5 年，利率为 LIBOR ＋0.5%，承销团的认购额高达 4 亿美元，远超过发行额。1984—1992 年，中国银行在东京、法兰克福、伦敦和新加坡市场共发行国际债券 17 次，到 1992 年年末，发行债券余额分别为 2 100 亿日元、9 亿美元、2 亿马克，折合共计 26.94 亿美元。中国银行在第一次债券发行金额的基础上，9 年增长了 15.2 倍。按照国际安排，中国银行在国际债券市场上筹集到的长期性资金，主要贷给国内石化、钢铁、有色金属和远洋运输等部门，对上海、天津、青岛、厦门和武汉等城市建设也给予了资金支持。其中，两笔日元债券还用于提前偿还日本能源贷款，减轻了能源贷款的利息负担。

二、中国银行 2014 年国际业务概览

2014 年，中国银行积极把握人民币国际化和中国企业"走出去"的市场机遇，加快推进海内外一体化发展，全球服务和保障能力不断增强，市场竞争力持续提高。

在公司金融业务方面，中国银行深耕公司金融跨境业务"蓝海"，进一步增强跨境业务和海外业务服务能力，提升全球公司金融一体化服务水平，加快推进"全球客户经理制"和"全球统一授信"体系的建设和推广，将服务延伸到全球，海外公司金融业务增长良好；强化与"世界 500 强"等国际重点企业的合作，积极支持中资企业"走出去"及跨境并购项目，为公司客户的海外并购贷款项目提供跨境金融支持。

在贸易金融业务方面，中国银行充分利用境内境外两个市场、两种资源，推动境内业务境外做、境外业务境内做，海内外联动跨境贸易金融业务蓬勃发展。海外商业银行国际结算、跨境人民币等主要贸易金融业务实现快速发展，业务增速均保持在 20% 以上。

在清算服务方面，中国银行人民币全球清算网络不断完善，跨境人民币清算能力持续提升。2014 年，中国银行跨境人民币清算量大幅增长，办理跨境人民币清算业务 240.8 万亿元，同比增长 86.6%，继续保持全球第一。继香港、澳门和台湾地区之后，中国人民银行授权中国银行担任法兰克福、巴黎、悉尼人民币业务清算行，截至年末在全球 12 家授权人民币清算行中中国银行共有 6 席，为中国银行推动全球人民币离岸市场建设与发展提供了广阔的平台。中国银行香港交易日人民币清算服务时间进一步延长至 20.5 小时，全球领先，成为新加坡交易所结算银行。

在金融市场业务方面，中国银行对人民币清算行采取差别化授权机制，促进离岸人民币交易业务发展；支持海外分支机构参与当地市场创新，新加坡分行成为新加坡交易所首批人民币期货做市商；发行人民币债券，丰富当

地人民币投资产品，推进海外离岸人民币市场建设，以中期票据（MTN）计划为平台，先后在伦敦发行 25 亿元离岸人民币债券，在新加坡发行 30 亿元"狮城债"，在悉尼发行 20 亿元"大洋债"，在卢森堡发行 15 亿元"申根债"，在巴黎发行 20 亿元"凯旋债"，在台湾地区发行 20 亿元"宝岛债"。相关债券均为当地市场首次发行或标杆性发行，市场反响热烈。

在托管业务方面，顺应人民币国际化趋势，中国银行大力拓展海外机构托管业务。纽约分行研发推出了契约交收服务，增强了跨境托管服务能力；新加坡、首尔等海外分行发挥营销窗口作用，RQF Ⅱ 客户在当地同业中名列前茅。到 2014 年年末，中国银行海外托管资产规模逾 1 万亿元，在中资同业中处于领先地位。

在银行卡业务方面，丰富独具中国银行特色的全球服务品牌内涵，全面升级"精彩系列"跨境营销活动，采用"基础活动＋叠加优惠＋产品返现"的全新营销方式，跨境交易量名列市场前茅。减免卓隽卡境外 ATM 机取现手续费及金卡级别产品以上货币兑换手续费，加大跨境客户回馈力度；加快海外信用卡业务发展步伐，已在新加坡、泰国、澳大利亚、加拿大、英国等国家和我国香港、澳门地区开展信用卡业务。

2014 年，中国银行成功发行新加坡中银世界万事达卡、新加坡银联双币旅游卡和中银 F1RST 信用卡等新产品，实现马来西亚线上收单。年末，海外商业银行客户存款、贷款总额分别折合 3 621.39 亿美元、3 036.59 亿美元，比上年年末增长 18.03% 和 20.87%。2014 年，中国银行实现利润总额 76.44 亿美元，同比增长 33.92%，对集团利润的贡献度为 20.29%；中国银行经营规模、盈利能力和国际化业务占比继续保持国内领先。

案例三　国际银团贷款

一、国际银团发展情况

国际银团贷款经历了三个主要发展阶段：第一个阶段是以支持基础设施建设为主的项目融资。早期银团贷款主要是为公路、电力、石化和通讯等基础设施建设项目提供融资，是为非洲、亚洲尤其是拉美发展中国家服务。银团贷款自 20 世纪 60 年代发起以来获得快速发展，1981 年国际银团贷款规模达到 1 376 亿美元。受拉美国家债务危机的影响，国际银团贷款大幅下降，1985 年国际银团贷款仅为 189 亿美元。第二个阶段是以并购杠杆交易推动银团贷款业务发展。20 世纪 90 年代，杠杆融资特别是并购融资快速增长，促进了银团贷款业务快速发展。第三个阶段是以银团贷款与证券市场融合，这是以资产证券化和贷款二级市场交易为主的金融创新。随着融资证券化的发展，传统贷款业务锐减，商业银行在银团贷款业务中加入证券融资的某些特征，以强化竞争；大企业则利用贷款与证券融资而得到发展，通过同一银团安排所有债务结构，满足不同金融工具的需要。

2008 年爆发的全球金融危机对国际银团贷款市场带来巨大冲击，新增银团贷款从 2007 年的 4.7 万亿美元急剧下降至 2009 年的 1.83 万亿美元，仅为 2007 年的 38.9%。此后，随着全球经济的复苏，市场规模逐步加大，2013 年全球新增银团贷款 4.24 万亿美元，较 2012 年增长 28.7%。其中，美洲、欧洲和亚太地区（不包括中亚）分别增长 36.1%，26.1% 和 38.3%，交易笔数从 8 602 笔增加至 9 476 笔，较 2012 年增长 10.2%。但相较于 2007 年的 4.7 万亿美元，2013 年全球新增银团贷款仍低于危机前的水平。

在全球银团贷款市场中，美洲地区的市场份额却是一直扩大的，从 2010 年的 1.23 万亿美元、44.43% 的市场份额上升到 2013 年的 2.53 万亿美元、59.76% 的市场份额。其中，美国新增银团贷款占美洲新增银团贷款的 90% 以上，在全球新增银团贷款中也有超过一半的比重。因此，美洲、美国银团贷款市场在全球银团贷款市场中扮演了非常重要的角色，很多国际大型资产交易并购都发生在美国，这些巨额资产交易的背后都伴随着国际银团贷款的参与。

2013 年上半年，从牵头银行的情况看，摩根大通在全球银团贷款市场中的牵头数量最多，新增银团贷款 1 540.48 亿美元，市场份额达到 8.2%。美林银行紧随其后，新增银团贷款和市场份额分别为 1 512.38 亿美元和 8.1%。摩根大通和美林银行作为全球领先的金融机构，其在银团贷款业务方面的分销能力很强，诸多国际大型资产交易的银团贷款都是由其牵头分销。2013 年上半年，在全球银团贷款市场的代理行中，摩根大通以 1 865 亿美元的新增银团贷款代理额和 11.7% 的全球市场份额占据头把交椅；美林银行次之，其新增银团贷款代理额度和市场份额分别为 1 618.26 亿美元和 10.2%。摩根大通和美林银行的银团贷款管理能力也得到了国际银行业的一致认可。进入全球银团贷款市场前 10 家代理行的还有花旗集团、富国银行、瑞穗金融集团、巴克莱银行、德意志银行、三菱日联金融集团、瑞士信贷银行及加拿大皇家银行资本市场。10 家最大的代理行代理的新增银团贷款合计为 9 185.5 亿美元，市场份额合计为 57.9%。

二、国际银团贷款的运作机制

传统银行贷款只有一个贷款人，而银团贷款包含多个贷款人，牵头行发起贷款并向其他参与行出售部分贷款，牵头行一般持有较大贷款份额。这样能够提供牵头行甄别借款企业质量的激励，参与行仅仅持有部分贷款，从而使信贷风险能够在银团贷款成员之间分散。所有银团贷款成员都受相同贷款协议约束，如本金、利息、贷款期限或者抵押等相关贷款条件变更等重大事项，需要银团贷款全体成员一致同意。

（一）贷款主体

银团贷款成员包括牵头行与参与行。银团贷款中牵头行和参与行存在显著差异。牵头行与借款企业建立和维持关系，并承担收集和加工借款企业信息、验证信贷质量和贷款后的监督责任。例如，牵头行起草信息备忘录，包括借款企业经营和财务状况，贷款合约条件，如期限、数额、利率和限制条款等。而参与行很少直接与借款企业谈判，它们通过牵头行与借款企业建立联系。

银团贷款主体趋于多元化，商业银行、机构投资者等都广泛参与银团贷款。这些贷款主要用于公司并购和债务支付，例如，为杠杆收购、股票回购和并购融资。牵头行组织银团贷款主要是为获得费用收益，除利息和承诺协议费用收益外，牵头行还获得安排和管理银团贷款相关费用，费用由借款企业向牵头行预先支付，而参与行参加银团贷款主要是为缓解负债和贷款规模管制约束，分散信贷风险和节约发行成本。

（二）贷款过程

银团贷款过程是：借款企业从市场认可的机构中寻找牵头行，牵头行与借款企业签订初级贷款协议，设定贷款数额、利率、限制条款、费用和抵押等。初级贷款协议签订后，牵头行选择参与行提供部分贷款。牵头行向参与行提供有关借款企业的信息备忘录，包括贷款条件及与借款企业经营活动、财务状况等相关的信息，同时确定参与行和牵头行各自所持有的贷款份额和利息。参与行同意为部分贷款提供融资后，牵头行、参与行和借款企业正式签订贷款协议。参与行承担各自的贷款份额，贷款条件对所有银团贷款成员都相同。贷款到期前，牵头行一般行使代理人角色，监督借款企业和贷款条件执行情况、管理资金提取、计算利息支付和实施融资限制条款。

（三）一级市场和二级市场

无论牵头行还是参与行，商业银行都是一级市场主体，其他机构也逐渐参与，例如，利用其作为债券承销商的专业知识和银行借贷与债券市场逐渐融合，投资银行安排银团贷款。除投资银行积极参与外，多边代理机构如国际财务公司也参与银团贷款。

银团贷款二级市场主要是进行贷款出售，从而增加市场流动性和转移信贷风险。银团贷款成员转让贷款份额可能是由于贷款存在违约风险，也可能是由于银行自身资本遭遇不利冲击。出售贷款能够使该机构从其资产负债表中减少贷款，以满足管制约束，对冲风险或者管理其敞口和流动性。二级市场贷款买主能够获得对某些部门的敞口，没有足够规模在一级市场上获得敞口。

需要注意的是，银团贷款一级市场和二级市场贷款合约行为不尽相同。贷款出售并不改变借款企业与初始贷款人当前合约，而二级市场贷款合约与初始合约存在很大差异。银团贷款二级市场越来越重要，但二级市场交易量相对较小，且困境贷款在二级市场总交易量中占很大的比例。

三、英吉利海峡隧道银团贷款项目

英吉利海峡隧道是一条英国英伦三岛连接欧洲法国的铁路隧道，是目前世界上最长的海底隧道。它的建成极大地方便了欧洲各大城市之间的往来，也对欧洲一体化和经济发展产生了重要的影响。从 1986 年 2 月 12 日法、英两国签订关于隧道连接的坎特布利条约，到 1994 年 5 月 7 日正式通车，历时 8 年多，耗资约 100 亿英镑建成的海底隧道，是世界上最大的采用建设—经营—转让（BOT）方式建设的工程，也是世界上规模最大的利用私人资本建造的工程项目。

英吉利海峡隧道工程的主要资金来源是：1986 年，英法海峡隧道工程由英法两国 10 家公司和 5 家银行组成的集团公司——欧洲隧道公司，作为项目发起人，以 BOT 方式开始融资建设。一年后改为股票、银行贷款（扩大到全世界 200 家银行）融资，风险由业主——欧洲隧道公司承担。英法两国政府仅赋予该公司一个有限期的海底隧道开发经营权，在财政与税收上没有给予任何资助和优惠。英吉利海峡隧道工程的主要资金来源如表 8－2 所示。

表 8－2　英吉利海峡隧道工程主要资金来源

资金来源	金额（亿英镑）	备　注
a. 股票投资		
银行和承包商	0.80	项目发起人
私营团体	3.70	第一部分（1986 年）
公众投资	8.00	第二部分（1987 年）
公众投资	2.75	第三部分（1988 年）
公众投资	2.75	第四部分（1989 年）
b. 借款（贷款）		
商业银行	68	主要贷款
商业银行	17	备用贷款
总计	103	

英吉利海峡隧道工程建设资金的债务股权比说明了在工程建设资金中，债务资金和股本资金各占的份额。其债务股权比在 1987 年 11 月是 4.9∶1，1990 年 11 月是 2.7∶1，1994 年 5 月是 0.8∶1，总体是 3.3∶1。

债务股权比的变化说明，在工程建设资金中，债务资金的比重在逐渐下降，而股权资金的比重在逐渐上升。这是由于工程刚开始时，工程的前景不明朗，风险较大，股权资本不容易募集，只有通过投资人承担风险较小的债务融资来筹集资金。随着工程建设的进展，工程的前景逐渐明朗化，风险逐渐减小，股权资本逐渐容易募集，因此股权融资逐渐增多，债务股权比逐渐下降。这也说明了在工程建设的不同阶段，需要不同的资金结构与之相适应。

英吉利海峡隧道工程完工后，实际费用大大超过了工程预算费用，但在总投资严重超预算的情况下，仍保证了工程建设的资金需求，其财务管理和筹资经验对大型工程的建设有很大的借鉴作用。它采用了多元化的筹资策略，在降低资金供应风险的同时确保了工程建设的资金需求。建设资金中，既有股权资本又有债务资金；资金来源上，既向国际知名的大银行、大财团筹资，又向公众个人募集资金。正是采用了这种从多家银行和多方私人筹集资金的筹资策略，虽然工程投资严重超支，也保证了资金供应。另外，根据不同建设阶段的特点，适时调整资金结构，满足了工程建设不同阶段对资金的需求，确保了资金供给。负债股本比在工程建设中呈下降的趋势就是业主根据工程建设各阶段的不同特点，适时调整筹资方案的结果。

案例四　出口信贷

一、国际出口信贷机构的成功经验

官方出口信贷机构是一国为促进本国设备、技术或服务等商品出口、鼓励本国企业开展跨国投资而设立的机构，主要代表政府提供官方支持的出口信贷，具有贷款期限长、利率条件竞争力强，风险偏好不同于一般商业金融机构等特点，是一国推动开放型经济发展、促进本国产业结构调整转型升级的重要政策工具之一。自1919年英国设立出口信贷担保局以来，世界官方出口信贷机构已走过近百年的发展历程，是一国金融体系的重要组成部分。在世界贸易组织（WTO）框架下，《补贴与反补贴措施协定》（以下简称"SCM协定"）作为规范成员方补贴制度的专门协议，对政府针对出口的各类直接补贴进行限制，但对于符合经合组织（OECD）"君子协定"或实施相关承诺利率条款的出口信贷则不被视为禁止性出口补贴。

这一"例外条款"使官方出口信贷机构在支持本国企业扩大出口、提升国际竞争力等方面的作用尤为独特和显著,成为各国普遍采用的制度安排。

目前,各国官方出口信贷机构大都按照 OECD"君子协定",针对航空器的特殊安排开展活动,通过贷款、担保等形式对本国航空业加以支持。以美国进出口银行为例,该银行约 45% 的出口信贷用于航空运输业,且长期为波音公司提供大量美元信贷支持,支持的飞机数量曾一度达到波音公司飞机总销量的 50% 以上,甚至被称为"波音银行",为波音公司开拓海外市场、奠定美国航空工业国际地位发挥了不可替代的作用。法国科法斯(COFACE)、英国出口信贷担保局(ECGD)和德国赫尔姆斯(HERMES)等欧洲出口信贷机构主要通过出口信贷担保帮助欧洲空客打破波音公司垄断,助其迅速抢占全球市场,逐渐形成波音、空客两巨头共同主导世界飞机制造领域的局面。除此之外,加拿大出口发展公司(EDC)、巴西国家经济社会发展银行(BNDES)均为本国航空业的发展起到重要的推动作用。

二、中国官方出口信贷机构的成功实践

中国进出口银行作为中国的官方出口信贷机构,按照世界贸易组织的要求并参照 OECD 的相关惯例开展活动,始终坚定支持我国航空工业相关技术、产品的"引进来"与"走出去"以及航空运输业的发展,提供符合国际惯例的资金支持和全方位的金融服务。近年来,中国进出口银行不断深化与美国、法国、德国、英国、加拿大以及巴西等国家或地区官方出口信贷机构的合作,逐步与国际一流航空公司、租赁公司建立紧密联系,积累了大量优质客户资源,并培育出一支熟悉国际规则且具有丰富航空融资操作经验的团队,成为支持中国航空产业发展的中坚力量。截至目前,中国进出口银行对航空工业的信贷余额约 1 100 亿元人民币,共支持 700 余架飞机的进出口,为我国航空产业的健康发展发挥了独特作用。

第一,全力推动国产飞机与航空设备的生产制造,积极扩大出口,助力中国航空制造业做大做强。打造具有国际竞争力的航空制造业,是提升我国综合国力、保障国家安全、建设世界强国的必由之路。一直以来,中国进出口银行通过出口卖方信贷、出口买方信贷和"两优贷款"等多个贷款品种,

先后支持了包括新舟系列、Z-9直升机、运-8和运-12飞机等多种型号国产飞机的出口，帮助国产飞机扩大海外销售。同时，加大转型升级贷款投放力度，重点支持国产大飞机、航空发动机以及航空基础材料的研制生产工作，助力航空制造业不断提升"四基"（核心基础零部件、关键基础材料、先进基础工艺和产业技术基础）能力。未来，中国进出口银行将进一步发挥独特优势，运用各种资源，按照国际规则与惯例，全力支持国产民用飞机的销售与出口。

第二，开办境外融资定向支持航空器进口业务，积极支持进口国外飞机和航空设备，强化高端制造业国际产能合作，服务于中国飞速发展的航空运输业的需求。根据美国波音公司预测，未来20年中国需要6 330架新飞机，机队规模将增加至现在的近3倍，航空公司对增加运力的需求将持续而稳定。为促进我国航空运输业的健康发展，2012年以来，在国家发改委的大力支持下，创新开办了"境外融资定向支持航空器进口业务"，发挥中国进出口银行主权信用评级优势，按照市场化原则，为国内航空公司、租赁公司等国内企业增信；同时，运用中国进出口银行作为国际合作银行的资源优势，与法国、德国、英国、加拿大以及巴西等国家和地区的官方出口信贷机构和10余家国际金融机构开展合作，直接面向国际市场筹集资金，定向融资支持我国航空公司和租赁公司引进飞机和关键设备，既帮助国内客户降低融资成本，提高国际竞争力，又满足国内市场百姓出行需求，在国内外航空融资领域均产生了重要影响。中国进出口银行获得了多项航空融资类奖项，如香港权威财经媒体财资（The Asset）颁发的2014年度"最佳离岸资产证券化"及"最佳交通运输融资"两项大奖。

第三，助力租赁公司拓展海外市场，扩大租赁业国际市场空间，培育国产民用飞机未来市场渠道。总体上看，我国融资租赁对国民经济各行业的覆盖面和市场渗透率远低于发达国家水平，且开展的租赁业务主要集中在国内市场，整体仍处于行业发展的起步期。由于融资租赁集融资与融物为一体的特征，其发展有利于促进飞机、船舶等高端装备制造的转型升级。2015年9月，国务院发布了《关于加快融资租赁业发展的指导意见》和《关于促进金融租赁行业健康发展的指导意见》，用于指导和支持我国融资租赁和金融租赁业的发展。为此，中国进出口银行与 10 家租赁公司和 1 家航空公司集中签订了融资框架协议，重点支持航空领域的融资租赁业务，特别是支持租赁公司"走出去"，为"一带一路"国家空中互联互通提供服务，也为我国航空工业的未来发展，尤其是为国产民用飞机销售渠道建设开展有益的探索与尝试。

第四，积极运用金融"组合拳"，全方位服务航空业健康发展。近年，中国进出口银行根据业务需求，提供了包括海外代付在内的多种贸易融资业务，直接支持波音、空客系列飞机、庞巴迪以及湾流公务机等飞机的进口；同时，中国进出口银行为航空公司提供国内采购设备人民币代付、租金美元代付，也可通过内保外贷形式为金融租赁公司境外平台提供支持，满足各类客户的短期融资需求。

目前，中国进出口银行针对航空领域的信贷与中间业务产品已成系列，使中国进出口银行逐步培养出一批熟悉 OECD 官方出口信贷规则的专家型骨干人才，航空融资业务获得稳步发展。

三、缅甸 B 电站的承揽与建设

缅甸水资源丰富，但由于发展较慢，电力供应一直处于极度匮乏状态。多年以来，缅甸的 B 水电站在缅甸被称为"缅甸的三峡电站"，因为在 2000 年以前的几十年里，早日建成 B 电站一直为缅甸政府和人民所期待和计划。该水电站装机容量为 28MW，当时预计总投资约 7 亿美元，金额大，影响大，正因为如此，B 电站项目承建也一直成为许多发达国家的知名企业争夺的对象。早在 1953 年，美国的 KTA 公司就已盯上此项目，并进行了项目考察，后来，日本的 NEWJEC 公司、KAJIMA 公司、三菱重工公司、挪威的 NORCON-SULT 公司以及韩国的现代重工公司等都加入了竞争行列。

我国 Y 公司于 20 世纪 90 年代初开始涉足 B 水电项目，利用已经在缅甸发展多年小水电项目的经验和市场认知，把业务合作中形成的合作伙伴用动态联盟的方式形成合作团队机制，于 1993 年完成可行性研究，预计机电项目总投资约 2.5 亿美元。当时缅甸政府已经把该电站列为国家重大建设项目之一，亟须得到资金方面的支持，尽快开始项目启动。

在 20 世纪 90 年代初中期，正值国家提出"走出去"战略，大力加强对外经济发展。国内水电低潮，一批大型的设计、生产和安装单位工作都不饱满，但受限于当地国家的资金不足，以及市场运作不够等原因，中国在海外以大型承包工程牵头的对外经济合作的开展极为有限，没有参与过大型水电承包工程的建设。

在这样的条件和背景下，Y 公司于 1993 年及时提出利用出口信贷方式向缅甸 B 电站出口成套设备和技术的申请并全面开始推动落实。通过从当地政府到各相关机构的各项系列工作，1998 年，在两国政府优惠贷款框架协议签订的基础上，达成在缅甸国家主权担保项下的出口卖方信贷审批，于 1998 年 10 月签订合同，并通过中国进出口银行完成出口卖方信贷 10 亿元的发放，正式启动了该项目的实施。

这是一个具有里程碑意义的项目，即充分发挥我国的工程成套能力，特别是利用出口信贷优势，解决最主要的资金问题，在诸多国外公司中后来居上，在激烈的竞争中获取了该项目。经过认真实施，有效管理，该项目于 2005 年发电，获得圆满成功，被缅甸政府评为优质样板工程，取得了良好的经济效益和社会效益。该项目得到了中缅两国政府的高度重视，多个部门支持配合。该电站顺利建成后，使缅甸的发电能力增加了 1/3，促进了缅甸工农业和服务业的发展；缅甸新首都内比都由仰光迁至该电站附近地区新建，水电供给得到保证。

该项目的核心成就是：应用出口信贷，在全国开创了采用主权担保规避收汇风险的先河，并为日后承建海外大型项目打下了良好的基础。中国企业由此大规模进入缅甸市场，参与承建数亿美元规模的水电建设，在很长一段时期内占据了缅甸市场，锻炼了队伍，在东南亚地区形成对外工程承包的大规模推动和发展。

参 考 文 献

[1]陈建中,黄欣丽.银行国际化路径影响因素分析——基于汇丰银行和花旗银行案例[J].国际贸易问题,2014(9).

[2]李忠元.运用官方出口信贷支持航空产业的国际合作[N].金融时报,

2015 - 12 - 21:010.

[3]魏维,谭波.中国银团贷款市场研究——国家开发银行银团贷款操作与实践[M].北京:中国财政经济出版社,2013.

[4]杨晓龙,姜冉.金融危机后银团贷款最新动态及发展策略[J].新金融,2014(9).

[5]郑和明.国际银团贷款及其对我国的启示[J].云南社会科学,2013(6);中国银行年度报告,http://www.boc.cn/investor/ir3/.

第九章 资产负债综合管理

引　言

　　资产负债管理是现代商业银行经营管理的基础和核心，其效率的高低影响着商业银行的竞争实力。目前，各家商业银行已经逐步建立了一套以比例控制为主的管理体系，反映银行资产的流动性、资产质量、市场风险以及资产盈利水平。近几年，我国四大国有商业银行已相继完成股份制改造并公开上市，为满足上市披露、境外战略投资者的要求，更是需要强化资产负债管理的能力。

　　我国商业银行资产负债管理起步较晚，虽然近年来其管理水平在不断提高，但与西方国家商业银行成熟的资产负债管理方法相比仍存在巨大的差异并且存在许多问题，如经营管理体制落后、资产负债管理手段落后和利率变动风险大等问题。

　　我国存款利率的期限结构随着历次调整而逐渐趋于合理，长期存款与短期存款之间的利差不断缩小。由此，存款期限结构的短期化趋势与贷款期限结构的长期化趋势，使得我国商业银行资产负债结构出现严重的不匹配。所以，我国选择能够满足度量期限不匹配风险特征的利率风险度量模型即利率敏感性度量模型。本章案例一以工商银行为例，分析利率敏感性缺口方法。

　　未来的利率水平的变动对商业银行的固定收益债券和存贷款组合价值都有直接和重大的影响。我国商业银行在利率市场化进程中也面临日益严重的利率风险。引进先进的技术和工具，加强商业银行利率风险管理是必然趋势。当前，持续期模型是衡量固定收益债券利率风险的一个主要工具，能够更加准确地衡量利率水平变化对债券和存贷款价值的影响，从而成为商业银行利率风险管理的重要分析工具。本章案例二以招商银行为例,分析持续期缺口方法。

本章还将分析央行的利率政策对商业银行经营业绩的影响。本章案例三以工、农、中、建四大行为例,分析我国商业银行目前现行资产负债管理存在的问题,并且通过分析西方商业银行资产负债管理转型的经验与教训,研究其对国内商业银行加强资产负债管理实践的指导和借鉴。

案例一 商业银行资产负债利率风险管理实例
——利率敏感性缺口方法

一、案例背景

利率敏感性缺口是商业银行普遍采用的、用来测量利率风险暴露的程度,采用面值记账法分析商业银行未来现金流受到利率影响的大小和方向。

(一) 利率敏感性缺口模型的原理

利率敏感性缺口是指一定时期中利率敏感性资产与利率敏感性负债金额的差值。通过利率敏感性缺口模型,可以了解到利率变动对商业银行资产和负债的影响,通过计算两者之间的差额得知利率敏感性资金缺口,用公式表示为:

$$利率敏感性资金缺口 = 利率敏感性资产 - 利率敏感性负债$$

上式中的利率敏感性资金缺口可以为正值,即为正缺口,也可以为负值,即负缺口。银行在利用这一模型进行利率风险管理的过程中,通常会通过现在的缺口与以前某一个时间的缺口进行比较,确定当前缺口的合理性。但是,同一家商业银行在不同时期资金规模有差异,如果依靠绝对差额衡量缺口的大小不够客观,需要用更合理的相对型指标做出修正。这一指标就是利率敏感性比率,即将利率敏感性资产与利率敏感性负债相除得到一个比率,用公式表示为:

$$利率敏感性比率 = 利率敏感性资产/利率敏感性负债$$

利率敏感性比率反映出利率敏感性资产和利率敏感性负债之间的相对比

率关系，可以非常直观地看出实际缺口的大小。由上面两个公式可以看出，利率敏感性缺口和利率敏感性比率有三种相匹配的关系：缺口为正时，比率大于1；缺口为零时，比率等于1；缺口为负时，比率小于1。

（二）利率敏感性缺口模型的度量

在利率敏感性资产和利率敏感性负债的同幅度变动的前提假设下，利率敏感性缺口的大小可以反映出银行净利息收入对利率变动的敏感程度，而净利息收入又取决于利率风险缺口的大小。用公式表示为：

$$净利息收入变动额 = 利率变动 \times 利率敏感性资金缺口$$

当敏感性资金缺口为王时，市场利率与商业银行净利息呈同方向变化；反之，当敏感性资金缺口为负时，市场利率与商业银行净利息呈反方向变化。

随着我国利率市场化的基本完成，存贷基准利率变动幅度不少时候存在着差异，因此，我们应该把敏感性资产负债分离，分别进行计算。考虑到银行资产负债缺口的期限问题，实际上，银行资产负债的期限结构非常丰富，通常，我们将资产和负债的到期期限分为3个月以内、3个月至1年、1年至5年和5年以上等多个期限，然后，以不同期限分别计算缺口，这样就能反映出利率敏感性缺口的真实情况，用公式表示为：

$$NII = \sum_{t=1}^{n} (RSA_t \times \Delta R_A - RSL_t \times \Delta R_L)$$

式中，n 为到期期限总数；t 为到期期限；ΔR_A 为资产的利率变动；ΔR_L 为负债的利率变动。

（三）利率敏感性缺口模型的应用

在实际应用中，有两种操作模式可供选择，即主动型模式和被动型模式。所谓主动型模式是指商业银行已经能够对市场利率水平的变化做出准确度较高的预测，在利率变化前对利率敏感性缺口进行调整，以求从利率水平变动中获得一些额外的收益。这种模式主要是通过积极调整资产负债结构，以改变资产敏感性缺口和负债敏感性缺口，从而最终改变缺口的大小甚至方向。当商业银行预期利率会上升时，便会提高资产并削减负债，从而使利率敏感性缺口成为资产敏感性缺口；反之，当预期利率会下降时，商业银行会减少资产并增加负债，从而使敏感性缺口成为负债敏感性缺口。主动型模式的核心在于商业银行对未来利率水平变化的准确预测。否则，商业银行不仅不会获益，反而会遭受额外的损失。

在理论上，如果商业银行的利率敏感度维持为零缺口，利率变化将不会影响商业银行净利息收入。然而，实际上零缺口是理想状态，商业银行要达到绝对的零缺口是非常困难的。因此，我们认为，只要缺口稳定在零缺口附近或者以零缺口为中心的小幅度波动，均可将商业银行的缺口管理视为被动型模式。这种模式最大的特点是稳定、保守，使用该模式的商业银行往往难以对利率水平的变化方向做出准确的判断。

二、案例分析——以工商银行为例

依据前文中对敏感性缺口理论的阐述，接下来以工商银行为例，实证分析商业银行利率风险度量。

运用利率敏感性资金缺口额和利率敏感性比率将工商银行 2014 年年报中的资产和负债信息分类，并形成表 9 - 1。从表 9 - 1 可以看出，在 3 个月以内的第一阶段，利率敏感性缺口为 - 1 047.439。

表 9 - 1   工商银行利率敏感性资产负债缺口   单位：百万元

期限 / 资产	3 个月以内	3 个月至 1 年	1 年至 5 年	5 年以上	合计
现金及存放中央银行款项	3 097 706	0	0	0	3 097 706
存放同业及其他金融机构款项及拆出资金	1 117 192	101 192	27 269	0	1 245 653
以公允价值计量且其变动计入当期损益的金融资产	63 415	149 823	114 080	14 172	341 490
客户贷款及垫款	6 336 158	4 053 430	159 555	146 863	10 696 006
可供出售的金融资产	125 630	189 220	628 281	233 475	1 176 606
持有至到期的投资	206 446	301 331	1 396 025	662 588	2 566 390
应收款项类投资	4 540	43 687	50 549	232 955	331 731
固定资产及在建工程	0	0	0	0	0

续表

资产＼期限	3 个月以内	3 个月至 1 年	1 年至 5 年	5 年以上	合计
其他	2 518	9 153			11 671
资产合计	10 953 605	4 847 836	2 375 759	1 290 053	19 467 253
负债	0	0	0	0	0
向中央银行借款	295	150	186	0	631
同业及其他金融机构存放款项及拆入资金	1 675 165	193 198	15 158	30 487	1 914 008
以公允价值计量且其变动计入当期损益的金融负债	471 059	58 708	6 351	0	536 118
存款证	103 831	64 932	7 042	443	176 248
客户存款	9 727 351	3 360 963	1 953 002	34 420	15 075 736
已发行债务证券	23 343	21 977	32 344	201 926	279 590
其他	0	0	0	0	0
负债合计	12 001 044	3 699 928	2 014 083	267 276	17 982 331
缺口	−1 047 439	1 147 908	361 676	1 022 777	1 484 922

资料来源：工商银行 2014 年财务报表。

　　10 474.39 亿元的负债敏感性缺口，在市场利率下降的过程中，将会获得可观的收益。2015 年 2 月 28 日，中央银行下调存贷款基准利率 0.25%，工商银行在持有的资产组合中可获得 8.73 亿元的收益[1]；在 3 个月至 1 年的第二阶段，利率敏感性缺口为 11 479.08 亿元，为资产敏感性缺口，假设本年度的基准利率不再发生变化，那么工商银行在第二阶段持有的资产负债组合将遭受 23.92 亿元的损失[2]；再从期限为 1 年至 5 年及 5 年以上这两个阶段的利率敏感性缺口类型可以看到，二者均为资产敏感性缺口，缺口值分别为

---

[1]　计算公式：−10 474.39 × −0.25% × 1/3 = 8.73（亿元）
[2]　计算公式：11 479.08 × −0.25% × 5/6 = −23.92（亿元）

3 616.76亿元和10 227.77 亿元，因此，工商银行会在这两个阶段的资产负债组合上继续遭受损失，但由于这两个阶段的期限较长，所以直到本年年末，该损失只是以浮亏的形式表现，并不会立即形成实际的损失。

从初级数据分析中我们可以看到，在缺口管理上工商银行明显存在不足。为了更为准确地评估工商银行在缺口管理上的不足，接下来将对现有数据进行更为深入的分析，以求找出不足的原因并有针对性地提出有效的解决方案。通过对工商银行 2009 年 12 月 31 日到 2014 年 12 月 31 日报表的信息进行处理，获得一段连续时间的缺口额数据，并利用相关公式对缺口数据进行处理得到表 9 - 2 的数据。将表 9 - 2 中的缺口额绘制成折线图后可以直观地看到（见图 9 - 1），缺口为正缺口并且缺口额呈现上升趋势，但由于该数据并非相对性数据，因此无法看出该缺口变化的程度。为了解决无法看出缺口相对于零缺口变化的问题，我们通过对利率敏感性比率稍加处理，得到了一组新数据，并将数据转化为图 9 - 2，通过图 9 - 2 便于看出目前缺口发展的方向以及发展程度。

表 9 - 2   1999—2014 年工商银行各年缺口数据

时　　间	缺口额（百万元）	利率敏感性比率	（敏感比率 - 1）×100%
2009 年 12 月 31 日	626 872	1.058 445	5.84%
2010 年 6 月 30 日	586 899	1.049 559	4.96%
2010 年 12 月 31 日	772 415	1.063 586	6.36%
2011 年 6 月 30 日	784 316	1.058 344	5.83%
2011 年 12 月 31 日	863 253	1.061 867	6.19%
2012 年 6 月 30 日	978 059	1.063 59	6.36%
2012 年 12 月 31 日	925 732	1.059 219	5.92%
2013 年 6 月 30 日	1 129 475	1.068 749	6.87%
2013 年 12 月 31 日	1 213 869	1.072 582	7.26%
2014 年 6 月 30 日	1 288 687	1.071 945	7.19%
2014 年 12 月 31 日	1 484 922	1.082 577	8.26%

资料来源：工商银行 2009—2014 年财务报表。

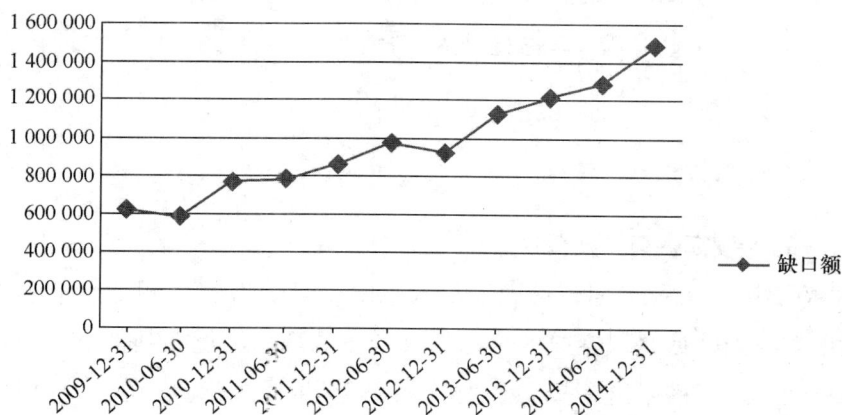

图 9 - 1　2009—2014 年工商银行各年缺口额

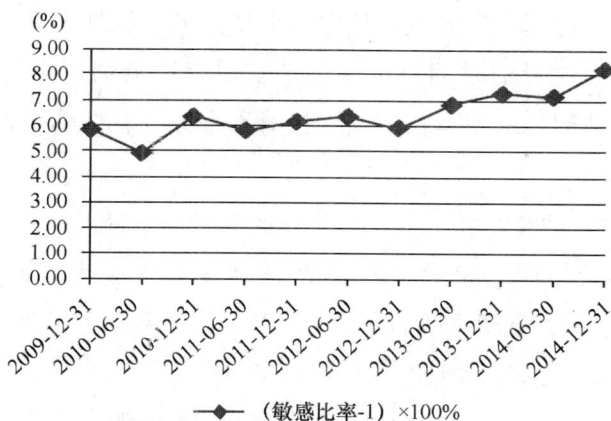

图 9 - 2　2009—2014 年工商银行利率敏感性比率

从利率敏感比率折线图（图 9 - 2）可以看出，敏感比率上升，说明缺口在不断向正方向扩张。到 2014 年年底，利率敏感比率值与理想值 1（即为理想状态下的零缺口）之间的差额达到最大，为 8.26%，接近 10%。由此可以确定，工商银行在缺口管理上采取的是主动型策略并且缺口方向为正。

案例二 商业银行资产负债利率风险管理实例
——持续期缺口方法

一、案例背景

（一）持续期缺口方法概述

"持续期"也称久期，是固定收入金融工具的所有预期现金流入量的加权平均时间，或是固定收入金融工具未来的现金流量在其价格变动基础上计算的平均时间。这一概念是麦考莱 1938 年通过衡量债权的平均到期期限研究债券时间结构时提出的。20 世纪 70 年代以后，随着西方各国商业银行利率风险的增大，持续期逐渐应用于所有固定收入的金融工具市场价格上，也应用于商业银行资产负债表管理中。持续期是以现金流量的相对现值为权数，计算出资产或负债中每次现金流量据到期日的加权平均时间，反映了现金流量的时间价值，也是单项资产负债或组合的利率敏感度，即资产负债的持续期越长，其价格对利率的敏感性越强，利率风险就越大。

当市场利率变动时，不仅各项利率敏感资产和负债的收益与支出会发生变化，利率不敏感的资产和负债的市场价值也会不断变化。持续期缺口管理是商业银行通过调整资产负债的期限与结构，采取对银行净值有利的持续期缺口策略，规避商业银行资产与负债的总体利率风险。

持续期缺口是商业银行资产持续期与负债持续期和负债资产系数乘积的差额，用公式表示为：

$$D_{\text{GAP}} = D_A - UD_L$$

式中，D_{GAP} 为持续期缺口；D_A 为资产持续期；U 为负债资产系数；D_L 为负债持续期，即总负债/总资产 $= \dfrac{P_L}{P_A}$

表 9-3 反映的是银行净值变动额、持续期缺口与市场利率变动三者之间的关系。由表 9-3 可以看出，当持续期缺口为正缺口时，银行净值随利率上

升而下降，随利率下降而上升；当持续期缺口为负缺口时，银行净值随市场利率上升而上升，随利率下降而下降；当持续期缺口为零缺口时，银行净值在利率变动时保持不变。

表 9 - 3　银行净值变动额、持续期缺口与市场利率变动之间的关系

持续期缺口	利率变动	资产现值变动	变动幅度	负债现值变动	股权市场价值变动
正缺口	上升	减少	>	减少	减少
正缺口	下降	增加	>	增加	增加
负缺口	上升	减少	<	减少	增加
负缺口	下降	增加	<	增加	减少
零缺口	上升	减少	=	减少	不变
零缺口	下降	增加	=	增加	不变

在利用持续期缺口管理技术管理利率风险的过程中，不仅可以运用持续期缺口技术有效地规避利率风险，而且可以在准确预计利率波动方向的情况下从中获得更大的收益。根据对待利率风险的态度不同，可以分为两种不同的管理策略，即零缺口管理策略和积极的缺口管理策略。

零缺口管理策略是指当企业对利率走势不能准确预测时，为了规避利率风险而使持续期缺口保持为零的状态，从而使企业处于利率风险"屏蔽"的状态，就是通常所说的"利率免疫"。在零缺口管理策略下，企业不会因为利率朝着有利于自己方向的运动而获得额外的收益，也不会因为利率朝着不利于自己方向的运动而遭受过大的损失。这是一种比较保守的策略，也被称为"保守的缺口管理策略"。

积极的缺口管理策略是指企业在能够准确地预测利率走势的情况下，有意识地把持续期缺口调整为非零状态，使企业在利率发生变动时能够获得最大限度的收益。在预期市场利率将上升时，则会将有关持续期缺口调整为负，使得有关指标的变化方向与利率变化方向一致；在预期市场利率将下降时，则将有关持续期缺口调整为正，使有关指标的变动方向与利率变动方向相反，

从而获取更多的收益。持续期缺口绝对值越大，获取的收益也就越多。但是，这种积极的缺口管理策略的成功是建立在对利率走势预测准确的基础上的，如果预测趋势错误，则可能为银行带来灾难性后果，因而商业银行采取这种策略是比较谨慎的。

（二）持续期缺口管理方法的局限性

持续期缺口管理方法同样面临准确预测利率的困难，与此同时，运用数学公式推导有一些必要的前提假设，而这些前提假设不可能与灵活多变的经济现实完全吻合。

用持续期缺口预测银行净值变动要求资产和负债利率与市场利率是同幅度变动的，而这一前提在现实中是不存在的。

商业银行某些资产和负债项目，如活期存款、储蓄期存款的持续期计算较为困难。

综上所述，持续期管理不可能十分准确地预测利率风险的程度。持续期缺口管理方法要求有大量的银行日常经营的实际数据，运作成本相对较高。所以，极度简化的商业银行资产负债表对持续期缺口管理方法的运用有着极大的帮助。为了验证持续期缺口管理方法的实际效果，下面将招商银行作为实例进行分析。

二、案例分析——以招商银行为例

招商银行是我国一家极具代表性的股份制商业银行，是我国第一家完全由企业法人持股的股份制商业银行，也是较早上市的商业银行之一。招商银行公司治理结构是比较健全的，资产负债表结构也较为合理，存贷款类的业务所占比率较低，债券在资产负债中所占比重较高，与模型中简化的资产负债结构较为接近。四大国有银行资产负债结构和典型的商业银行有较大差别，不适合这里简化的资产负债表，为此，我们选择招商银行作为实例。

利用招商银行某年的财务数据得到招商银行的资产负债表简表如表 9-4 所示。

表 9 - 4　招商银行资产负债表变量初始数值　　　单位：10 亿元

资产	价值	负债	价值
C	66	D	568
L	350	BS	21
GS	77	MB	3
MI	182	E	83

数据来源：招商银行网站。网易财经，http：//quotes. money. 163. com/f10/zcfzb_600036. html《招商银行资产负债表》，2015 年 6 月。

表 9 - 4 是一个极度简化的资产负债表，用于粗略计算。其中，C 表示现金，包括库存现金和存放在中央银行的款项；L 表示贷款，包括短期贷款和中长期贷款；D 表示存款，包括短期存款、短期储蓄存款、财政性存款、长期存款和长期储蓄存款；BS 表示金融债券，包括已发行存款证、已发行可转换公司债券、已发行次级定期债务和已发行其他定期债务；GS 表示政府债券，包括长期债券投资；MI 表示货币市场投资，包括拆放同业和金融性公司款项、短期投资、贴现及存放同业和金融性公司款项；MB 表示货币市场借款，包括票据融资及同业和金融性公司拆入款项；E 表示所有者权益，即资产和负债之差。

根据现金流、剩余期限和贴现率就能粗略计算资产负债各个项目持久期，进而计算出招商银行该年的资产负债持续期缺口。根据招商银行各个项目的平均利率得到表 9 - 5 的数据。

表 9 - 5　招商银行资产负债的平均利率

资 产	平均利率（%）	负 债	平均利率（%）
贷款	4.80	存款	1.48
政府债券	2.32	金融债券	4.64
货币市场投资	2.15	货币市场借款	2.12

表 9 - 6 和表 9 - 7 是招商银行资产与负债各个项目的剩余期限。

表9-6 招商银行资产的剩余期限   单位：百万元

期限\资产	不定期或实时	3个月内	3个月至1年	1—5年	5年以上
现金	3 899				
存放中央银行和同业	72 719	915	7 046		
贷款		121 985	204 031	67 524	61 538
拆放		19 370	1 873	1 320	146
投资	1 212	15 044	34 677	56 973	23 561
买入返售款项		21 836	2 278	160	
其他	744	800	902	4 199	5 616

表9-7 招商银行负债的剩余期限   单位：百万元

期限\负债	不定期或实时	3个月内	3个月至1年	1—5年	5年以上
存款	387 152	89 840	129 347	27 104	961
票据融资		68	40		
同业存放	23 336	4 581	2 214	9 142	400
同业拆入		263		161	
已发行存款证				1 211	
已发行可转债				5 864	
已发行定期债务				13 500	

为便于计算，我们将表9-6和表9-7中资产和负债项目的剩余期限作一个简化处理，把各个期限范围作平均处理，再计算出每个项目的平均剩余期限。

根据贴现函数就可以计算出即期利率，将上述资产负债表项目的利率和期限以及得到的不同期限的即期利率，代入持续期的计算公式求出持续期，进而得到招商银行资产负债各个项目的持续期值即表9-8的数据。

表 9 - 8　招商银行资产负债各个项目的持续期值

资　　产	持续期	负　　债	持续期
现金	0	存款	1.05
存放中央银行和同业	0.20	票据融资	0.25
贷款	2.15	同业存放	0.15
拆放	0.16	同业拆入	0.24
投资	3.20	已发行存款证	3.00
买入返售款项	0.15	已发行可转债	2.85
其他	4.20	已发行定期债务	3.15
资产加权久期	2.02	负债加权久期	1.06

由表 9 - 8 可见，计算出的资产组合加权久期为 2.02 年，负债组合的加权久期为 1.06 年。由此，可以得到净值的持续期，即招商银行持续期缺口的计算公式为：

$$D_E = 1.09\text{（年）}$$

由计算公式可以看出，招商银行的持续期缺口为正，市场利率的任何变动都会对招商银行的资产和负债产生不同的影响，进而引起权益价值的变化。市场利率上升后，使得招商银行的净资产下降，为了消除这一后果，商业银行管理者可以通过调整银行资产负债结构缩减资产的加权平均持续期或增加负债的加权平均持续期，使资产负债的持续期缺口变小，从而降低利率风险。我们构建的持续期利率风险管理方法正是基于这种思想减小持续期缺口，从而规避利率风险。

持续期缺口管理方法也是衡量利率风险的一种先进工具，相对于利率敏感性缺口模型，持续期缺口更为准确地度量了利率变动对银行资产净值的影响。随着计算机技术的广泛应用，基于持续期缺口模型的利率风险管理技术也将越来越具有可操作性，逐渐成为商业银行利率风险管理不可缺少的工具之一。基于持续期的利率风险管理模型考虑的是银行净值，较为全面地考虑了银行资产负债价值的变动，很适合对上市银行的利率风险进行管理。

持续期作为一种先进的风险管理方法，基于它的免疫管理技术是值得我国银行业学习和采用的。如我国商业银行可运用持续期模型对资产负债结构进行合理的匹配，以防止发生各期未来现金流量出现相互错配的问题，确保商业银行权益价值的稳定和经营目标的实现；再者，可以利用资产和负债的持续期数值进行经营决策，实现收益与成本的统一。目前，我国债券市场有足够的容量来满足商业银行调整持续期缺口所需要的债券，这也为持续期模型在我国银行利率风险管理中的应用创造了条件。为此，商业银行必须持有一定比例的不同期限的债券，以便银行用来调整持续期缺口。

案例三　国内外商业银行资产负债管理策略的比较

一、案例背景

资产负债管理是一种全方位的管理，即为了达到银行已确定的经营目标，对银行的各种业务进行协调管理。商业银行资产负债管理的实质在于对银行资产负债表中各种账户，包括各种资产、负债以及资本的资金水平变化和相互之间的组合进行规划、支配和控制。本案例以工、农、中、建四大行为例，分析我国商业银行目前资产负债管理中存在的问题。

（一）资产负债组合结构有待优化

我国商业银行现行的资产负债管理来源于信贷资金管理，虽然在内容上有所扩充，但仍主要围绕贷款、存款和票据等业务，资产负债组合管理尚未真正启动，由此造成银行资产负债组合结构存在问题。

1. 负债被动增长，结构相对单一

从负债结构看，存款一直以来都是我国商业银行负债的主要来源（见图 9-3）。近年来，尽管理财产品的快速增长对银行传统存款的分流作用明显，同业融入、结构性存款等主动性负债占比逐步提高，但工、农、中、建四大行剔除结构性存款后的各项存款在负债中占比仍在 80% 左右，主动负债占比相对较低。以居民储蓄和企业定期存款为主的负债稳定性较好，为银行提供了充足的流动性，但同时也使负债业务具有明显的被动性，资产配置在一定程度上受限于负债来源，大型银行的这种特征尤为明显。为增强负债业务的敏感性和主动性，主动负债管理将成为市场化条件下商业银行经营的重点。

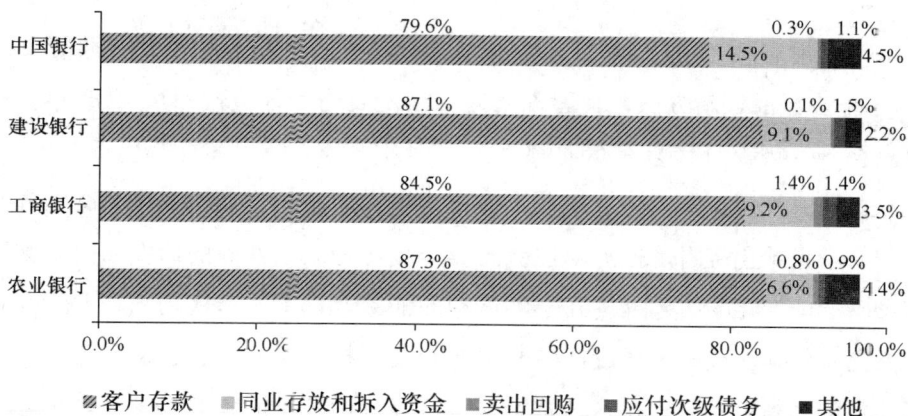

图 9－3　2011 年我国商业银行负债结构

资料来源：四大商业银行 2011 年年报。"客户存款"包括结构性存款和协议存款。

2. 期限错配加剧流动性风险

随着存款竞争升级及理财产品的井喷式增长，客户存款在各家银行之间游走逐利。2011 年，四大行 3 个月以内存款占比达到 72%，而 1 年以上贷款占比达到 57%，银行流动性风险依然存在（见图 9－4）。

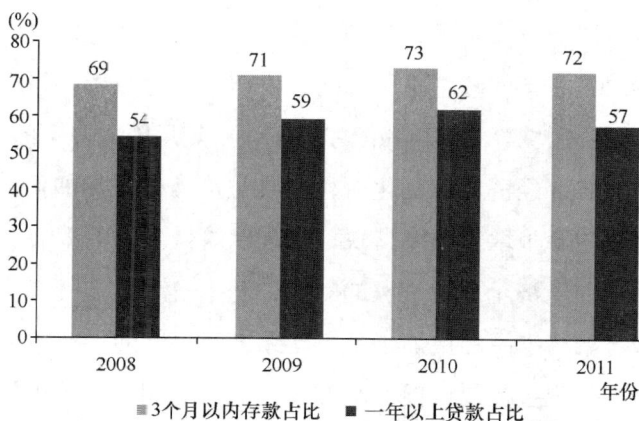

图 9－4　2008—2011 年四大行存贷款结构（按剩余期限）

资料来源：根据各银行年报数据整理。

3. 非信贷业务拓展空间受限

目前金融市场存在发育程度不高、产品品种有限和流动性较低等问题，对商业银行发展非信贷业务提出了挑战。从债券市场结构来看，截至 2012 年 7 月底，政府债券占 32%，金融债占 35%，企业债占 7%，公司债仅占 1.7%。在产品创新方面，我国资产证券化发展仍十分缓慢，从 2008 年首次试点至今，规模总计只有 667.83 亿元，其中 8 家银行共筹集资金 541.39 亿元，这样的规模在国内债券市场上微不足道；产品的流动性很低，真正意义上的资产证券化应当是把流动性差的资产转化为流动性好的债券，但我国信托型资产证券化的结果是用几乎不流动的证券取代了并不流动的资产，并没有真正有效地实现跨市场成规模的"流动"目标，这就造成了资产证券化对投资者的吸引力有限。在这种背景下，商业银行参与证券化的积极性也受到影响。在企业债券方面，近年来企业债券市场发展迅速，但高收益的中小企业债券的发行仍需政策支持。

此外，现行的资产负债管理对于日益丰富的中间业务和表外业务等虽有涉及，但重视程度不够，而这恰是我国商业银行今后发展的关键。

（二）资产负债管理方法和工具落后

我国商业银行现行的资产负债管理主要是通过一系列事前确定的比例关系实施管理，它是一种对历史的管理，不能用于未来的策略选择，是一种静态时点的管理，资产负债管理方法和工具相对滞后。其一，现行资产负债管理多为资金约束下简单的数量平衡，缺乏科学的定量分析，如资产负债的数量、结构、期限和区域等应如何匹配才能实现一定风险水平下的收益最大化，临界点为多少，外部经济环境变化对风险收益均衡的影响如何。其二，现行资产负债管理仍主要采取净利差、缺口和久期等低水平的静态管理策略，缺乏动态管理。随着经济全球化进程的加快，利率、汇率和资产价格日益频繁地波动，以及金融衍生品的愈加丰富，国际主流银行的资产负债管理已逐渐向动态策略转变，现金流量匹配、动态偿付能力监测、随机规划资产负债管理模型、随机控制资产负债管理模型以及动态财务分析模型等成为主要的管理工具。

二、案例分析及其启示

从以上案例可以看到西方商业银行资产负债管理转型的经验与教训。当前，我国利率市场化改革的情况与西方国家20世纪七八十年代的情况非常相似，存款管制利率和市场化利率水平之间有差距，从而导致了资金扭曲。目前美国等西方国家商业银行资产负债管理新的思想和理念不断涌现，量化工具和模型在国外银行和监管机构广泛使用；越来越多的国际大银行开始将资产负债管理的计量、评估和控制纳入资产负债管理决策模型体系，以协调不同经营风险，并进行前瞻性战略规划，实现模型科学性和实用性的统一。现以美国为例，通过分析西方商业银行资产负债管理转型的经验与教训，研究其对国内商业银行加强资产负债管理实践的指导和借鉴。

（一）负债业务发展概况

20世纪70年代，美国商业银行的市场化利率不断攀升，联邦基金年均利率从5.02%一路上升到13.27%，当存在最高存款利率的限制情况下，银行平均存款利率仅由2.39%升到6.92%，市场利率的变化远远大于有限制的利率变化。随之而来的是，各家商业银行的传统存款持续下降，在负债中的占比不断跌落。自20世纪70年代末以来，美国的利率市场化进程不断推进，美国银行业为保障流动性而使用的各种揽储手段主要有以下两种：

第一，高利率。美国政府放开了对利率的限制，存款成为各家银行的争夺重点，商业银行高息揽储成为常态，银行存款利率比市场利率更有调整的空间。据美联邦存款保险公司（FDIC）公布的数据，20世纪80年代至今，美国商业银行存款占负债比重下滑的态势有所缓解，在很大程度上起到了稳定存款的作用，减少了流动性风险。

第二，负债结构调整。商业银行应对流动性压力的法宝是调整负债结构。首先是增加主动负债占比。按照传统理论，低成本资金是银行负债的主要组成部分，融资性负债因为成本偏高的原因在负债中占比较低。90年代初到21世纪初期，美国商业银行核心存款占总资产的比重由59%下降到47%，而次级票据、信用债券等在内的主动负债、可转让定期存单（CDs）等相当于资产的比率则由30%提高到36%。以主动负债为主，乃至以短期主动负债为主的负债结构，使得存款在美国商业银行负债结构中的地位不断下降，这种负债结构也是次贷危机的诱因之一。其次是调整居民存款期限结构。根据 FDIC 公布的数据，居民存款期限结构由于利率市场化改革而产生重大影响，储蓄存款占比不断升高（1980 年为 16.9%，7 年后上升至 41%），存款具有的稳定性使流动性风险有所下降，虽然储蓄存款占比上升会提升资金成本，但是从商业银行的角度看是利好的影响。

（二）资产业务发展概况

在初期的利率市场化过程中，欧美银行业的存款利率上浮较快，贷款利率上浮较慢，资金成本提高，然而资产结构却难以调节，依靠利差获利的经营模式出现困难。然而，分析整体利率市场化数据会发现，一方面存贷利差在不断收窄，另一方面净息差增长稳定。一旦出现这种局面，美国商业银行主要有两种应对手段：

第一，高风险偏好。为应对利差收窄的局面，美国各银行开始青睐高息贷款。其结果为，信用良好的大客户们因为贷款利率提高转而开始使用其他融资方式，因此银行被迫提高风险偏好，开发新的贷款客户。1979—1990 年，美国商业银行房地产贷款占比由 26.1% 上升至 39.8%，不断上升的贷款也使资产的质量有所下降，短期存款与长期房地产贷款期限不相匹配，提高了利率风险，此次利率风险直接爆发了次贷危机。

第二，高息资产占比上升。随着利率市场化的逐步推进，贷款在美国各家银行资产中的比重不断上升，由 1970 年的 51.2% 上升到 1990 年的 60.6%；生息资产在资产中的比重也不断提高，由 1970 年的 80% 上升到 1990 年的 87%。然而，当前我国商业银行资产结构一直比较简单，生息资产在国有商业银行资产中占比接近 98%。

（三）金融产品创新

20 世纪 70 年代起，利率市场化改革持续深化，国外的商业银行既要将资产负债结构保持在合理范围，又必须探寻传统资产负债业务之外的利润来源。随着期权期货市场、资本市场、外汇市场的繁荣，欧美主流银行恰到好处地开展了表外业务和存贷款服务等方面的业务创新，主要包括以金融期货、期权、利率互换、货币互换和远期利率协议等为主的金融衍生品交易；为客户提供贷款承诺、备用信用证等服务。这些新业务提高了传统银行的利息收入和新型的中间业务收入。

(四) 资产负债组合管理

自 20 世纪 70 年代末起,商业银行利率持续波动的主要原因是利率市场化和通货膨胀,银行融资成本起伏非常大,高利率存款产品不断涌现导致融资成本飙升。因此,单纯依靠负债管理或资产管理均无法达到"营利性、流动性和安全性"的协调统一。所以,资产负债组合管理方法被西方主流商业银行广泛运用,负债管理和资产管理两个方面都把流动性作为管理目标,通过不断地调整资产负债结构,以达到总量适当、结构合理。20 世纪 90 年代起,"资本约束"成为资产负债组合管理的核心,而资产负债组合管理也成为银行业的价值标杆,从而引发全面风险管理理论与实践的重大变革。

参 考 文 献

[1]董晓亮.我国商业银行利率风险管理研究[D].硕士学位论文.重庆大学,2010.

[2]范海英,聂廷晋.利率市场化进程中商业银行利率风险管理探讨[J].商业时代,2012(15).

[3]刘刚.利率市场化与商业银行的利率风险管理[J].科技情报开发与经济,2006(10).

[4]吕德蓉,赵红.对商业银行资产负债综合管理方法的简要论述[J].中小企业管理与科技,2010(08).

[5]王浩.利率市场化下我国商业银行资产负债管理研究[D].硕士学位论文.东北财经大学,2006.

[6]王晓芳,卢小兵.利率市场化进程中的商业银行利率风险管理[J].金融理论与实践,2005(12).

[7]张艳春.利率市场化进程中银行资产负债管理效率研究——以民营上市银行为例[D].硕士学位论文.成都理工大学,2009.

[8]张乐,姚兵.试论我国商业银行利率敏感性缺口管理[J].金融财经,2008(12).

第十章　商业银行风险管理与监管

引　言

商业银行风险是指银行在其经营活动过程中，由于受事先无法预料的不确定因素的影响，使银行遭受损失的可能性。商业银行在经营过程中面临的主要风险有信用风险、市场风险、操作风险、流动性风险和声誉风险等。商业银行是高风险的行业，这一特点从一系列商业银行倒闭案及风险事件中得到了充分的体现。为此，自 20 世纪 70 年代中期以来，商业银行经营过程中的风险防范、控制与化解已成为理论界和业界所关注的一个重要问题。

本章选取 20 世纪 90 年代以来国内外发生的几个主要案例并进行分析，以期对商业银行的风险状况及出险点有一个总括性的认识。从中我们可以发现，以盈利最大化为经营目标的商业银行在其经营过程中重规模扩张、轻风险管理、轻内部控制的现象是较为普遍的，这就需要从商业银行内部控制和外部监管两个层面加强商业银行风险的防控，最终实现商业银行经营目标的"三性"统一。

案例一　基于巴林银行倒闭案的思考

一、案例背景

（一）巴林银行简介

1763 年，弗朗西斯·巴林爵士在伦敦创建了巴林银行，由于经营灵活变通、富于创新，巴林银行很快就在国际金融领域获得了巨大的成功。1803 年，刚刚诞生的美国从法国手中购买南部的路易斯安那州时，所用资金就出自巴林银行。1886 年，巴林银行发行"吉尼士"证券，购买者手持申请表如潮水一样涌进银行，后来不得不动用警力维持秩序，很多人排队几个小时后，买下少量股票，待第二天抛出时，股票价格已上涨了一倍。20 世纪初，巴林银行荣幸地获得了一位特殊的客户：英国王室，从此便奠定了巴林银行显赫地位的基础。20 世纪初，巴林银行进一步拓展公司财务业务，获利甚丰。1939 年 7 月 10 日尼克·理森正式到巴林银行工作。90 年代，巴林银行开始向海外发展，在新兴市场开展广泛的投资活动。1992 年，巴林总部派尼克·里森到新加坡分行成立期货与期权交易部门，并出任总经理。1994 年，巴林银行先后在中国、印度、巴基斯坦及南非等地开设办事处，业务网点遍布亚洲及拉美新兴国家和地区。1993 年年底，巴林银行的资产总额已达到 59 亿英镑，1994 年税前利润高达 15 亿美元，其核心资本在全球 1 000 家大银行中排名第 489 位。

（二）巴林银行的倒闭

巴林银行在欧洲乃至全球金融界有着巨大的影响力，辉煌的经营业绩令其他金融机构望其项背，谁也未曾预料到它会毁在一个叫尼克·理森的普通证券交易员手里。尼克·理森 1989 年加盟巴林银行，1992 年被派往新加坡，成为巴林银行新加坡期货公司总经理。而尼克·理森搞垮巴林银行的事发地也正是在新加坡。理森是巴林银行新加坡分行负责人，年仅 28 岁，在未经授权的情况下，他以银行的名义认购了总价 70 亿美元的日本股票指数期货，并以买空的做法在日本期货市场买进了价值 200 亿美元的短期利率债券。如果这几笔交易成功，理森将会从中获得巨大的收益，但阪神地震后，日本债券市场一直下跌。据不完全统计，巴林银行因此而损失 10 多亿美元。这一数字已经超过了该行现有的 8.6 亿美元的总价值，资不抵债，因此巴林银行不得不宣布倒闭。1995 年 2 月 27 日，英国中央银行宣布，英国商业投资银行——巴林银行因经营失误而倒闭。消息传出，立即在亚洲、欧洲和美洲地区的金融界引起一连串强烈的波动。东京股市英镑对马克的汇率跌至近两年最低点，伦敦股市也出现暴跌，纽约道·琼斯指数下降了 29 个百分点。这家有着 233 年历史，在英国曾发挥过重要作用的银行换了新主。同年 3 月 2 日，警方将理森拘捕。

（三）巴林银行倒闭的原因

一个职员竟能短期内毁灭一家老牌银行，究其各种复杂原因，其中，不恰当的利用期货"杠杆效应"，并知错不改，以赌博的方式对待期货，是造成这一"奇迹"的关键。而银行内部职员的巨大错误没能引起银行高层的注意和及时阻止，不禁让人们怀疑银行内部经营管理的有效性。多种诱因共同作用，导致巴林银行走向灭亡。

1. 经营管理不善，缺乏风险防范机制

在新加坡分行，理森同时兼任交易与清算部门的工作，说明巴林银行内部管理极不严谨，内部控制薄弱，对交易员缺乏有效的监督和管理。同时，巴林银行也没有风险控制检验机构对其交易进行审计。巴林银行伦敦总部管理层明知道理森在日本神户大地震后仍在增加仓位，却继续在 1995 年 1 月至 2 月间将 10 多亿美元资金调拨给新加坡分行，充分说明巴林银行风险意识薄弱。巴林银行设立新加坡分行，在组织形式上也欠周详考虑，如果注册为全资子公司而不是分公司，也就不会招致巴林银行全军覆没的后果。

2. 从业人员过度从事投机交易，法律意识淡薄

理森作为巴林银行新加坡分行的负责人，利用手中的权力，滥用错误账户，为自己过度从事投机交易做掩饰，他把自己失败的交易记入其中，用以掩盖损失，该账户的损失由 2 000 万、3 000 万英镑，到 1994 年 7 月已达 5 000 万英镑。理森滥用职权，忽视法律规范，随意调拨资金，对巴林银行造成无法挽回的损失。理森最初对股市判断失误，随后资金被市场所牵制，铤而走险投入大量资金，妄想挽回损失，但"事情往往朝着更坏的方向发展"，缺乏法律意识而任由个人主观从事期货交易，从而个人失误造成了整个银行的倒闭。

3. 权力集中，缺少制约

理森作为总经理，他除了负责交易外，还集以下四种权力于一身：监督行政财务管理人员；签发支票；负责把关新加坡国际货币交易所交易活动的对账调节；负责把关与银行的对账调节。他身兼数职于一身，权力过于集中，在缺少制约的情况下，极易出现权力滥用、知法犯法，以侥幸的心理进行过

度投机就是典型表现，这种情况因没有得到银行高层的重视和及时制止，所以理森犯的错误越来越大。

4. 奖金结构忽视企业风险系数，二者比例失当

奖金与基本年薪的比例失衡且忽视对风险的考虑，就会使员工为获得高额奖金不恰当地增加公司的风险。贪婪，是每个人的自私本性，为了追求高额的利润，以获得高比例的奖金，是管理层制定奖金构成的一个严重的错误。当时理森的年薪为 5 万英镑，年终奖金则将近 10 万英镑，年终奖与个人的绩效直接挂钩，为提高个人绩效就会促使他以不正当的手段达到自己的目的，不惜损害银行利益。

5. 监管部门监督管理不力，缺少严格的审核

新加坡国际金融交易所、新加坡金融监管当局和英国金融监管当局都负有不可推卸的责任，存在监管漏洞，未尽到监管的职责。巴林银行新加坡分行所持的未平仓期货合约占整个市场未平仓合约总数的 1/3，单一的经济行为占有如此大的市场比重，新加坡交易所也没有采取措施制止，没有对相关交易人员进行严格的资格审查，没有及时制止交易人员的不当行为，明显存在监管纰漏，因此给了投机者乘虚而入的机会，造成巴林银行倒闭的悲剧。

二、案例分析及其启示

与发达国家相比较，我国的金融市场还显得非常稚嫩，其金融衍生品虽刚刚起步，但发展却极快，需要通过不断的实践才能趋于成熟完善。我们既要借鉴发达国家成熟金融市场的成功经验，又要从他人失败的案例中汲取教训，使我国金融证券市场朝着健康有序的方向发展。

（一）加强金融机构内部管理，规范经营运作

分工负责、互相配合、互相制约是保证金融机构规范经营和高效运作的前提条件。分工负责有利于提高工作效率，防止主观片面，减少因个人滥用权力而造成的损失；互相配合可以使各部门互通情况，通力协作；互相制约能够及时发现和纠正内部人员的工作失误，防止损失的扩大，维护金融机构的利益。具体而言就是，机构内的高层管理人员的权力应受到制约，杜绝权

力滥用，前台交易人员与后台清算人员职权必须严格分开，防止职权混淆的现象，加强管理层与员工的沟通，管理层应集思广益，员工要积极反馈工作信息，强化人事管理，加强员工培训，提高人员业务素质和法律意识，严格遵守行业法律法规。

（二）加强对金融衍生交易的监控，防范违规操作

金融衍生工具的不断创新与发展是适应市场的客观需要而产生的。随着我国金融市场朝着国际化、现代化的方向发展，必然要求引进并开发金融衍生产品，随之而来的是，如果监管控制不到位，则会形成巨大的风险。我国曾出现过的两大由金融衍生工具导致巨额经营损失甚至是破产倒闭的事件，为我们提供了警醒：一是 1997 年的"株冶"事件，"株冶"在伦敦金融交易所锌期货交易中就是因交易员越权违规操作，事后又极力隐瞒事实，最终一发不可收拾而酿成了 14.6 亿元人民币的巨额损失；二是 2005 年 12 月的中航油事件，同样在新加坡爆发了中国版巴林事件——中国航油（新加坡）股份有限公司因从事石油投机即石油衍生产品交易，造成了 5.5 亿美元的巨额亏损，直接导致了净资产仅有 1.45 亿美元的中航油（新加坡）的破产。无数的事实表明，在高风险的衍生品市场上，缺乏有效的内控机制将会使一家辛辛苦苦经营多年的企业在几天甚至几分钟内全部赔光，其损失是难以估计的。所以，监管部门必须严格监控交易行为，查处违规操作，加大惩罚力度。

（三）加强对跨国银行的外部监管，营造良好的国际金融环境

随着我国金融开放程度进一步提高，尤其是在我国加入世界贸易组织（WTO）后，外资银行不断涌入，这要求我国应具有完善的跨国银行监管手段，以防范银行经营国际化所带来的风险。在市场准入方面，在不违背"国民待遇"原则的基础上，我国可禁止国家监管能力不足的银行进入我国市场，在对外资银行监管方面，以我国监管为主。在制定有关外资银行监管的法律法规时应考虑与国家监管当局分享信息，为监管合作营造良好的法律环境，实现全球统一监管；在审批外资银行时，应依据申请银行的综合情况，向国家监管机构进行详细、全面的征询和调查。建立和完善对外资银行进行监管的相关机制，要在《中华人民共和国外资金融机构管理条例》的基础上，对外资银行逐步实现监管的定量化和操作程序化，建立和完善外资银行的自律

机构；还应加快对监管外资银行人员的培训，逐步提高监管水平。与国际组织和其他国家共同努力，营造良好的国际金融环境，防范国际风险，促进国际金融市场的繁荣。

案例二　海南发展银行倒闭案

一、案例背景

（一）海南发展银行的产生与发展

海南发展银行成立于1995年8月18日，是海南省唯一一家具有独立法人地位的股份制商业银行，其总行设在海南省海口市，并在其他省市设有少量分支机构，注册资本为16.77亿元人民币（其中外币折合人民币3 000万元）。它最先是合并了原海南省5家信托投资公司，分别是海南省富南国际信托投资公司、蜀兴信托投资公司、海口浙琼信托投资公司、海口华夏金融公司和三亚吉亚信托投资公司，又吸收了40多家新股东，其中海南省政府以出资3.2亿元成为其最大股东，也是控股股东，除此还包括中国北方工业总公司、中国远洋运输集团公司、北京首都国际机场等在内的43个股东。为拓展海南发展银行的金融业务，银行曾于1996年在广州和1998年5月在深圳设立过两家分行。

海南发展银行在成立之初是举步维艰的，大量高成本资金被积压在房地产上，资金流动性不足，财务状况恶化，债务压力极大，资产负债比例畸形，不被业内人士看好。在如此困境下，海南发展银行还是走出低谷，一度成为当地银行业的后起之秀。海南发展银行当时的大部分员工都是从全国各地招聘而来的金融业界的精英，其中一些人在金融界有着很好的人脉关系，较为灵活的运作机制也最大限度地激发了员工的工作热情。靠着相关部门的支持和自身的努力，海南发展银行度过了最初的困难时期后，实现了良性运行，获得了暂时的辉煌：截至1996年年底，全行资本营运规模便达到86亿元，比开业时增长了94.3%，几乎翻了一倍；各项存款比开业时增长了152%，贷款比开业时增长了97.8%，成为海南省内存款最多

的银行；偿还了 59% 的历史债务，全年实际利润 1.25 亿元。按照这个发展
势头，海南发展银行应该很快就能走上健康发展的轨道，然而，这种辉煌
的业绩并没能维持下去。

（二）海南发展银行的倒闭

1. 倒闭背景

自海南省被设立为经济特区后，岛内经济快速发展，房地产业大规模扩
张，同时伴生了许多金融机构。房地产的发展没有得到政府的有效监控，逐
渐出现了泡沫。20 世纪 90 年代中后期，房地产业泡沫开始崩溃，房地产业走
向衰落。海南省的银行类金融机构数目很大，在激烈的市场竞争中，各个信
用社都纷纷采取了高息揽储的方式。后来，随着房地产泡沫的破灭，许多信
用社都出现了大量的不良资产，而对储户承诺的高利息也加剧了这些信用社
的经营困境。

1997 年 12 月 16 日，中国人民银行宣布，关闭海南省 5 家已经实质破产
的信用社，其债权债务关系由海南发展银行托管，其余 29 家海南省境内的信
用社，有 28 家被并入海南发展银行。兼并信用社这一举动被认为是海南发展
银行走向末路的导火索。

2. 倒闭过程

海南发展银行在兼并信用社后宣布只保证给付原信用社储户本金及合法
的利息，这表示原信用社储户本能拿到 20% 以上的利息而现在只能拿到 7%
的利息，由于利息的突然减少，许多储户纷纷将本金和利息取走转存其他银
行，表示不再信任海南发展银行。这种情况在 1998 年春节过后更加严峻，取
款现象在海南发展银行的客户中引起恐慌，海南发展银行各营业网点开始排
队取钱，发生了大规模的挤兑。超常的兑付压力，使海南发展银行的其他业
务已经基本无法正常进行，应对储户挤提存款几乎成为海南发展银行这段时
间的全部活动。随着挤兑风潮的加剧，海南发展银行自身的违规经营问题也
浮现出来，其中最严重的问题，莫过于向股东发放大量无合法担保的贷款，
而此时房地产泡沫破灭，海南发展银行账内不少的贷款难以收回。这种"内
忧外患"使海南发展银行只能依靠中国人民银行的再贷款艰难度日。1998 年
3 月 22 日，中国人民银行在陆续为海南发展银行提供了 40 亿元的再贷款后，

决定不再给予资金支持。此时，海南发展银行已经无法清偿债务。

1998年6月21日，中国人民银行发出公告：由于海南发展银行不能及时清偿到期债务，根据《中华人民共和国人民银行法》《中华人民共和国公司法》和中国人民银行《金融机构管理条例》，中国人民银行决定关闭海南发展银行，停止其一切业务活动，由中国人民银行依法组织成立清算组，对海南发展银行进行关闭清算。

（三）海南发展银行倒闭的原因

海南发展银行从产生到关闭，是诸多问题共同作用的结果。这其中既有内因也有外因，金融机构的内部运作缺乏规范性和透明度，储户因此而缺乏安全感和对银行的信任，所以引发了大规模的挤兑；海南发展银行成立之初内部资金流动性不足，大量资金积压在房地产上，房地产泡沫为银行的发展埋下隐患；经营管理不善导致不良贷款数额巨大，造成支付困难等都加速了海南发展银行的灭亡之路。

1. 银行资产结构不合理，资金流动性不足

海南发展银行最先是由原海南省5家信托投资公司合并而成的，合并之前这些信托公司本身就存在着问题，大量资金积压在房地产上，出现了经营困难的情况。为挽救这些有问题的金融机构，海南省政府决定注资作为大股东，从而成立海南发展银行。据统计，合并时这5家机构的坏账损失总额已达26亿元，即海南发展银行成立之初就背负了大量的坏账损失。1997年12月，海南发展银行又兼并了海南省内28家有问题的信用社，从而进一步加大了其不良资产的比例。海南发展银行吸收合并的金融机构，大都是大量高成本资金被积压在房地产上，资金流动性不足，财务状况恶化，债务压力极大，导致资产负债比例畸形。海南发展银行兼并28家信用社后，短时间内无法从本质上改善资金情况，引导资金健康发展，又处于建行之初，银行本身根基不稳，不良资产不仅不能得到改善，反而恶性循环，坏账数额继续增加，这对于银行的发展是致命一击。

2. 银行内部经营管理不善，缺少规范的贷款审批制度

海南发展银行成立之初，为了急于扩展业务和盘活资金，招揽股东和客户，没有按照规范的商业银行机制进行运作，而是进行违法违规的经营。最

突出的就是未经过严格的贷款审批，就向股东发放大量无合法担保的贷款，贷款用途根本不明确，管理者对此未提出异议就将贷款发放。这种经营管理上的漏洞，恰好给了股东利用贷款抽逃资本金，或者将贷款用于归还入股的临时拆借资金的可乘之机。有关资料显示，海南发展银行成立时的 16.77 亿元注册资本在建立之初，甚至在筹建阶段就已经以股东贷款的名义流回股东手里，这已经违反了《公司法》的规定。海南发展银行是在 1994 年 12 月 8 日经中央银行批准筹建，并于 1995 年 8 月 18 日正式开业的。但仅在 1995 年 5—9 月就已经发放贷款 10.6 亿元，其中股东贷款 9.2 亿元，占贷款总额的 86.71%。因为经营管理上的懈怠，不能按照规范的贷款审批制度发放贷款，使得海南发展银行在经营发展过程中背负了大量的不良贷款，这种不负责任的行为显然对海南发展银行的健康发展埋下隐患。

3. 金融市场发展秩序混乱，银行体制遭到破坏

20 世纪 90 年代中后期，尤其是海南省被确立为经济特区后，经济快速发展，最显著的特征就是金融机构如雨后春笋般纷纷建立，海南人曾骄傲地说，海口银行的密度在全国最大，银行的数量多过了米铺。金融机构数量的激增，超过了市场的需求，就引发了恶性竞争，许多银行和信用社采取高息揽储的方式吸引存款，有的年利率高达 25%，是当年中央银行制定的存款利率的 3 倍还多，也直接造成了多数城市信用社高进低出、食储不化的结果，只有靠新的高息存款支付到期的存款，然后再吸入高息存款，"拆东墙，补西墙"，导致了严重违背商业规律的恶性循环。最终，海南发展银行资不抵债、入不敷出，无法兑付到期存款，金融体制遭到破坏并且严重影响社会安定。海南发展银行正是在这种秩序混乱的金融市场环境中诞生，后又兼并信用社，这些信用社无一例外地都存在上述通病，兼并后海南发展银行深受其害，为应对高息存款而发生了挤兑，成为其走向末路的导火索。

4. 法律制度缺位，银行清算困难

海南发展银行在 1998 年 6 月被宣布关闭后，其后续的清算管理还遗留下许多问题，最主要的问题是没有明确的金融机构破产法律法规，虽然中国人民银行法、公司法和金融机构管理规定等法规赋予了中央银行关闭金融机构的权力以及关闭后由监管机构依法进行清算的原则，但对具体的关闭清算工

作，如清算组的组成、职责、权限，与主管部门和债权人的关系以及债务清偿原则等问题，并没有做出系统和明确的规定。而且，在全面规范我国商业银行行为的《中华人民共和国商业银行法》中，只有关于金融机构退市、解散、破产等制度的原则性条款，并没有更为细致的规定。法律规则的缺位，使得清算工作难以顺利推进，海南发展银行倒闭的后续之路困难重重。

二、案例分析及其启示

（一）提高金融机构运作的规范性，完善存款保险制度

海南发展银行关闭的直接原因是储户因为恐慌引起"挤兑"所造成的。引起储户恐慌情绪的是他们缺乏了解银行信息的渠道，从而导致内心缺乏安全感。为了提高银行的信誉和储户的信任度，金融机构应当不断提高运作的规范性和透明度，使公众能够充分了解风险收益的特征；为了挽救储户的信心，建立和完善存款保险制度是有效的手段，既可以提高金融体系的稳定性，保护存款人的利益，也可以促进银行业适度竞争，而且符合我国金融改革发展的要求。我国自 2015 年 5 月 1 日起正式实施《存款保险条例》，存款保险制度正式出台，但现阶段这项制度的实施还不成熟，因此，完善存款保险制度是当前金融改革发展的任务之一。

（二）完善金融机构经营管理，加强"一行三会"的监管力度

海南发展银行内部经营管理混乱，不严格履行贷款审批制度，使得自身背负了大量不良资产，当然这与监管部门未能履行好监督职责也有一定的关系。所以，金融机构必须完善自身的经营管理，提高管理者的素质，加强管理者的风险防范意识和法律意识，强化对金融从业者的业务培训，增加对违规操作的惩罚力度。完善金融稳定协调机制，必须发挥"一行三会"的监管合力，建立宏观审慎的理念，加强金融宏观政策与微观监管的协调，完善银行业审慎监管标准，坚持行之有效的监管实践，提升我国银行业稳健经营的标准，构建一整套维护银行体系长期稳健运行的审慎监管制度。

（三）维护金融市场秩序，提高金融机构设立要求

海南发展银行成立和发展的时期正值海南省金融市场秩序混乱的时期，在短时间内纷纷建立起来的数量巨大的金融机构，采用高息揽储的方式陷入

了恶性竞争的泥潭，最终被海南发展银行兼并，其不良效应也带进了海南发展银行。金融机构的有序发展依赖于健康的金融市场环境，要维护金融市场秩序，引导金融机构朝着规范有序的方向发展，同时要提高金融机构的设立要求，保证金融机构具有抵抗风险的能力，形成金融机构之间良好的竞争关系，实现共赢。

（四）建立健全金融机构退出制度，深化金融改革

海南发展银行在被宣布关闭后，其清算工作的开展并不顺利，主要源于当时我国金融机构的退出制度尚未建立，这在客观上阻碍了中国金融改革深化的步伐。市场化破产机制的缺位，使金融运行的规范化、程序化和市场化都难以完全建立起来。我国应制定"金融机构破产规则"，以解决金融机构破产清算中遇到的实际问题，如重点规范金融机构破产申请的条件，明确破产财产清偿顺序及金融机构被宣告破产前救助资金的优先清偿等；同时，建立问题金融机构市场退出的风险补偿和风险分散机制，以减少股东损失。继续推进和深化金融改革，构建良好稳健的金融体制，促进我国金融事业的健康发展。

案例三   由操作风险导致的信用风险与流动性风险
——以华夏银行案为例

一、案例背景

（一）案例发生的经过

德隆系 2004 年 4 月 18 日开始全线崩盘。当时，其灵魂人物唐万新辗转京沪等地，一方面企图将德隆整体打包转让给国际巨头，另一方面希望得到政府的支持，但是德隆系"老三股"全线下跌，打碎了唐万新的美梦。国际巨头走了，国内的债权人甚至绝食逼债。

上海万浦精细设备经销有限公司（下称"上海万浦"）是德隆系当年专门用于融资的壳公司。2004 年 3 月 22 日，上海万浦在华夏银行有一笔 1 250 万元的贷款到期，此时国内银行基本已停止了对德隆系的贷款。

　　当时，华夏银行内部会议也不断透露出德隆系的资金链问题，但令人不解的是，华夏银行上海分行涂汇支行不仅没有及时收回贷款，相反立即对这笔贷款进行了借新还旧，条件仅仅是由德隆国际提供保证，以及以北京杰圣科技持有的合金投资股权、上海华岳持有的重庆实业股权进行抵押，而实际上这些股权早已进行过抵押。

　　通过借新还旧，上海万浦的这笔贷款如此处理，本属于德隆系的一笔烂账，却立即转化为新的贷款。

　　根据会计计提准则，贷款者发生重大变故，导致贷款无法收回，应列入可疑甚至是损失类贷款。而当年华夏银行并未进行强制性计提，而是通过借新还旧，使当年的会计科目中这笔贷款呈现的不是呆坏账，而是正常的贷款。

　　2005年12月26日，德隆系主角唐万新已经关押在武汉看守所，德隆系主要的壳公司之一——中企东方这一天仍得到了华夏银行上海分行陆家嘴支行对其4 999万元贷款的展期。

　　在德隆系出事前后，华夏银行广州分行、上海分行和沈阳分行等分行还在陆续通过新增贷款、展期以及借新还旧等方式，继续为德隆系贷款或者暂缓催收贷款。华夏银行内部人士表示，同期民生银行以及招商银行都按照可疑类贷款计提的标准进行充分计提。

　　华夏银行一位高层人员透露，民生银行和招商银行都提前强制要求德隆还贷，借新还旧以及展期根本就不可能，而仅华夏银行上海分行浮出水面的德隆系贷款就高达2.5亿元。据该行内部人士保守估计，华夏银行整体流入德隆系的贷款在5亿元以上，至今仍有借新还旧的款项没有全额计提坏账准备。

　　在这些隐藏着的坏账背后，还有着更多信贷资金通过一些贸易公司直接流入庄家手中并在二级市场坐庄的情况，其贷款手段及过程却相当简单。

　　在湖北省十届人大三次会议期间，湖北省高级人民法院一份回复人大代表的情况报告显示，德恒证券与湖北新业物业发生了国债委托理财纠纷。当时湖北省高级人民法院冻结了德恒证券在华夏银行上海大柏树支行的1亿元银行存款。

　　这份报告透露出华夏银行资金流入股市庄家的清晰脉络。

有资料显示，由上海工业经济担保公司统一出面保证，表面上毫无关系的上海晟平物资、瀛舜贸易、岭禾贸易、新为工贸和宝翔物资等公司，从华夏银行大柏树支行获得了流动资金贷款，基本每家都在 1 000 万元以上，最少的为 600 万元，总额达 7 300 万元。

华夏银行上海分行的一份贷款明细显示，上海晟平物资等公司的上述贷款用途是用于补充流动资金，但在同一个支行，数家公司的数额巨大的贷款，仅仅通过上海工业经济担保公司一家公司进行毫无约束力的保证担保，本身就是一件十分可疑的事情。而上海晟平贸易等公司在获得华夏银行的贷款之后，转手就以高达 15% ~20% 的收益率与德恒证券签订了委托理财协议。

湖北省高级人民法院的报告勾勒出德恒证券、华夏银行以及上海晟平物资公司的三角关系。德恒证券为了确保自身的安全，先将资金存放在华夏银行，然后用高额的收益率诱惑上海晟平物资将银行资金转手倒给自己。

这是一种饮鸩止渴的手段，毕竟华夏银行知道上海晟平贷款资金的真实去向，非常担心这些资金出现问题。但德恒证券将资金存入华夏银行，根据华夏银行自己的逻辑，一旦上海晟平等公司的贷款出现问题，华夏银行可以第一时间划拨德恒证券的存款用于归还贷款，这也是华夏银行为自己设计的一道保险。

上海市第一中级人民法院得到的资料显示，德隆系另外两家券商——恒信证券、健桥证券通过类似的手法，让上海晟平等公司从华夏银行套取上亿元的资金用于炒作股票。银行资金通过委托理财的方式进入股市，这一直是证监会以及银监会严厉打击的重点。

（二）案例引起流动性风险的原因

1. 资产与负债的数量与期限结构不匹配

（1）数量结构不匹配。流动性负债比例较高，流动性资产比例较低，银行因无法归还到期的流动性负债而被迫降价出售资产或高息拆入资金，造成损失或成本增加，盈利水平下降。

在我国现行的银行经营模式中，贷款资产是资产的最主要部分。少数商业银行，由于历史上过度追求贷款规模，超负荷经营，超过实际资金能力发放贷款，其中相当一部分质量不佳，难以正常运转。贷款的资金来源主要是存款，难以压缩的贷款存量越多，商业银行应对客户提存的能力就越低，流动性风险就越大。

（2）期限结构不匹配。商业银行一般应遵循长存长贷、短存短贷的原则，如果这项原则被严重破坏，大量短期负债被用作长期资产的来源，那么该行资产负债的流动性水平就偏低，容易引发支付危机。

2. 存款准备金率和备付率不足

如果存款准备金率和备付率达到了中央银行规定的标准，一般来说能够满足流动性要求，表明流动性较好；反之则差。当备付率下降到一定程度时，则流动性风险随之而生。

3. 资本金不足

资本金是银行的自有资金。一家银行的资本金充足则负债率必然下降，满足客户流动性提款的能力就强；反之，资本金不足、负债率高，则流动性风险较大。

根据《巴塞尔新资本协议》的规定，核心资本比率不得低于4%，总风险资本比率不得低于8%。如果盈利水平高，连续盈利，则可增加商业银行的自有资金，提高资本充足率，降低负债率，使银行增强化解风险的能力，同时增强防范流动性风险的能力。

4. 客户周期性流动性需求的变动

当客户到银行提款或要求贷款的流动性需求提高时，可造成银行资金偏紧，流动性下降。

对客户的需求估计与准备不足会加剧流动性问题。商业银行应以满足客户的金融需求为己任，在提供存、贷、汇等金融服务中获取利益及服务收入。商业银行经营管理人员必须细心寻找客户行为周期性、季节性的内在规律，并做好应对准备。

5. 经济周期的影响

当经济周期处于复苏和繁荣时期时，市场交易活跃，客户提款和贷款需求增加，银行的流动性将偏紧；反之，当经济处于衰退时期，企业开工不足，居民购物热情不高，客户的提款需求及贷款需求不旺，此时对银行资金的流动性威胁不大。

6. 突发性因素

对某金融机构不利的谣言或金融机构巨大亏损消息的外泄、同行之间恶意的竞争或存款户、贷款户突然提出的大额提款和贷款要求等都会使金融机构的正常业务受到突然冲击，令金融机构措手不及，造成流动性困难，引发风险损失。

二、案例分析

华夏银行流动性风险案例反映了银行信贷部门的管理问题。银行贷款五级分类制将贷款分为五类，即正常、关注、次级、可疑、损失。据上海银监局现场检查报告指出，上海银行机构在贷款分类上有一定偏离，隐性不良资产较多。贷款风险没有得到充分暴露与反映，也使贷款损失准备计提不足，影响了利润的真实性。凡此种种，华夏银行上海分行亦早有察觉。据华夏银行上海分行向总行的经营管理汇报中业已发现，隐性不良贷款金额巨大，资产状况令人担忧。至 2005 年 6 月末，138.91 亿元正常类贷款中，有 65 户、89 笔、20.98 亿元的贷款已经多轮借新还旧或者重组，大部分不具备央行规定的借新还旧的 4 条标准，实际上已属不良贷款。如严格按五级分类标准进行统计，6 月末不良贷款余额合计为 23.51 亿元，不良率为 16%。

原因何在？借新还旧要求企业有较高的信用评级，而最终结果表明，大部分企业没有看上去那样优秀，其中隐含了信用评级的问题。为了满足借新还旧的条件，华夏银行上海的分支行甚至按照贷款审批实际需要，人为调整企业的信用等级。华夏银行总行规定，BB 级以下法人客户的信贷业务一律上报总行审批。但个别支行为了满足审批要求，甚至通过不输入担保企业的信用等级或故意调整借款企业信用等级的方式，规避总行的审批权限。

商业银行之所以存在流动性风险，归根到底是流动性供给与流动性需求不相匹配。当客户提取存款、申请贷款的需求得不到满足时，容易导致存款人恐慌性地提兑存款，从而使流动性风险诱发挤兑风波和流动性危机，最终将使银行破产。

三、案例启示

（一）逐步降低商业银行信用风险和利率风险

流动性风险其实是其他风险积累的综合反映，其中主要是信用风险和利率风险。因此，防范流动性风险，应当制定防范这两类风险的措施。

第一，降低银行信用风险。防范银行的信贷风险，要加强贷前调查，保证贷款的质量。首先，要加强对贷款种类和形式的管理。应加大抵押贷款的比例，还应该避免将贷款集中贷给某一特定行业。其次，要提高对贷款对象信用评估的准确性和有效性，提高银行信贷人员的素质，严格控制贷款的流程，明确责任和收益的关系。

第二，强化利率风险管理。强化利率风险管理不仅要加强利率风险方面的法律、法规建设，还要提高商业银行防范利率风险的意识，建立以利率管理为中心的资产负债管理模式，及时调整银行的利率敏感性缺口。

（二）加强对银行资产负债的管理

第一，加强资产流动性管理，提高资产整体质量。实行资产多元化和证券化管理，调整资产结构，提高资产的流动性。积极化解银行业已形成的不良资产，提高资产质量。其主要措施是利用商业银行按贷款分级提取的呆账准备金进行核销。

第二，加大资产管理公司的作用，帮助银行剥离不良资产。

第三，改善商业银行负债结构，拓宽资金来源和渠道。银行应该增加主动负债，优化负债结构。由于存款仍是银行经营的基础，所以银行还要大力吸收存款，开发新的存款品种。增加定期存款的比重，增强商业银行存款的稳定性；发行中长期金融债券，使银行的负债主动化；增加对同业的借款，包括同业拆借、转贴现和转抵押等方式。

第四，优化资产负债整体结构，进行综合管理。调整资产与负债期限和数量比例，划分短期、中长期流动性需求。对短期流动性需求应安排短期借入款、流动性资产的安排得以满足；对中长期流动性需求则通过贷款、投资的滚动变现得以满足。

（三）加强对商业银行的外部监管，完善外部环境

加强外部监管是指在金融行业中成立一个专门监督商业银行流动性问题的机构，迫使商业银行重视流动性需求风险，督促商业银行确定流动性管理目标并采取相应的监督措施。其一，对商业银行流动性状况实施动态监管，要求商业银行及时足额缴纳法定存款准备金和备付金，调整信贷资产结构，提高资产的变现能力；其二，打击非法金融活动，督促银行公平竞争，保护存款人的利益；其三，在鼓励金融创新的同时，不能忽略金融风险的存在，及时做好风险的防范。

（四）合理追求利润最大化目标

商业银行作为营利性金融机构，是利润的追求者。但银行负债经营时，如果资金缺乏流动性和安全性，那么银行就很难吸收到资金。流动性和安全性是对银行追求利润行为的限制。

银行经营既要考虑存款者的需要，又要考虑银行自身的盈利需要，必须在"安全性、流动性、效益性"三者之间进行权衡，找到最佳平衡点。

案例四　河北省邯郸市农业银行金库 5 100 万元现金被盗案

一、案例背景

（一）案件发生的经过

2007 年 4 月 14 日，河北省邯郸市农业银行金库的 5 100 多万元现金被盗，成为新中国成立以来金融机构的特大金库盗窃案。

2007 年 4 月 14 日下午 2 时，邯郸市农业银行吃惊地发现，金库里的约5 100 万元现金被盗，但是这一案件在被隐瞒两天、邯郸农业银行自查无望的情况下才开始向警方通报。警方接警后，立即做出判断：负责看守金库的任晓峰、马向景有重大嫌疑。4 月 17 日凌晨，公安部下发了 A 级通缉令，随即各地公安机关连夜展开布控。随着媒体的报道，悬赏缉拿的奖金也从 5 万元迅速提升到了 20 万元，而在通缉令下发的两三天内，两名罪犯嫌疑人分别在北京大兴和江苏连云港被抓获。

2007 年 8 月 9 日上午，河北省邯郸市中级人民法院依法对中国农业银行邯郸分行金库管库员任晓峰、马向景等盗取金库巨款案公开宣判。任晓峰、马向景被判处死刑，剥夺政治权利终身，并处没收个人全部财产；另三名被告人分别被判处有期徒刑。

邯郸市中级人民法院经审理查明，2006 年 10 月，被告人任晓峰和时任中国农业银行邯郸分行现金管理中心金库管库员的被告人赵学楠商议窃取金库现金购买彩票，获利平分，并多次做同任管库员的被告人张强的工作，让其参与。张强同意后，三被告人于 10 月 13 日窃取金库现金 10 万元，由任晓峰到彩票投注站购买彩票，当天中奖 10 万元。任晓峰将中奖款和剩余库款购买彩票，均未中奖。后三被告人再次从金库中窃取现金 10 万元，被告人赵学楠将其中的 1 万元归还了个人欠款，余款 9 万元由任晓峰购买彩票。后张强怕事情败露，决意退出并表示自愿补平库款。任晓峰、赵学楠继续购买彩票中奖 21 万元后，对张强隐瞒了中奖金额的情况。10 月 23 日，任晓峰从彩奖中拿出 18 万元，张强个人筹资 2 万元，将 20 万元归还金库。2007 年 3 月 14 日，被告人马向景接替张强与被告人任晓峰共同担任中国农业银行邯郸分行现金管理中心金库管库员，任晓峰提议窃取金库现金购买彩票，获利后平分，马向景同意，并商定由任晓峰负责购买彩票，马向景在单位守库。3 月中旬至 4 月 14 日，两被告多次从农业银行金库窃取现金 5 095.605 万元，其中 4 500 余万元用于购买彩票，期间两次中奖共计 10.3 万元，任晓峰除分给马向景 1 万元外，中奖余款由任晓峰继续购买彩票。4 月 8、9 日，被告人任晓峰、马向景在已亏空金库巨额现金的情况下商议出逃，并分别购置了地图、假身份证、假驾驶证、手机和捷达牌轿车等。4 月 14 日，任晓峰、马向景商定潜逃，任晓峰将从金库窃得款中的 100 万元藏匿于其朋友家地下室，交给马向景 60 万元。当晚任晓峰驾驶捷达牌轿车携款 380 余万元、马向景携款 60 万元分头潜逃。任晓峰在山东省德州市将捷达牌轿车丢弃，后逃至江苏省连云港市，用 20.55 万元购买广州本田牌轿车一辆。2007 年 4 月 15 日晨，被告人马向景逃到北京市大兴区旧宫镇德茂庄村被告人宋长海的住处，当日马向景告诉宋长海其盗用金库现金购买彩票，宋长海劝马向景投案，马向景未同意并食宿于宋长海家。4 月 17 日上午马向景离开，当日下午，公安人员找到宋长海了解马向景的去向时，宋长海隐瞒了马向景到过其住处的事实。

事实上，邯郸市农业银行发现金库巨额现金被盗后，并没有立即报案，银行行长希望通过内部自查抓到罪犯，但是，银行的内部自查毫无结果，银行不得已才向警方报案。此时，距离案发已经过去了两天，延误了抓捕罪犯的有利时机。

（二）案件发生的原因

依据金融风险管理理论进行分析，邯郸市农业银行特大金库盗窃案的发生，暴露了邯郸市农业银行操作风险管理①不善、引发大量道德风险。引发邯郸市农业银行操作风险的产生主要有如下四个方面的原因：

1. 银行内部控制制度存在重大缺陷

内部控制制度是现代企事业单位在对经济活动进行管理时所采用的一种管理手段，是企事业单位有效的管理体系中必不可少的一个重要组成部分。任何一个经济单位，都应该根据自身的具体情况建立必要的内部控制制度。内部控制理论中最权威的阐述是科索（COSO）报告，该报告对内部控制做出了严格的定义②。

按照商业银行的金库管理规定，金库的钥匙和密码应当由不同的人掌管。任晓峰和马向景同为邯郸市农业银行的金库管理员，任晓峰掌握金库的主钥匙和密码，马向景掌握副钥匙，两人一起便可以打开金库大门。警方事后查明，为达到各自的目的，任晓峰和马向景两人合谋盗取银行金库。

---

① 从广义上讲，操作风险包括内部操作风险和外部操作风险两类。内部操作风险主要是指由于金融机构（或金融系统）内部的不确定性因素引起的风险，包括业务流程风险、技术风险和人员风险。业务流程风险又分为业务流程设计不合理和业务流程执行不严格两种情况；技术风险包括系统故障、系统失灵和系统漏洞、硬件设备故障等情形；人员风险包括选人用人不当、业务操作失误、操作时机不当、主观违法行为（员工合谋、欺诈或内外勾结）、违反用工法、核心人员流失等情况。外部操作风险主要是指由金融机构（或金融系统）外部的不确定性因素引发的风险。外部风险来源于外部冲击，如战争、税制改革、政治选举、工人罢工及自然灾害的发生；监管和社会环境的调整；竞争对手的行为和特性变化等。内部风险主要与内部控制效率或监督管理的质量有关，而外部风险则与外部欺诈、突发意外事件以及银行经营环境的不利变化有关。

② 内部控制是由企业董事会、经理当局以及其他人员为达到财务报告的可靠性、经营活动的效率和效果、相关法律法规的遵循等三个目标而提供合理保证的过程。内部控制的目标是确保企业经营活动的效率和效果、经济信息和财务报告的可靠性、遵循适用的法律和法规。内部控制的对象是企业的权力操纵者、业务流程和具体工作岗位上的执行人员。良好的内部控制机制是企业可持续发展并不断发展壮大的必要条件。

事实上，农业银行内部有比较严格的金库检查制度。上级银行每季度会对下级银行的金库进行一次检查，而同级银行之间每个月都要检查金库，银行值班主任也要进行旬查。警方调查表明，就在案发前的 2007 年 3 月 29 日，邯郸市农业银行内部对金库进行过一次检查。查库报告记录表明，金库库款数额相符，如果这次金库检查报告记录准确，那么两名案犯作案的时间只可能在 2007 年 3 月 30 日到 4 月 14 日之间。而实际上，2006 年 10 月 13 日至 18 日，任晓峰就与当时的金库管理员赵某、张某相互勾结，利用看管金库的便利条件，先后两次从金库盗取人民币 20 万元用于购买彩票。事后，为了淹人耳目，他们设法将 20 万元归还金库。2007 年 3 月 16 日至 4 月 13 日，任晓峰、马向景多次从金库盗取人民币共计 3 295.605 万元，任晓峰用其中的 3 125 万元购买彩票。2007 年 4 月 14 日上午 8 时许，任晓峰、马向景再次密谋后，从金库盗出现金 6 箱，共计 1 800 万元，他们用其中的 1 410 万元购买彩票，任晓峰分得余款 329.9 万元，马向景分得余款 60 万元。任晓峰得知彩票未中奖后，通知马向景分头潜逃。由此可见，邯郸市农业银行的金库查库制度根本没有落到实处；此外，任晓峰被抓获后向警方交代，他们偷盗的大部分现金并没有带出银行大门，而是毫不费力地把盗取的现金在营业厅直接存入自己的账户，并且将钱划入彩票销售中心，用于购买彩票。2007 年 4 月 14 日下午，任晓峰在该银行一楼营业大厅分 15 笔，每笔 40 万元，向河北省体育彩票销售中心打款共计 600 万元。

邯郸市农业银行监督管理制度的无效，还表现在金库的电子监控设备上。按规定，银行应该经常检查金库的电子监控设备，以确保电子监控设备 24 小时正常工作，对监控设备发出的报警应及时处置，监控设备出现故障应及时修理排除。但是，邯郸市农业银行对待此事却掉以轻心。事发后，警方调查金库监控系统的录像资料，根据保安押运公司监控值班人员的值班记录，2007 年 4 月 13 日晚 11 时 45 分，监控显示屏不显示，4 月 14 日 12 时 12 分左右，显示屏再次不显示，且自动向 110 报警。110 随即查问保安押运公司的守库员，守库员打电话询问任晓峰，任晓峰声称因"未通知撤防导致误报"，而恰恰在这段时间内，任晓峰和马向景正在疯狂作案。任晓峰、马向景实施作案时，银行金库的监控系统曾先后三次自动报警，都未引起银行方面的重视。

马向景被抓获后坦白，他们从 3 月份开始多次盗窃金库现金，之所以没有被发现，一是因为金库中的监控录像无法正常拍摄，是内部的监控系统设备已经坏了，所以他们才像从自家的后院搬运白菜一样把近两吨重的现金盗出金库。

2. 要害岗位选人、用人不当

银行是经营货币的特殊企业，在国民经济中的重要性不言而喻。由于银行经营的特殊性，银行在录用工作人员时，除了注重学历、资历、工作经验、团队精神和发展潜能以外，更应该重视员工的世界观、价值观、人生观和道德品质。银行要害岗位的工作人员尤其要具有优良的道德品质。员工正直、诚信的道德价值观是内部控制环境的重要组成部分，而员工的不良嗜好可能会引发员工品行的改变，甚至影响工作。邯郸市农业银行对金库管理员的选用明显存在不当之处，忽视了员工的不良嗜好。事后警方查明，任晓峰平时喜好买彩票，甚至在逃跑的路上还想着买彩票。该案另一名主犯马向景的不良嗜好是"好酒"。警方调查表明，马向景调任金库管理员是由于任晓峰的介绍和从中帮忙，这两个人一个"好赌"，一个"好酒"，遇到一起才萌发了"从金库盗钱购买彩票"的荒诞念头。而至案发时，马向景担任金库管理员只有一个月的时间。

实际上，邯郸市农业银行每年都对员工实行考核和考察，对金库管理员的考察，就是让他们自己填写一张表，写上自己是否炒股、是否玩彩票之类。可见，邯郸市农业银行对要害岗位人员的选拔、录用和考察制度流于形式，只体现在纸面上，没有真正落实到行动中；对重要岗位员工的教育管理以及员工日常行为的监督不力，使员工管理教育流于形式，安全防范意识薄弱，缺乏全员风险管理的理念。

3. 业务流程执行不严格

根据《巴塞尔新资本协议》中关于操作风险的定义，操作风险包括银行业务流程风险，而业务流程风险既包括流程设计不合理的风险，也包括流程执行不严格的风险。邯郸市农业银行特大金库被盗案的发生明显是由于金库管理的业务流程执行不严格所导致的。

根据农业银行金库管理制度的有关规定，上级银行、分管金库的行长和中心金库管辖银行的会计负责人都要履行金库检查制度，并做好严格的金库检查记录。按规定，会计负责人每月、每旬对中心金库和分管金库的检查不少于1次，分管金库工作的行长每月对中心金库和各分管金库的检查不少于1次，上级银行要对下级银行进行定期或不定期的金库检查。金库检查要严格，对所盘查的现金要进行开箱或开包检查，还要对点钞员进行严格的岗前培训。本案中，被盗的100多万元现金是由两人从2006年11月至2007年4月间的5个月时间内分多次偷盗出来的，在长达5个月的时间里，银行在至少15次的金库检查中竟然没有一次查出库存现金的短缺，可见，邯郸市农业银行金库检查制度形同虚设、流于形式，执行业务流程不严格。在这5个月的时间里，只要有一次认真严格的金库检查就可以堵住漏洞，并且起到威慑作用，防范操作风险。

邯郸市农业银行业务流程执行不严格还体现在进出金库人员的管理规定上。按规定，进出金库的人员必须进行严格的登记制度，金库管理员不得随意携带任何物品进出金库。邯郸市农业银行金库盗窃案侦破后，人们发现，任晓峰和马向景竟然是用塑料袋和挎包在光天化日之下从金库往外搬运巨额现金的，到后来，任晓峰就直接利用提包装运巨款。最后一次，他们竟然将1 800多万元巨款分装在6个箱子内运出金库。对于金库管理员这种明显的异常行为，农业银行金库的守库员竟然没有发现、阻止和上报，这显然是员工的风险安全意识较差所造成的恶果。

4. 道德风险

道德风险①普遍存在于经济交易活动中。道德风险的产生源于经济活动中的委托—代理关系，道德风险的根源是委托—代理关系中的信息不对称以及

---

① 所谓道德风险，是指某些类型的产权交易安排易于导致人在经济活动中做出损人利己的行为。道德风险产生于经济活动中的信息不对称，信息经济学建立了委托—代理模型来描述经济活动中信息不对称的后果。经济活动中的交易双方对某项交易的产权安排掌握的信息量是不相同的，掌握信息量多的一方为代理人，掌握信息量少的一方为委托人。由于代理人和委托人的目标、动机不一致，代理人为了自己的利益有从事损害委托人利益的动机和目的。当委托代理合同签订之后，代理人容易利用自己的信息优势做出损害委托人利益的行为。道德风险的概念最初产生于保险领域，是指人们在购买了某种保险后，行为变得不再合乎常理。例如：购买了火灾保险的投保客户可能不再尽心尽力地检查火灾隐患，防范火灾事故的发生；领取了失业救济金的人可能不再积极寻找工作机会；投保人可能会故意或恶意损毁保险标的物，欺诈骗保等。银行信贷业务的道德风险是指获得银行贷款的借款人可能会对银行信贷资金的使用漠不关心，有意将银行信贷资金用于从事高风险的业务，导致银行资金的损失。

委托人和代理人掌握的相关信息不对等，并且委托人和代理人的利益目标不一致。通常情况下，代理人具有信息优势，代理人的某些行为难以被委托人察觉，在不违反法律规定的前提下，代理人可能会为了使自己的利益最大化而不惜牺牲委托人的利益。

本案中，主管会计工作的副行长、金库守库员、金库保安工作负责人以及现金管理中心负责人等都存在不同程度的道德风险。与本案相关的直接责任人，最后都受到了不同程度的行政处罚和刑事处罚。

根据中国人民银行天津分行曹元芳、王若平（2007）的研究，目前我国金融机构的内部管理实行多层级的委托—代理，表现为全民授权国家，国家委托具体的金融机构总部（总行或总公司），机构总部委托相应的省级机构，省级机构委托市级机构，市级机构再委托县（区）级机构，直至办事处（营业部、储蓄所）等基层机构，基层机构最后将具体业务委托给相关工作人员。由此可见，我国金融机构的委托—代理关系链较长。依据委托—代理理论，只要存在委托—代理关系，就可能产生道德风险。我国金融机构的这种多层次委托—代理关系，使得国家对金融机构经营者的监督和约束逐渐减弱，每经过一个委托—代理环节就被削弱一次，导致监督和约束越来越弱。正是由于这种多层次的委托—代理关系，决定了金融资产管理代理人缺乏风险责任能力，最终引发了大量的道德风险事件。

总之，认识不到位、制度存在缺陷、管理方式失效和监督乏力成为这一银行金库巨额现金被盗事件的直接原因。

二、案例分析及其启示

（一）建立科学合理的人才录用、选拔制度

邯郸市农业银行金库盗窃案的发生，属于典型的"监守自盗"，主犯及其相关人员都是银行内部的工作人员。近年来，国内银行业发生的案件中无不与"监守自盗"有关。例如：2006 年 11 月底，中国银行湖北宜城支行营业部主任盗走金库内 260 万元现金；2006 年 3 月，农业银行甘肃宁县合盛镇储蓄所职工在值班期间盗窃金库 160 万元现金后潜逃。

银行业一定要建立科学合理的人才录用、选拔制度，特别是重要岗位的

人选，在注重能力、资历、学历和工作经验的基础上，更要注重了解备选人员的家庭状况、品行素质及个人嗜好。银行业只有不断选拔思想品德高尚、业务素质过硬以及发展潜力较大的工作人员，才能从源头上防范此类案件的发生。

（二）完善职工教育考核制度

国内银行业大案、要案的频频发生，暴露了银行对重要岗位职工的教育考核制度存在缺陷，尤其是要害岗位职工的选用与考核制度不完善。本案中的主犯任晓峰特别喜好买彩票，另一名主犯马向景嗜酒贪玩，马向景能够成为金库管理员还是任晓峰从中引荐和帮忙的结果。对于银行金库管理员，如此重要的岗位，如果没有严格的教育考核制度、没有健全的规章制度，或者规章制度流于形式、执行不严，任何人都难以抵挡"金山的诱惑"。案发时，马向景担任金库管理员只有一个月的时间。因此，银行应当完善职工的教育考核制度，加强对重要岗位人员的教育和动态管理，绝不能"凭印象用人"，疏于管理，那样将贻害无穷。银行的各级领导都应该了解下属员工的思想变化、个人爱好、家庭状况和 8 小时工作时间以外的活动，对员工的考核要落到实处，开展自我考核与职工之间的相互考核、上级对下级的考核。

（三）完善监督防范机制，提高内部控制机制的效率

邯郸市农业银行金库盗窃案的发生，充分暴露了银行内部监督防范机制的薄弱和内控机制的低效率。主犯任晓峰和马向景既掌握金库的钥匙，又掌握金库的相关密码，对这两个人，银行缺少相应的制约环节，再加上金库检查制度的不规范，客观上容易形成安全隐患。这就要求银行业必须完善监督防范机制，健全内部控制机制，严格执行各项规章制度，提高内部控制机制的效率。商业银行对于内部重要的机构组织部门应当设立更加严格的控制机制，像银行金库这样重要的部门应当设立 24 小时的电子监控，并保证其正常运行。对于金库管理员、金库守库员和保安人员，应当有严格执行的工作职责和进出金库的管理规定。

（四）建立健全责任追究制度

邯郸市农业银行金库盗窃案告破后，除主犯任晓峰、马向景被依法判处死刑外，其他同案犯也受到相应的法律惩罚。同时，农业银行相关责任人受

到了行政处罚：农业银行河北省分行行长引咎辞职；省分行分管会计工作的副行长、分管保卫工作的纪委书记予以免职；邯郸市农业银行分行行长、主管会计和保卫工作的副行长、现金管理中心正副主任也分别予以免职；现金管理中心所有在岗职工全部下岗接受审查。可见，除了案件当事人受到应有的法律处罚外，其他相关责任人也都受到行政处罚，即责任追究。但是，受到责任追究的相关负责人并没有坦然接受处罚结果，他们都认为自己是我国金融机构制度缺失的"替罪羊"，相关负责人受到的责任追究处罚是由农业银行总行决定的。依据目前我国金融系统的现实状况，委托—代理链冗长，省级分行受农业银行总行的委托，农业银行总行作为河北省农业银行分行的委托人，对省农业银行的责任人实施了行政处罚，这种处罚是否有适用的法律依据？农业银行总行该承担何种责任？如何才能建立健全责任追究制度？责任追究到哪个层次？这些都是值得人们思考的问题。

参 考 文 献

[1]山西票号史料[M].太原:山西人民出版社,1990.

[2]丁邦开,周仲飞.金融监管学原理[M].北京:北京大学出版社,2004.

[3]查尔斯·P·金德尔伯格.西欧金融史(第2版)[M].北京:中国金融出版社,2007.

[4]查尔斯·P·金德尔伯格.经济狂热、经济恐慌及经济崩溃——金融危机史(第3版)[M].北京:北京大学出版社,2000.

[5]欧阳品华.我国商业银行破产的可能性及其预防措施[J].金融论坛,2001(4):57-60.

[6]王晓东.商业银行内部控制存在的问题及对策探讨[J].西南金融,2013(9):42-43.

[7]谢智聪.浅析我国国有商业银行内部控制问题[J].现代商业,2011(18):22-26.

[8]彭文峰.论企业的内部控制制度建设——巴林银行倒闭案的再思考[J].湖南商学院学报,2008(6).

第十一章　商业银行营销管理

引　言

我国金融体制改革正在深入进行，面对日趋激烈的市场竞争态势，我国商业银行开始意识到金融营销的重要性。但是，与西方发达国家商业银行营销状况相比，我国金融营销仍处于发展阶段，正在探索中发展的我国商业银行，科学完整的市场营销体系还没有完全进入市场竞争，对市场营销的认识仍是不系统、非理性和非专业化的。因此，商业银行仍存在着诸如营销观念滞后、以顾客需求为中心的经营理念缺乏、基于互联网金融产品的营销渠道不足以及针对特定客户的差异化营销方式欠缺等问题。针对这些业内公认的我国商业银行营销管理的诸多问题，本章的案例分析有针对性的以问题为导向，通过对案例的阐述和思考，为我国商业银行解决营销管理问题提供借鉴。具体而言，本章三个案例依次提出综合化营销、多渠道营销和差异化营销的营销管理理念和策略。

一、以顾客需求为中心的综合化营销

对商业银行营销来说，最现实的问题不是如何控制、制定和实施计划，而是如何站在顾客的角度及时地了解顾客的需求，并及时给予满足。面对快速变化的市场，要满足顾客的需求，建立关联关系，商业银行必须建立快速反应机制，提高反应速度和反应能力，这样可以最大限度地减少顾客抱怨，稳定顾客群，减少顾客转移的概率，赢得长期而稳定的市场。通过某些有效的方式在业务、需求等方面与顾客建立关联，形成一种互助、互求、互需的关系，为顾客提供一揽子解决方案，进而在更大范围内系统集成和优化组合，就可以保证营销方案和各个集成部分的质量，从而形成整体最优的营销方案和服务方式。

二、以互联网金融产品为基础的多渠道营销

互联网金融已然成为一个新金融行业，并为普通消费者提供了更多元化的金融服务选择。随着科技的发展和我国提出的"互联网+"行动计划，我国传统商业银行的金融营销也发生了巨大的变化。时至今日，电子货币、计算机网络化、全能柜台、直销银行和自助银行等各种特色的互联网金融服务已成为银行新的营销方式，银行业的竞争已由网点竞争转向电子化的服务、电子化技术和电子化营销理念的竞争。商业银行应借助多元化的电子营销平台拓宽业务边界和外延，倾情打造以"互联网+存、贷、汇、信息中介"为主体的"泛金融"服务平台体系，围绕"开放、分享、低门槛"的普惠金融理念，为客户提供高效、便捷、安全的财富管理及增值服务。

三、以不同客户特征为出发点的差异化营销

商业银行作为金融服务业，其营销特点是服务加服务，即超值营销。超值营销是在产品质量、特征和价格等方面根据不同类型营销客户增加产品的额外价值。商业银行根据不同的细分市场，应设计并实施不同的金融营销组合策略，针对不同类型的客户创新一套独特的行业实务营销。例如，面对2013年以来我国利率市场化的实质性推进，商业银行纷纷开始关注小微企业的金融需求。商业银行对小微企业的金融服务从信贷规模的高速增长转入服务范围的扩大和服务质量的全面提升，力求通过组织与流程改革、提升信息技术等措施全面营销小微金融市场。其中，招商银行、民生银行和平安银行掀开了小微企业金融服务的新篇章。

案例一　富国银行特色营销——金融商店与交叉销售

一、案例背景

富国银行1852年在美国西海岸创立，在其建立后的100余年里，逐渐成

长为一家独具特色的地方银行。1994年之后，由于美国取消了对商业银行跨州经营的限制，加之1999年《金融服务现代化法案》的出台，富国银行经过一系列的兼并收购，在不足20年的时间里，从一家地方银行一跃成为全美第四大银行，并发展成为一个综合性的金融机构。截至2015年年底，富国银行的市值排名美国商业银行第一位，按资产计，为美国第四大银行，每3个美国家庭中就有1家是富国银行的客户；富国银行9 112个金融商店、12 000多台自主设备和27 000名雇员遍及美国大部分州，是美国本土最重要的银行之一。

富国银行的金融营销在美国是十分知名的。凭借"以客户为中心"的服务理念，富国银行设立了诸多网点和自助存取款设备，其电子银行业务也在美国排名第一。更为有趣的是，富国银行的网点并不称为支行，而是称为"商店（store）"，而且营销手法也与这一名称相契合，提供优质服务和交叉销售金融产品。在业务综合化的基础上，富国银行提出交叉销售，在年报中强调交叉销售是其商业模式的基石，是收入和利润不断增长的基础，并且将交叉销售视为银行的重要战略，以此提升盈利能力。富国银行通过尽量多地向客户推销金融产品，满足客户多元化的财务需求和实现自身收入的增长，不仅在内部大力倡导交叉销售的文化、提升员工的认同，同时设计了一整套激励考核机制，保障交叉销售的战略得以执行，以至在并购目标的选择上也遵循这一战略，如1998年合并的西北银行也是以交叉销售闻名的商业银行。

二、案例分析

富国银行在业内有"交叉销售之王"的声誉，显示出在这一业务领域的领先优势。截至2013年年末，富国银行单位客户销售金融产品数连续多年实现提升。富国银行交叉销售的特点表现在以下两个方面：

（一）提供丰富多样的产品

在普通零售领域，富国银行的客户通常会享受储蓄、信用卡、住房抵押贷款、汽车贷款、投资和保险五种以上的金融服务；在批发银行领域，客户通常能够享受到投资银行、证券投资、商业地产、财富管理、财务融资五种以上的金融服务。富国银行零售客户和批发银行客户能享受到的金融产品数量高于行业平均水平。具体而言，对于个人，社区银行提供了储蓄、信用卡、住房抵押贷款、财富管理及保险等多项业务；对大中型企业，批发银行提供了商业贷款、房地产开发贷款、投资银行、投资管理、企业年金、贸易融资及信用证等多项业务。1998 年以来，富国银行平均向每个客户销售的金融产品数量持续增长，在 2009 年接近 6 个，虽然 2010 年受收购美联银行的影响，这一数据减少为 5.7 个，但仍然保持着上升的态势。

（二）交叉销售率持续提升

1998 年，公司零售条线每位客户销售金融产品数仅为 3.2 个，至 2013 年年末，公司零售条线每位客户销售金融产品数达到 6.4 个（见图 11 - 1），目前公司的大部分收入来源于交叉销售，公司设定的单位客户销售金融产品的目标是 8 个，而根据富国银行估计，美国每户消费金融服务产品的数目最多可达到 14 ~ 16 个。

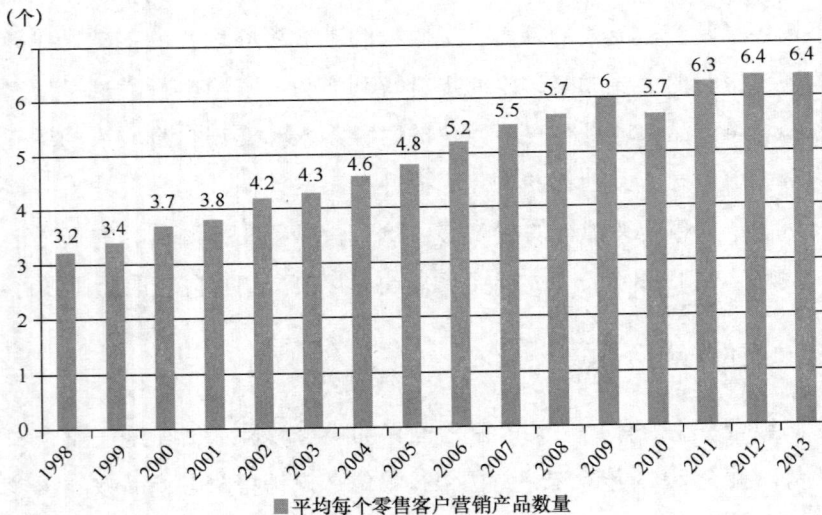

图 11 - 1　1998—2013 年富国银行单位零售客户销售产品数量

资料来源：http://xueqiu.com/2340719306/21914643.

交叉销售对于富国银行来说意义重大。首先，交叉销售带来了持续扩大的业务规模，1998 年以来，富国银行平均每个客户消费的产品数量持续增长，这一增长带动了多项业务。其次，交叉销售将传统商业银行的客户向综合化的其他业务渗透，有效支持了其他业务的增长，创造了更高的非利息收入，稳定了银行的利润水平。最后，借助于综合化营销和交叉销售，富国银行获得了更广泛的收入来源，收入来源的分散化，有效降低了银行的经营风险。交叉销售提升了综合化营销的效果，为银行创造了许多中间业务和综合业务的机会，推动了富国银行非利息收入的持续增长。

三、案例启示

在快速发展的道路上，富国银行与美国的其他大银行相比有许多共同的做法，富国银行的这些做法抑或理念和战略，有许多经验值得我国银行业学习借鉴。

（一）重视综合化与交叉销售，提高非利息收入

目前国内银行的非利息收入占比依旧很低，为了减少银行对传统存贷业务的依赖，实现分散化经营，大力发展中间业务，推行综合化的战略就显得十分必要。国内银行已然逐步涉足综合化营销，通过控股的方式将业务延伸到证券、保险、基金、信托和融资租赁等各个领域，但是，在综合化营销的过程中要学习美国银行业和富国银行的经验，注意甄别各项业务的风险，不盲从，审慎开展综合化业务。在发展综合化业务的同时，各家银行还应当重视产品的交叉销售，争取让客户在自家银行消费更多的金融产品。国内的平安集团就非常重视交叉销售，提出要让客户凭借一个账户就享受各方面的金融服务，这一理念也应当为国内的其他银行所借鉴。

（二）要以客户为中心，而不是以产品为中心

目前我国商业银行在积极进行业务模式的探索创新，其中也有不少银行提出了以客户为中心的目标，富国银行正是我国商业银行学习的样板。从内部组织架构上来看，我国商业银行按照传统的产品板块进行划分，各个部门之间的协调机制仍然不畅通。加之我国大型商业银行是兼有商业机构和政府部门特点的国有企业，有时仍然对客户的利益不够重视，这对于我国商业银行未来在全球金融市场上的地位十分不利。以客户为中心这个目标的落实需要有紧迫感。

（三）营销拓展银行产品，注意合理控制银行规模

富国银行在近百年的时间里，不断地调整自身业务，从一家区域性小银行发展为全球有影响力的金融机构。富国银行的成长历程伴随着美国的利率市场化进程，银行的业务模式随着外部经济金融环境的变化而调整。我国数家规模较大的商业银行在资产规模上已经处于全球前列，但在业务开展和盈利模式方面高度同质化。富国银行的资产规模与我国这些大银行相比并不突出，但市值却很高，这说明，好银行不一定就要做得最大。我国目前处于利率市场化的过程之中，商业银行的主要利润点还是存贷利差，资产规模的粗放式扩张是利润增长的主要手段。随着利率市场化的推进，我国商业银行也将面临盈利模式的转型，从主要依赖存贷利差转变为每个银行寻找具有自身特色的利润点，银行的盈利模式将从如今同质化变为未来的多样化。富国银行就是在利率市场化的过程中确立了独特的定位，从而在市场中立足的。

（四）注重小微企业营销，构建先进的风险定价模型

为了开展小微企业贷款，富国银行首先将小微企业进行划分，通过对小微企业的规模、成长周期等进行评估，将小微企业细分为加工作坊、初创企业、家庭工厂、个体户、无利润企业、服务型小微企业、一般利润企业、科技型企业、高速成长企业和现金牛企业共十种，针对不同类型的小微企业提供差异化营销。同时，富国银行通过"企业通"产品改进放贷模式，贷款可以通过邮件、电话进行申请，实行自动化审批，无须定期审核，也不需要财务报表，取而代之的是先进的信用评分模型，贷款的流程十分快捷，极大地方便了客户，因此获得了大量的业务。富国银行还通过信用评分对贷出的资产持续进行监督的重估，根据企业的信用表现调整每家企业的利率，借此留住了许多优质的客户，也帮助银行减少了坏账损失，为实施高利率提供了保障。

伴随小微企业贷款、消费信贷而来的是高风险暴露，这就需要银行提高风险管理能力。国内银行由于监管的限制和经营的惯性，其坏账率并不高，但这并不代表国内商业银行的风险管理水平很高，面对小企业信贷和个人信贷，国内银行很可能无法适应。这就需要学习富国银行，采用数理方法，开发信用评级模型和信用计分卡，进一步提升对风险的定价能力。

案例二　工商银行互联网金融产品营销——e－ICBC 品牌

一、案例背景

2015 年 3 月 23 日，中国工商银行向全国正式发布互联网金融品牌"e－ICBC"，成为国内第一家发布互联网金融品牌的商业银行。工商银行在行业内组建成立了互联网金融营销中心，统筹全行互联网金融业务的营销推广和运营管理，这是国内商业银行成立的第一个互联网金融营销机构。工商银行互联网金融营销中心将通过组建专业化团队和整合全行互联网金融营销资源，统筹全行互联网金融相关平台、产品的营销推广和运营管理，并直接开展相关业务的线上市场拓展，从而打造专业协同、上下联动、线上线下一体化的新型互联网金融营销格局，加快推进 e－ICBC 战略。

工商银行的 e－ICBC 战略已经取得良好开局，形成了规模效应和爆发式增长。其中，定位于"名商名品名店"的"融 e 购"电商平台，截至 2015 年 3 月，对外营业一年多来注册用户已达 1 800 万人，累计交易金额突破 1 600 亿元，交易量进入国内十大电商之列；自主研发的移动金融信息服务平台"工银融 e 联"，实现了客户经理与客户的点对点服务，使工商银行的客户营销和服务进入"移动社交"时代；直销银行平台"工银融 e 行"，成为客户在线自助注册账户、购买产品和获取金融服务的一种新型银行服务模式；"工银 e 支付"快捷支付工具客户数已超过 5 500 万户，其每秒钟超过千万笔的并发交易处理能力在业内是首屈一指。中国工商银行 e－ICBC 互联网金融品牌如图 11－2 所示。

工商银行针对网上购物及刷卡消费，推出快捷贷款产品"逸贷"，该产品的目标客户定位于资信良好的优质客户，如稳定型的代发工资客户等。凡符合条件的客户只要持工商银行的银行卡在工商银行特约商户和合作网上商城进行网上购物或刷卡消费，即可以通过网上银行、手机银行、短信银行和 POS 机等快捷渠道实时申请贷款。工商银行通过对签约客户的银行卡使用情况、代发工资情况及个人信用记录等影响贷款额度的因素进行实时监测，可

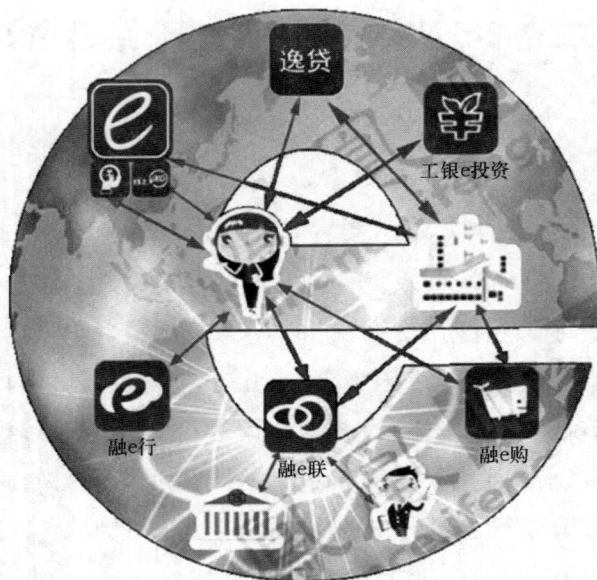

图 11 – 2　中国工商银行 e – ICBC 互联网金融品牌

动态调整贷款发放额度。"逸贷"采用信用贷款方式，无须抵押，系统自动审批，贷款瞬时到账。单笔消费金额满 600 元即可办理，贷款期限可在 6、12、24、36 个月中自由选择，方便客户灵活安排消费和理财资金。提前还款无需预约，随借随还，柜面或电子银行渠道均可还款。"逸贷"产品集中体现了客户自主消费、自助融资、快捷便利的特点，不需借助任何融资中介机构办理。"一触即贷"的性能为消费者带来了全新的融资体验，受到客户和商家的广泛欢迎。

工商银行推出银行系互联网理财产品，提高产品附加值，"天天益""薪金宝"都是工商银行新推出的银行系理财产品，其投资实体是工银瑞信基金管理有限公司发行的工银货币基金，主要投资于期限在一年以内的银行存单、债券和中央银行票据等风险很低、收益稳定的金融工具，不投资股票等高风险工具。

二、案例分析

面对互联网金融大潮的挑战，工商银行运营有序，着眼于互联网金融崛起的良机，深刻理解和把握金融的本质和互联网精神的实质，巩固自身在风险控制、投资管理等资金时间再匹配方面的优势，借鉴互联网企业在支付结算等服务上贴近客户、快捷方便等空间再匹配方面的特点，积极贯彻战术上扬长避短、战场上勇于亮剑的竞争策略，融合传统金融智慧，再造新的互联网金融，以期成为互联网金融的推动者、领跑者。为此，工商银行提出了五个"I"的互联网金融思路。

（一）信息共享

信息共享—Information Sharing，即未来要将各类信息进行集中、整合、共享、挖掘，统一管理应用结构和非结构数据。银行在这方面的工作量非常大，因为大量的数据是非结构性的，很多信息以报告的形式存放在银行的档案里，没有发挥作用。所以，要将所有非结构化的数据变成数据加以处理，并在这个基础上，挖掘、建模、分析处理大容量、大规模的信息。

（二）互联互通

互联互通—Interconnected，由于目前大多数银行业务没有按照大数据或者是互联网的思维运营，受传统业务和管理模式的影响明显，跨部门、跨产品和各项业务之间存在割裂。而互联网时代的思维要高度的互通互联，下一步需要做好客户端的统一，所有业务、系统、产品都要标准化，前、中、后台统一管理，渠道协同、机构联动、流程高效。

（三）整合创新

整合创新—Integration，即要将信息流、业务流和资金流高度整合。比如，对于核心企业和上下游企业之间的资金流、物流、信息流要整合好，在一个核心企业的产业链上有数百个上下游的公司与其有密切的产销联系，在数百个上下游公司之间，很多公司又与其他的产业链形成密切的关系，这种复杂的关系超越了孤立的经度和纬度的关系，形成类似蜘蛛网式的，或者是称之为集成电路方式的关系。只有打通整个服务的链条，不断整合创新，才能真正实现信息流、业务流和资金流的统一。

（四）智慧管理

智慧管理—Intelligence，主要是指数据挖掘、分析工具、科学建模的智能化，用来分析海量的结构化和非结构化数据，依此判断市场、精准营销、发现价格、评估风险和配置资源，改变银行过去凭经验、凭直觉的状况，变被动的响应为主动的营销。

（五）价值创造

价值创造—Incremented Value，即要将所有的金融服务，如交易平台支持、咨询增值服务等一体化综合金融服务体系整合起来，里面海量的客户信息，包括宏观和微观的经济信息、银行的资金和运营信息等，银行可以从中发现在经营活动中存在大量的供给和需求的信息不对称。其实，商业就是源自于信息不对称，如果世界上信息全部对称就没有商业了。在一个区域，可能信息不对称的机会有限，如果放到一个省、国家乃至全球，信息不对称造就的商业机会更多，能够掌握信息优势者，就是商业的强者。信息化银行，就是要在最大程度上将信息不对称的需求和供应方撮合起来，转化为实际的业务竞争优势。

三、案例启示

随着科技的发展和我国提出的"互联网＋"行动计划，我国的金融营销也发生了巨大的变化。各大商业银行在适应"互联网＋"时代，在大力改进产品营销模式的同时仍存在不同程度的问题。作为行业内的翘楚，工商银行在互联网金融品牌的树立和推广过程中取得的成绩值得其他银行学习，但其存在的问题也值得人们进一步思考，以此作为改进我国商业银行互联网金融品牌营销的提示。

（一）同质化竞争严重

纵观目前国内五家大商业银行已出世的电商网络，基本上大同小异，大部分都同时拥有 B2C、B2B，最初切入也都是 B2C 的思路，同质化竞争较为明显。在线下的存贷业务上，各行已经存在同质化竞争，而互联网上同质化的竞争，将会呈现大者越大、小者越小的"马太效应"。

工商银行不仅要进行准确的自我定位，而且要实现差异化的市场定位。

在自我定位方面，互联网金融不是要银行放弃线下服务，线下渠道依然是影响线上业务竞争力的关键要素，缺少线下的互联网金融也不是完整的互联网金融。从目前来看，在比较长的时间内，银行广泛的网点和自助渠道布局仍然是重要的核心竞争力。要优化现有线下渠道总量结构和布局，不断完善物理网点、自助渠道等渠道功能，提升线下渠道的服务体验和服务能力。要着力打造线上渠道的核心竞争力，通过优化网上银行、电话银行和手机银行功能、布放更多移动终端与第三方公司合作等方式，努力拓展线上渠道的客户覆盖面，打造随时随地的便捷服务接入能力，增强客户黏性。

在差异化定位方面，如果是做低端大众型的平台，直接与淘宝这样大型的电商购物平台竞争，商业银行显然不具有优势。首先，淘宝平台投入早，经验丰富，业务量巨大，有着不可比拟的优势；其次，淘卖家入驻平台要求低，造成大量假货横行，尽管淘宝又推出了像天猫这样官方旗舰店式的高端营销模式，但也不能挽回美国上市监管当局对其曾充斥假货的不良印象。而工商银行作为一家规模庞大的上市公司，承担一定的社会责任，必须有良好的社会形象，因此，工商银行不可能选取这种方式。而如果想要做成像京东一样的物流电商平台，物流仓库遍布各地，实现3天内快递送达的目标，以目前的成本效益分析，则要耗费大量人力、物力，是得不偿失的。因此，工商银行做电商要结合自己的金融工具优势以及天然的信用中介，突出银行做电商的特色，区分不同类型予以定位，在低端客户方面要体现操作的便捷性，在高端客户方面则倾向于稳健增值的安全性，分类营销金融产品。工商银行的各营业网点，或许可以变成一种优势，努力将银行网点改造成金融商品的体验店、提货点，做好差异化定位。

（二）"低调"谋势旳同时丧失先机

从工商银行多年来在产品创新和市场营销方面的表现不难看出，工商银行从来都只关注底层系统建设，就如同一个种树的人只关注"树根""树干"的成长，也可以顺便关注一下"树叶"，至于"开花"的事，工商银行从来不关注。换言之，工商银行从来不屑于用噱头来引起市场关注，不愿意走到风口浪尖上。但是，这种低调、雪藏的处理方式，有时连工商银行自己的员工都分不清新产品的性质、使用方法和优缺点，更不要说向客户推广应用了。

通过问卷调查发现，51%的客户不了解工商银行的互联网金融产品，其中21.68%的工商银行基层员工不太了解或一般了解本行的互联网金融产品。试想，如果没有大量客户的体验，没有对产品充分的测试、改进，即使未来正式推向市场，也还要面临技术风险、声誉风险，长远看还是不利于银行的发展。

（三）业务运营效率有待提高

工商银行的信息质量和历史信息长度都是非常好的，完整性不错，但缺点是，过去信息化建设是分步骤、渐进式的，许多系统和数据库的建立是遵循从手工业务到电子化业务、复制手工操作的思路来设计和开发的，系统之间整合不够，业务运行和管理系统分隔，或者各种子公司、子业务之间彼此独立，甚至数据库都存在专业分隔，标准不一、架构复杂、流程过长，数据短缺、闲置和浪费同时并存。在这样的情况下，银行尽管拥有大量信息，但信息条线化、局部化、碎片化严重，阻碍了将信息转化为价值创造的能力。例如：在小微企业融资方面，面对数量繁多、经营状况各异的小微企业，银行一般很难深入考察每家企业的实际运作情况，也不能确保每家企业财务报表的真实性，信息不对称问题突出。为保证业务的真实性，在贷款审核及风险控制环节层层审批，运作效率较低。在此繁冗的业务流程下，银行根本无暇快速发现当前及潜在目标客户，更别提快速响应客户的业务需求了。

（四）缺乏复合型人才

互联网金融"来势汹汹"，势如破竹，随着这场创新盛宴的到来，行业人才争夺与储备也逐渐被提上日程。但是，具备网站设计或者说有IT从业经验的金融工作者却十分稀少。例如：互联网金融门户十分注重网站内容与页面设计，原因是其盈利的核心在于流量以及转化率，只有通过不断创新搜索方式，简化操作流程，提供内在价值高的金融产品，才能真正增加用户黏性，从而增加用户点击量，提高转化率，使互联网金融门户获取稳定且可持续的收入。相比专业的电商平台，工商银行"融e购"团队明显缺乏高质量的设计团队，如工商银行电商平台的页面布局与导航索引直观性不强，商品的标识与介绍不够精细，站内搜索精确度不高，产品更新速度明显滞后。

（五）缺乏与电商的沟通学习

金融业涉足电商，一切都要从头学起。用户体验、物流、域名，这些问题都成为银行做电商的明显短板。特别是在购物流程上，很多细节需要改进。例如："融 e 购"商城首页界面没有城市选择功能，而在商城浏览商品时，多个商品（如生鲜水果等）显示"京津沪配送"等字样，只有本地客户支持购买相关商品，其他地区客户即使看到该商品也无法购买。在物流配送领域，以京东、顺丰为代表的 3 小时送达、当日达或次日达等电商物流服务，养成了用户对物流的期待，而二商银行目前物流及与之配套的售后服务，远未达到用户的要求，不仅缺少物流跟踪情况，而且客户需要询问商家或者从商家处获取物流单号等。在域名上，工商银行"融 e 购"电商平台采用的域名是 http://www.mall.icbc.com.cn，属工商银行官网的二级域名，这种域名往往很难有流量。从入口来讲，金融入口有两个：一个是银行的网站；另外一个就是像搜索、电商或者微信这些社交门户。仅以工商银行的力量，独自打造一个排他性的金融入口，而不与电商等互联网企业沟通、合作，不太可能获得大规模点击率。

案例三　民生银行、平安银行和招商银行展开新一轮小微金融营销竞赛

一、案例背景

本案例对比分析民生银行、平安银行和招商银行 3 家股份制银行 2013 年全面参与小微金融服务营销的战略战术。民生银行、平安银行和招商银行在 2013 年小微企业金融服务发展进程中的重要事件如图 11 - 3 所示①。

（一）民生银行："多驾马车"拉动小微金融进入大零售发展阶段

自 2008 年以来，民生银行全面推进小微金融业务的战略布局，在小微金融领域既有先发优势，又坚持积极的经营作风，保持高度敏感的竞争意识。

---

① 史建平，等. 中国中小微企业金融服务发展报告 2014［M］. 北京：中国金融出版社，2015.

	中国民生银行 CHINA MINSHENG BANK	平安银行 PINGAN BANK	招商银行 CHINA MERCHANTS BANK
3月	启动分行转型	成立专营支行	推出信用卡服务
4月			推出"生意袋"、小企业E家
6月	成立社区银行		启动组织机构改革
7月	2.0版事业部改革；撤并专营机构		推出微信银行；撤并专营机构
8月		推出微信银行；启动事业部改革	
9月	启动与阿里巴巴合作		推出"e+稳健融资项目"
10月	升级小微手机银行	推出贷袋平安卡	
2014年	推出直销银行		推出首家咖啡银行

图 11 -3　民生银行、平安银行和招商银行 2013 年小微金融发展大事记

2013 年，民生银行在面对利率市场化、金融脱媒加剧以及银行同业竞争日益激烈的环境中，继续推进一系列业务及结构调整，坚持"做民营企业的银行、小微企业的银行、高端客户的银行"的战略定位，稳步推进战略实施，在小微金融领域继续保持领先态势。截至 2013 年 12 月 31 日，小微企业贷款余额达到 4 047.22 亿元，比上年年末增长 27.69%；小微客户总数达到 190.49 万户，比上年年末增长 91.97%。

1. 升级打造全新的 2.0 版事业部

民生银行 2013 年 7 月正式启动"2.0 版事业部改革"项目，并于 2013 年 12 月开始全面启动 2.0 版事业部改革方案。按照"准法人、专业化、金融资源整合、金融管家团队"的原则，逐渐将事业部业务转向利润率更高的中间业务——如"综合服务类"，利用事业部历经多年锤炼的专业能力、丰富经验以及金融资源提供包括现金管理、投资咨询、资金托管等甚至是债券发行、承销的偏向投资银行方向的、综合类管家式服务，进一步扩大事业部制度的领先优势。在新的事业部制版图下，小微金融成为民生银行发展"大零售"的重要棋子。对小微金融来说，此次转型能够通过规划、营销、数据的同步，逐渐实现大、中、小微及零售一体化的服务生态体系，实现"两小""两链"的融合。

2. 继续拓展小微专业支行发展模式

2013 年，结合事业部制改革，民生银行继续推进"做强分行，做大支行"策略，把地产、能源、交通等公司业务上收总行，分行承担起业务规划、销售策划和集中营销等职能，支行不再做公司业务，而是作为服务小微及零售业务的前端，全面向专业支行转型，重点围绕所在区域的特色经济服务小微企业客户。专业支行的建设能够对小微企业进行深度开发，不断提高小微企业金融专业化服务水平。

民生银行专业支行对小微企业的类别划分以"商圈 + 产业链"为标准，这类模式的小微企业群的违约概率被认为相对更低。截至 2013 年 12 月 31 日，民生银行总行认证的小微金融专业支行已经达到 104 家，贷款余额超过 1 000 亿元，不良率远低于全行的平均水平。

3. 利用信息科技提高小微金融服务的综合性

2013 年，民生银行加快小微 2.0 版等重要改革成果的实施步伐，按照"模块化、标准化、规模化"的原则，继续以信息技术强化小微服务特色银行的标签。围绕小微金融的需求特点，建立互联网环境中的小微金融服务载体，主要内容包括围绕小微客户的支付结算和金融服务需求，专门打造专属移动的金融平台——小微手机银行、首创国内直销银行模式等。

总体来看，民生银行小微金融服务技术目前依然领跑国内银行，除升级已有线上产品功能外，更携手阿里巴巴达成战略合作，打造金融开放平台，在理财、直销银行、互联网终端金融和 IT 科技等方面着重为小微企业和消费者提供综合性服务。

4. 继续推进小微城市合作社模式

小微城市合作社是民生银行实现小微客户批量开发的重要战略模式，基于小微企业具有地域和行业集中、企业主抱团发展的特点，民生银行利用小微城市合作社为小微企业主提供会员制的信息沟通、经验交流及资源共享服务的平台。资质较好的"合作社"目前具有互助合作基金、还贷周转基金、政府支持平台、集体团购平台、交易撮合平台和信息共享平台六大功能。城市合作社模式使得原本无组织、松散的小微企业逐步整合为有组织、紧密的专业集体，而民生银行作为平台最初的搭建者，由此达到了批量开发优质客户资源的目的。

自 2012 年民生银行第一家城市商业合作社成立，经过近两年的发展，截至 2013 年 11 月底，民生银行已建立合作社 3 000 余家，互助基金担保贷款超过 320 亿元，有效提高了民生银行在全国性大型商圈内、重点产业链条上的市场渗透率。

5. 试水社区银行，打造新型亲民形象

2013 年，民生银行继续引领创新，引入社区银行发展模式，这类新型网店模式很快受到广泛关注，并掀起了股份制银行建设社区银行的热潮。比起传统银行，围绕社区普通百姓生活搭建的社区银行更加类似金融便利店，小型、智能、便利。目前，民生银行社区银行主要提供缴费、理财等基本服务，并为咨询小微业务的客户联系所属支行专属小微客户经理，搭建社区与支行业务往来的平台。

对于以小微金融为重要发展战略的民生银行来说，社区银行无疑也承载着开发小微客户资源、拓展小微金融的愿望。显而易见，社区银行比大型网店可以更好地服务于社区、服务于小微企业，网点深入社区，很好地拉近了小企业主与银行的距离，业务咨询不再繁琐且呈现距离感。而对银行来说，了解客户需求也变得如此简单，"量身定做"金融产品更为便捷。截至 2013 年 12 月 31 日，民生银行已建成 3 305 家社区支行及自助服务网点并投产。

（二）平安银行：着力打造综合金融平台

在经历了与深圳发展银行合并后的磨合期，2013 年平安银行在新的领导层带领下，逐渐清晰定位，明确发展战略，其小微金融业务渐入佳境。截至 2013 年 12 月 31 日，平安银行小微贷款余额 871.28 亿元，较年初增加 312.94 亿元，增幅为 56.05%；期末不良率为 0.6%，较年初下降 0.64 个百分点。在小微企业贷款增速超过民生银行（27.69%）的同时，平安银行稳步推进事业部改革，奠定服务小微的组织基础，并利用信息科技和集团优势推出兼顾综合化和个性化的小微金融服务及产品。平安银行在小微金融服务"量"与"质"上双重推进，大有后来者居上之势。

1. 发力小微，迈入事业部改革

为了拓展小微业务市场，2013年8月，平安银行宣告进行组织结构调整，以"减少成本中心，增加利润中心"为原则，将总行一级部门由原来的79个精简至52个，成立3个行业事业部、11个产品事业部和1个平台事业部。其中，小企业金融事业部位列11个产品事业部之中，把中小企业业务作为五大业务板块之一重点发展。新成立的小企业金融事业部是平安银行专业化、集约化服务小企业的平台，该事业部将依托集团优势向客户提供综合金融服务，以满足小企业客户全方位的金融需求。

2. 瞄准年轻人，推出个性化小微移动金融服务

相较于其他银行类移动金融产品，平安银行将目光瞄准了年轻一代消费群体，其打造的口袋银行、微信银行画面化繁为简，极力打造趣味化、定制化和个性化的移动支付工具，功能上可以为客户提供金融业务介绍、实时账户余额和当日账户明细查询，公司客户还能在微信平台上查询周边网点信息，与平安银行的客户经理进行亲密互动。而"贷贷平安商务卡"是平安银行为小微客户量身定制的以小额信用循环贷款为核心，集融资、结算、增值服务等功能于一体的创新金融产品，充分结合了小微企业需求与互联网技术，提升市场影响力和客户渗透率。截至2013年年末，"贷贷平安商务卡"客户已达347 782户，已批准授信额度109亿元，授信客户35 042户，在用贷款余额60亿元。

3. 依托集团优势，发力综合金融服务平台

已涉足银行、保险、信托、证券、互联网金融和独立第三方支付等多个领域的平安金融集团，将为高净值客户提供全面的、一站式综合金融产品服务。借助平安集团的综合金融平台，平安银行做小微业务有得天独厚的客户群体和销售渠道的优势。比如，平安银行P2P网贷平台——陆金所的客户来源于集团的"财富E""一账通""万里通"以及"平安付"第三方支付公

司，且官方表示，未来三家公司将进一步实现资源共享和业务联动。其中，陆金所负责理财产品的交易与转让，平安银行负责托管账户与清算，"平安付"则负责抢占支付的市场。结合平安集团强大的资金优势以及数十年综合金融的经验，行业领先的风险管控能力与先进、安全的互联网平台，平安银行小微金融的发展"底气"十足。

（三）招商银行：扩大零售业务优势

与民生银行齐头并进布局小微金融的招商银行，为进一步巩固其零售业务优势，2013 年继续力推小微业务拓展，积极搭建与"两小"业务发展相适应的专业化经营管理体系，重点提高"两小"业务的市场规划能力、营销开发能力、客户服务能力、产品创新能力和风险经营能力，并取得良好成效。截至 2013 年 12 月 31 日，招商银行"两小"贷款余额合计 6 154.67 亿元，增幅为 63.02%，占全部公司贷款的比重为 23.79%。其中，小企业贷款余额为 3 000.14 亿元，同口径下较年初增长 49.7%；小微企业贷款余额为 3 154.53 亿元，较年初增长 78.08%；小微企业贷款占零售贷款比重达到 40.16%，较年初提高 13.8 个百分点。

1. 零售业务条线下"小微信贷工厂"模式再造

招商银行发展小微金融的重要突破与特色在于，充分利用零售业务规模优势，增加小微企业潜在客户，改造"信贷工厂"模式的小微金融业务条线及流程。鉴于零售业务客户与小微企业客户的相互重叠，招商银行将金葵花客户与私人银行客户等作为潜在小微金融客户群体进行交叉营销。同时，2013 年招商银行"小微信贷工厂"模式的一项重要变动是全面撤并小微专营机构并将小微金融业务回归分行，此次小微金融管理体制和业务流程的重新规划，标志着招商银行的小微金融之路重拾零售概念。其实，招商银行小微企业金融服务零售化趋势早在 2012 年就有所显现，招商银行 2012 年就把 500 万元以下的小微贷款划归零售条线，成立专门的团队，以零售条线个人经营性贷款的方式做小微贷款后，推出面向全国广大小微企业主、个体工商户的小微企业贷款产品"生意一卡通"，并以此作为标准化信贷流程的载体。招商银行较为成熟的零售业务作业模式，将带动重新回归分行后的小微金融服务再现零售优势、再造"小微信贷工厂"模式。

2. 率先试水银行 P2P 产品

2013 年 9 月，招商银行正式推出类似网络"P2P"贷款平台的"小企业 e 家"。"小企业 e 家"投融资平台是传统银行在互联网金融领域的尝试和探索，投融资平台基于招商银行的项目审核能力，借助互联网利用社会资金为小企业提供融资。

受到业界好评的"e + 稳健融资项目"第一期产品共发出 6 个项目，推出 10 天，融资金额就已高达 1.29 亿元。该平台自上线后始终未进行大规模宣传，但凭借其较高的收益率和多样的投资支付方式，满标的速度非常快。以发行规模最大的"e + 稳健融资项目 CS20130001"为例，融资金额 5 000 万元，仅经过两天就已经投满。需要注意的是，招商银行"小企业 e 家"目前的人气主要来自投资人对其信贷风险管理能力的信任，尽管招商银行明确表示不承担项目违约的风险，但潜在"信用背书"的可能性被投资人高估。招商银行对 P2P 的敏感触觉和率先尝试值得肯定，但更需要思考的是，在互联网金融领域，拥有高效且持续的项目生产能力是竞争的关键，这意味着踏上这条船的机构都需要在不同程度上打破路径依赖，对过往成熟的包括信贷管理在内的经营模式进行变革。而事实会证明，只有为数不多的、能真正做到位的机构才可能达到"新大陆"。

3. 加强小微金融产品的升级创新

招商银行于 2009 年在全国范围内面向广大中小企业主、个体工商户推出的个人经营贷款产品"生意贷"社会反响良好。为进一步适应小微客户群体金融需求的多样性和综合性，2013 年招商银行推出全新版的"生意贷"。全新版"生意贷"的内容包括三大产品和三项配套。三大产品为抵押加成贷款、小额信用贷款和供销流量贷款；三项配套为生意一卡通、超级网银和周转易。新版"生意贷"产品组合进一步优化了贷款产品的灵活性，以充分适应小微企业"短、频、快"的用款特点，通过人性化的结算服务，帮助小微企业全面提升资金管理水平。

同时，2013 年，随着智能手机的进一步广泛普及，手机银行已成为各家商业银行在"指尖"时代争夺的新战场。招商银行新增手机银行网点预约功能、电子填单一卡通开户和手机银行一卡通无卡取款功能；设立"微信银行"，提供借记卡账户查询、转账汇款、信用卡账单查询、信用卡还款和积分查询等卡类业务，还可以实现招商银行网点查询、贷款申请、办卡申请、手机充值、生活缴费、预约办理专业版和跨行资金归集、网点地图及排队人数查询等多种便捷服务。

二、案例分析

上述 3 家银行的共性与差异并存：综合来看，自 2013 年以来，民生银行、平安银行和招商银行在小微金融服务上主动出击，迎战利率市场化加速、金融脱媒加剧及互联网金融异军突起的挑战。3 家商业银行为撬动小微金融市场、打造新利润增长点，逐步进行组织结构调整、产品服务模式创新升级所采取的具体策略有相同之处，但也各有侧重。

具体而言，民生银行、平安银行和招商银行参与小微金融竞争措施中的共同点主要体现在组织架构调整、社区银行部署和智能移动支付平台搭建等方面。首先，2013 年 3 家银行围绕小微金融部署在组织结构上都进行了较大幅度的调整，如民生银行、招商银行撤并小微专营机构，转向成立小微特色专业支行，强化分行、支行层面的标准化操作，完善和优化小微业务流程。平安银行和民生银行均进一步加强事业部制转型和升级，为小微金融提供更具激励机制的发展平台。其次，3 家银行在社区金融建设方面均有所突破，民生银行、平安银行以金融便利店为蓝本，已搭建并投产社区银行，招商银行则另辟蹊径，携手咖啡品牌成立首家咖啡银行，形式多变但不离其宗；另外，面对互联网社会消费者生活方式移动化、指尖化的转变，3 家银行不约而同地对现有手机银行等产品进行升级、改造，在科技平台和移动金融方面全面发力，如民生银行为小微企业主的资金管理量身打造"小微手机银行"、上线"直销银行"，平安银行推出"口袋银行"，招商银行创建"微信银行"等。

然而，民生银行、平安银行和招商银行小微金融业务的经营思路虽有所相同，但也各有侧重。对比而言，民生银行除紧抓互联网金融布局外，在线下的批量客户开发上也下足功夫，不断挑战以往营销模式，创新开发"小微城市合作社""社区银行"等模式，并迅速引起业内争相模仿。民生银行深知银行线下服务小微企业的核心竞争力，线下服务与线上最直接的区别就是"以人为本"，民生银行在小微企业客户批量开发上以"一圈一贷"为原则，并配套专业的小微客户经理队伍，提高对小微企业的服务和效率。标准化的开发模式加之专业性的团队有非常明显的优势，客户资源的开发方式简单、明确、可行，客户经理走访经过研究细分过的目标商圈和小微商户，可以为特定的小微客户提供有针对性的专业化服务，提高商户对客户经理及民生银行的认知度和信赖感，这也是民生银行始终领跑小微金融业务的重要原因之一。

相对来说，平安银行则主要依赖集团优势搭建大零售协同经营平台，有组织地实施"一个客户、一个账户、多个产品、一站式服务"的综合经营策略。平安集团可以为平安银行提供大量潜在的个人、企业客户资源，而且这些客户资源是已满足平安信用审核的存量客户，这类客户资源的共享在提供对平安集团、平安银行的综合贡献度之外，几乎不会耗费太多的信用成本。以保险类客户为例，这类客户甚至在平安集团系统内已提供优质的担保品——保单。借助这一得天独厚的优势，平安银行凭借鲜明的综合金融特色将在业内占有特殊地位。

长久以来，招商银行一直是国内零售银行的标杆，相对民生银行、平安银行大刀阔斧般的改革，招商银行的小微金融经营策略相对低调，以丰富小微金融信贷产品为重心，突破小微企业贷款过于依赖抵押物的传统业务模式，推出了"生意贷""POS 贷款"等集合信用、担保、抵押和质押多种担保方式的贷款产品，并试水互联网金融的 P2P 网络贷款模式。总体来看，招商银行在小微金融业务方面表现稳健，客户资源的开发与维护主要依靠已有的零售客户规模优势。然而，在小微金融业务竞争日趋激烈的现实社会，招商银行经营思路显得有些稳健有余而动力不足。

参 考 文 献

［1］李冉.商业银行互联网金融战略研究［D］.山东大学，2014.

［2］史建平主编.中国□小微企业金融服务发展报告［M］.北京：中国金融

出版社, 2015.

　　[3]本刊记者.富国银行:跨文化整合营销战略[J]. 首席营销官,2015(6).

　　[4]王荣."互联网＋"时代中国金融营销大变化[J]. 现代商业,2015(4).

　　[5]李韦莎.浅谈我国商业银行金融营销的发展策略[J]. 经营管理者,2014(4).

　　[6]齐河宁.关于金融营销的几点思考[J]. 时代金融,2014(2).

第十二章　商业银行经营绩效

引　言

　　商业银行绩效评价是指根据商业银行财务报表，运用绩效评价指标体系和评价方法，对银行在经营期内的资产运营、财务效益和资本增值等状况进行考察。

　　商业银行绩效评价涉及三个方面的内容：首先是认识银行经营活动和结果，即利用财务报表获取相关财务信息；其次是设计一套指标体系，将报表信息结合起来，从多个角度展示银行经营业绩；最后是将指标数据应用到一定的分析方法之中，对银行经营绩效进行分析评价。

案例一　《The Banker》对全球 Top 1 000 家银行经营绩效的比较

一、案例背景

　　英国《The Banker》杂志创刊于 1926 年，创刊以来一直提供全球的金融情报。该杂志拥有超过 4 000 家全球银行的数据库，《The Banker》的资深编辑在世界各地旅行采访资深银行家及世界各国领导人，使该杂志对全球趋势形成独特见解。该杂志每年 7 月发布的全球 1 000 家大银行排名已被公认为业界最具权威性的专业排名，被视为衡量全球银行综合实力的重要标尺。由于这些原因，《The Banker》杂志成为全球金融智囊的世界级首要资料来源，对于在世界范围内从事银行业的人士，以及想对世界经济和政治事件的金融含义有所了解的人士来说，这本杂志更是一个不可或缺的指南针。

　　一级资本和总资产是《The Banker》杂志最重要的两个排名指标，此外还有资本资产比率、税前盈利、实际利润增长率、平均资本回报率、资产回报率、成本收入比率、资本充足率和不良率。在案例一中，主要通过这些重要指标比较分析中外银行的经营绩效，帮助我们进一步了解目前我国银行业的全球竞争力。

二、案例分析

（一）一级资本的国际比较

　　1975 年 2 月，在国际清算银行的发起和主持下，十国集团及瑞士、卢森堡共同成立了"国际清算银行关于银行管理和监督行动常设委员会"，由各国银行监管当局的代表组成，后来，委员会将其名称改为巴塞尔银行监管委员会。巴塞尔银行监管委员会自成立以来，制定了一系列重要的银行监管规定，该委员会在 1988 年 7 月通过了《关于统一国际银行的资本计算和资本标准的报告》（简称《巴塞尔报告》）。该报告的核心内容是资本的分类。报告将银行的资本划分为核心资本（即一级资本）和附属资本两类，对两类资本按照各自不同的特点做出明确的界定，确定了资本对风险资产的比重不低于 8%，其中核心资本对风险资产的比重不低于 4%。该标准一直沿用至今，被认为对现代商业银行风险控制具有重要意义。

　　一级资本，从最广泛的意义上讲，包括普通股、优先股、次级债和其他长期债、商誉和无形资产等，是衡量银行资本充足状况和银行资本实力的指标。一级资本相对于市值、利润额等指标来讲，可以更清晰地反映单个银行的实力和全球银行业的竞争格局。正是因为一级资本对于银行全球竞争力的重要性，美欧国家才不惜代价地注资银行甚至收购银行不良资产①。

　　历年《The Banker》杂志 1 000 家大银行排名都是通过计算各家银行"一级资本"指标，并以"一级资本"为标的进行排序的。但《The Banker》杂志认为，作为一个衡量指标，广义的一级资本已变得如此宽松，以至于我们

---

① 高析．世界 1 000 家最大银行排名与统计分析［J］．统计研究，2010（4）：83－89.

不能再将其用于判断某家银行规避风险的能力。在金融危机期间，那些倒闭（或接近倒闭）的银行之前都被认为是资本金充足。在美国，批评者认为，部分银行大量补充资本金试图提高以广义标准衡量的一级资本，这种做法被认为是"在持续地降低资产质量，并夸大资本价值"，其结果是，美国政府在以巴塞尔资本充足率标准进行压力测试后，许多银行被发现处于极度不健康状态，被要求补充数百亿美元的资本金。

与一级资本最宽泛的定义相比，《The Banker》杂志的排名榜使用的一级资本的定义更加严格，以巴塞尔银行监管委员会的划分标准为基础，仅包括银行的核心实力有普通股、公开储备和未分配利润，而累积优先股、重估储备、隐藏储备、次级和其他长期债以及商誉都被排除在外。根据严格定义的一级资本所排序的 1 000 家大银行，体现了金融机构和各国政府为重组和振兴银行体系所做的巨大努力取得的成效。

按一级资本排列，2013 年《The Banker》发布的中国银行排名如表 12－1 所示。从排名来看，我国银行业总体较上期排名有所上升，中国工商银行表现最为突出，从全球第三名跃升为全球第一名，全球一级资本前 10 名中，我国有 4 家银行列席，即中国工商银行、中国建设银行、中国银行和中国农业银行，均为我国大型商业银行。此外，北京银行排名的升位幅度最为明显，从第 132 位跃升至第 105 位，体现出较好的经营管理能力。

表 12－1　2013 年《The Banker》发布的中国银行排名（按一级资本）

总排名	上期总排名	银行名称	一级资本（百万美元）	一级资本充足率（%）
1	3	中国工商银行	160 646	14.72
5	6	中国建设银行	137 600	15.50
9	9	中国银行	121 504	9.29
10	10	中国农业银行	111 493	15.64
23	30	中国交通银行	57 613	37.78
47	48	中信银行	31 171	14.50
50	56	招商银行	28 868	16.34
53	57	浦发银行	27 141	17.13

续表

总排名	上期总排名	银行名称	一级资本（百万美元）	一级资本充足率
54	62	民生银行	26 099	30.43
55	69	兴业银行	26 016	46.90
75	83	广大银行	17 580	22.03
97	n/a	平安银行	12 225	n/a
102	111	华夏银行	11 362	15.35
105	132	北京银行	11 039	39.23

资料来源：《The Banker》杂志。

全球排名前 10 名的我国银行中，除中国银行外，一级资本充足率都在 15% 左右，但低于我国其他非前 10 名的银行。一级资本充足率高于 30% 的银行中有交通银行、民生银行、兴业银行、北京银行。资本充足率的高水平不仅衡量出我国银行资本充足状况良好以及较强的银行资本实力，更体现出我国金融机构和政府为发展金融、维稳金融所做出的巨大努力取得的成效。

全球银行业一级资本总额形成逐年稳步上升的态势，其原因在于两个方面：一方面，金融危机下，银行金融机构纷纷要求政府提供帮助，以充实其资本基础，政府注资银行多数是非累积优先股，这部分被计入银行的一级资本中，这在我国并不明显，是得益于在此次金融危机中，我国银行业受到的负面冲击范围较小，但在西方国家，政府直接注资的行为较为普遍；另一方面，各国金融监管部门要求银行金融机构增加资本金，银行机构因而筹资意愿高涨，有些金融机构通过收购兼并等活动，成为全球一级资本排名靠前的银行，如摩根大通银行、美洲银行和富国银行等。

除我国银行排名外，《The Banker》还发布了按一级资本排列的 2013 年全球大银行排名情况。虽然我国有 4 家银行跻身全球前 10 名，但在前 20 名中，美国银行无论是数量还是排名次序都强于其他国家。还有一个明显的特征是，我国银行机构的一级资本充足率要明显高于美国等其他国家，如美国银行中一级资本全球排名第三，但是一级资本充足率却为负值；同样的情况还有日本瑞穗金融集团和英国劳埃德银行（见表 12-2），说明其承担的风险很大。

表 12-2 2013 年《The Banker》发布的全球大银行排名（按一级资本）

排名	上期排名	银行名称	国家	一级资本 （百万美元）	一级资本充足率 （%）
1	3	中国工商银行	中国	160 646	14.72
2	2	摩根大通银行	美国	160 002	6.40
3	1	美国银行	美国	155 461	-2.37
4	4	汇丰银行	英国	151 048	8.21
5	6	中国建设银行	中国	137 600	15.50
6	5	花旗集团	美国	136 532	3.53
7	7	三菱日联金融集团	日本	129 576	10.73
8	8	富国银行	美国	126 607	11.11
9	9	中国银行	中国	121 504	9.29
10	10	中国农业银行	中国	111 493	15.64
11	11	法国巴黎银行	法国	99 223	8.02
12	12	苏格兰皇家银行	英国	88 157	0.05
13	13	法国农业信贷银行	法国	81 355	1.41
14	14	桑坦德银行	西班牙	81 260	1.71
15	15	巴克莱银行	英国	80 110	5.36
16	17	三井住友银行	日本	78 902	3.31
17	16	瑞穗金融集团	日本	74 956	-3.75
18	18	劳埃德银行	英国	67 435	-0.87
19	20	高盛集团	美国	66 977	5.87
20	19	德意志银行	德国	66 600	4.95

资料来源：《The Banker》杂志。

（二）总资产指标的排名情况

总资产是体现并评价银行经营规模的重要资本，因此《The Banker》杂志将其作为第二重要的排名指标。在总资产排名中（见表 12-3），我国银行的排名情况是：中国工商银行仍然位居第一，中国建设银行排在第九名，中国农业银行和中国银行分别位列第十一位、第十四位，都相对有所下降。美国也只有 3 家银行跻身全球前 10 名。从总资产体量上来看，英国、日本和德国的排名更加靠前，日本三菱日联金融集团的总资产达到 27 094 亿美元，英国汇丰银行和德国德意志银行紧跟其后，但在一级资本上，德意志银行相较于其他总资产巨量的大行略显逊色。同样，一级资本排名和总资产排名相差较大的银行还有法国兴业银行。

表 12 – 3　2013 年《The Banker》发布的全球大银行排名（按总资产排名）

总资产排名	一级资本排名	银行名称	国家	总资产（百万美元）	一级资本（百万美元）
1	1	中国工商银行	中国	2 788 906	160 646
2	7	三菱日联金融集团	日本	2 709 402	129 576
3	4	汇丰银行	英国	2 692 538	151 048
4	20	德意志银行	德国	2 654 788	66 600
5	13	法国农业信贷银行	法国	2 649 277	81 355
6	11	法国巴黎银行	法国	2 516 214	99 223
7	2	摩根大通银行	美国	2 359 141	160 002
8	15	巴克莱银行	英国	2 350 664	80 110
9	5	中国建设银行	中国	2 221 435	137 600
10	3	美国银行	美国	2 212 004	155 461
11	10	中国农业银行	中国	2 105 619	111 493
12	12	苏格兰皇家银行	英国	2 069 866	88 157
13	17	瑞穗金融集团	日本	2 049 810	74 956
14	9	中国银行	中国	2 015 996	121 504
15	6	花旗集团	美国	1 864 660	136 532
16	16	三井住友银行	日本	1 718 045	78 902
17	14	桑坦德银行	西班牙	1 674 971	81 260
18	28	法国兴业银行	法国	1 649 995	50 260
19	22	法国 BPCE 银行集团	法国	1 513 880	61 355
20	18	劳埃德银行	英国	1 458 284	67 435

资料来源：《The Banker》杂志。

（三）一级资本、总资产、净利润与股票市值的国际比较

代表资本市场对银行内在价值综合评判的总市值，一般认为是上市银行未来价值创造的现值体现。因此，市值排名一直被《The Banker》杂志等权威银行业分析机构作为上市银行评价的重要参数，也是国际公认的衡量银行长期市场竞争力的有效量化标准。

伴随着公司治理改革不断向纵深推进，已经成功登陆资本市场的我国商业银行开始纷纷把目光转向市值的管理，紧盯市值排名，争相在新的竞争舞台上维护和展现自己的企业品牌形象与核心竞争实力，寻求市场对自身投资价值的认同，从而为实现长期可持续发展和股东价值回报的最大化创造良好的外部环境。可以说，市值最大化已经成为我国商业银行公司治理的一项重要目标。表 12 – 4 给出了 2014 年年末我国商业银行一级资本、总资产、净利润与股票市值的具体数据。截至 2014 年 12 月 31 日，中国工商银行、中国建设银行、中国银行与中国农业银行的股票市值均超过 11 000 亿元人民币，是其他银行的数倍，说明我国银行业存在着较大的差异性。

表 12 – 4　2014 年年末我国商业银行一级资本、总资产、净利润与股票市值

单位：百万美元

银行名称	一级资本	总资产	净利润	股票市值
中国工商银行	248 608	3 368 190	59 096.58	16 430
中国建设银行	202 119	2 736 416	48 878.25	15 675
中国银行	184 231	2 492 463	37 829.38	11 658
中国农业银行	167 699	2 610 582	37 956.69	11 465
中国交通银行	76 886	1 024 399	13 879.23	4 851
招商银行	49 351	773 301	12 000.49	4 011
中信银行	43 239	676 387	8 918.78	3 809
浦发银行	42 815	685 721	10 137.28	2 791
兴业银行	42 300	720 118	9 903.25	3 024
民生银行	40 200	656 175	9 771.69	3 901

资料来源：《The Banker》杂志。

案例二 商业银行财务报表分析与绩效评价

商业银行的财务报表记录了银行经营活动的整体状况，综合反映商业银行某一特定日期的资产、负债和所有者权益状况，以及某一特定时期经营成果和现金活动情况的书面文件，是传递银行财务信息的主要途径，是商业银行经营管理的基本依据。所以，商业银行财务报表以及相关资料为银行的绩效评估提供了必要信息。商业银行财务报表主要包括资产负债表、利润表、现金流量表、所有者权益（股东权益）变动表和附注。

本节首先以兴业银行为例，对商业银行财务报表形成正确认识；其次对兴业银行进行绩效度量。

一、商业银行财务报表解析——以兴业银行为例

（一）资产负债表

商业银行资产负债表是反映商业银行在某一特定日期（月末、季末和年末）的财务状况的会计报表。它按照"资产＝负债＋所有者权益"的会计恒等式，依照一定的分类标准和次序编制而成。

资产负债表主要提供有关商业银行财务状况方面的信息。通过阅读资产负债表，可以掌握商业银行拥有或控制的资源以及分布情况；可以获悉商业银行未来需要用多少资产或劳务清偿债务；可以知晓其所有者在资产中所占的份额。表 12 - 5 为 2012—2014 年兴业银行的资产负债表。

表 12 - 5 2012—2014 年兴业银行的资产负债表

资产/负债项目	2014 - 12 - 31	2013 - 12 - 31	2012 - 12 - 31
资产：现金及存放中央银行款项	4 912 亿元	4 229 亿元	3 916 亿元
存放同业和其他金融机构款项	1 008 亿元	628 亿元	1 646 亿元
贵金属	75.4 亿元	2.76 亿元	49.8 亿元
拆出资金	511 亿元	871 亿元	2 148 亿元

续表

资产/负债项目	2014 - 12 - 31	2013 - 12 - 31	2012 - 12 - 31
交易性金融资产	—	—	215 亿元
衍生金融资产	51.4 亿元	64.1 亿元	32.7 亿元
买入返售金融资产	7 128 亿元	9 211 亿元	7 928 亿元
应收利息	248 亿元	232 亿元	195 亿元
发放贷款及垫款	1.55 万亿元	1.32 万亿元	1.20 万亿元
代理业务资产	—	—	—
可供出售金融资产	4 081 亿元	2 640 亿元	1 921 亿元
持有至到期投资	1 978 亿元	1 177 亿元	692 亿元
长期股权投资	17.0 亿元	14.0 亿元	14.9 亿元
固定资产	99.2 亿元	72.8 亿元	66.6 亿元
无形资产	4.92 亿元	5.30 亿元	2.50 亿元
递延所得税资产	114 亿元	101 亿元	49.4 亿元
投资性房地产	—	—	—
其他资产	186 亿元	110 亿元	103 亿元
资产总计	4.41 万亿元	3.68 万亿元	3.25 万亿元
负债:同业和其他金融机构存放款项	1.27 万亿元	1.01 万亿元	8 944 亿元
向中央银行借款	300 亿元	—	—
拆入资金	811 亿元	783 亿元	884 亿元
交易性金融负债	—	—	—
衍生金融负债	45.0 亿元	68.6 亿元	30.0 亿元
卖出回购金融资产款	986 亿元	818 亿元	1 619 亿元
吸收存款	2.27 万亿元	2.17 万亿元	1.81 万亿元
预收账款	—	—	—
应付职工薪酬	99.3 亿元	92.1 亿元	74.4 亿元
应交税费	109 亿元	121 亿元	95.6 亿元
应付利息	357 亿元	263 亿元	189 亿元

续表

资产/负债项目	2014 – 12 – 31	2013 – 12 – 31	2012 – 12 – 31
代理业务负债	—	—	—
应付债券	1 858 亿元	679 亿元	690 亿元
递延所得税负债	—	—	—
预计负债	—	—	—
其他负债	1 510 亿元	156 亿元	145 亿元
负债合计	4.15 万亿元	3.48 万亿元	3.08 万亿元
权益：股本	191 亿元	191 亿元	127 亿元
资本公积金	509 亿元	509 亿元	500 亿元
减：库存股	—	—	—
盈余公积金	98.2 亿元	98.2 亿元	66.5 亿元
未分配利润	1 196 亿元	924 亿元	713 亿元
一般风险准备	434 亿元	323 亿元	289 亿元
外币报表折算差额	—	—	—
少数股东权益	31.6 亿元	14.0 亿元	10.6 亿元
归属于母公司所有者权益合计	2 579 亿元	1 998 亿元	1 696 亿元
所有者权益合计	2 611 亿元	2 012 亿元	1 706 亿元
负债及股东权益总计	4.41 万亿元	3.68 万亿元	3.25 万亿元

资料来源：根据兴业银行年报整理。

对表 12 – 5 中资产/负债各项目的内容分析如下：

（1）"现金及存放中央银行款项"项目，反映商业银行期末持有的现金和存放中央银行款项等总额。根据"库存现金"和"存放中央银行款项"科目总账的期末余额加总填列。

（2）"存放同业款项""交易性金融资产""买入返售金融资产""可供出售金融资产""递延所得税资产"等资产项目，一般直接反映商业银行持有的相应资产的期末价值，根据相应科目总账的期末余额填列。买入返售金融资产计提准备的，还应以扣减计提的准备后的金额填列。

（3）"贵金属"项目，反映商业银行期末持有的贵金属价值。根据"贵金属"科目总账的期末余额填列。

（4）"衍生金融资产"项目，反映商业银行期末持有的衍生工具、套期工具和被套期项目中属于衍生金融资产的金额。根据"衍生金融资产"科目总账的期末余额填列。

（5）"发放贷款及垫款"项目，反映商业银行发放的贷款和贴现资产扣减贷款损失准备期末余额后的金额。根据"贷款"科目和"贴现资产"科目总账的期末余额加总减去"贷款损失准备"科目总账余额后填列。

（6）"拆出资金""应收利息""持有至到期投资""长期股权投资"等资产项目，反映商业银行持有的相应资产的实际价值，以扣减对应的资产减值准备后的金额填列。"拆出资金""应收利息"分别根据"拆出资金""应收利息"科目总账的期末余额填列。"持有至到期投资"根据"持有至到期投资"科目期末总账余额减去"持有至到期投资减值准备"科目期末总账余额后填列。"长期股权投资"根据"长期股权投资"科目期末总账余额减去"长期股权投资减值准备"科目期末总账余额后填列。

（7）"固定资产""无形资产"等资产项目，反映商业银行相应资产在期末的实际价值。"固定资产"以"固定资产"总账期末余额扣减"累计折旧"和"固定资产减值准备"总账期末余额后的金额填列。"无形资产"以"无形资产"总账期末余额扣减"累计摊销"和对应的"无形资产减值准备"总账期末余额后填列。

（8）"其他资产"项目，反映商业银行期末持有的存出保证金、应收股利、其他应收款、1年内应予摊销的长期待摊费用等合计总额。资产负债表中其他资产项目包括的内容相对较多，又分别设置了不同的科目进行核算，因此，应将"存出保证金""应收股利""其他应收款""长期应收款""未实现融资收益""抵债资产""商誉""代理兑付证券""代理兑付证券款""坏账准备"等总账余额进行分析加总后填列。

（9）"同业和其他金融机构存放款项""向中央银行借款""拆入资金""交易性金融负债""卖出回购金融资产款""吸收存款""应付职工薪酬"

"应交税费""应付利息""应付债券""递延所得税负债"等项目，反映商业银行从中央银行借入在期末尚未偿还的借款、尚未偿付的债务金额等。分别根据相应科目总账的年末余额填列。

（10）"衍生金融负债"项目，反映衍生工具、套期项目和被套期项目中属于衍生金融负债的金额。根据"衍生金融负债"科目总账的期末余额填列。

（11）"其他负债"项目，反映存入保证金、应付股利、其他应付款、预计负债和递延收益等合计总额。资产负债表中其他负债项目包括的内容相对较多，又分别设置了不同的科目进行核算，因此，应将"存入保证金""应付股利""其他应付款""预计负债""递延收益""长期应付款""未确认融资费用""代理兑付证券""代理兑付证券款"等总账的期末余额进行分析加总后填列。

（12）"实收资本（或股本）""资本公积金""盈余公积金""未分配利润""一般风险准备""库存股"等项目，反映商业银行期末持有的接受投资者投入企业的实收资本、从净利润中提取的盈余公积和一般风险准备等金额。分别根据"实收资本（或股本）""资本公积金""盈余公积金""一般风险准备""库存股"科目总账的期末余额和"利润分配"科目中的"未分配利润"明细账户的期末余额填列。

对上述各项数据进行分析，找到需要关注的指标。在资产方面，"发放贷款及垫款"占比最大，此项为我国上市银行的共同特征，这是由于我国目前金融市场尚未成熟导致的，是银行业当下高度依赖利息收入的盈利模式。"发放贷款及垫款"背后的原因在于：我国银行业发展壮大过程中，同质化经营特征还十分明显，在盈利增长的贡献因素中，提高贷款规模，赚取利息收入还是主要的方式，兴业银行也不例外，贷款额连年增加。而且，很多时候政府可以通过信贷增速了解当前的经济状况，这在一定程度上反映了管理层对宏观调控的态度，贷款指标具有很大的指导意义。但金融危机和欧债危机为全球银行业的监管敲响了警钟，随着《巴塞尔协议Ⅲ》的推进，资本约束将可能在一段很长时期内成为常态，传统依赖贷款扩张的粗放式增长模式难以为继。银行业监管机构除了要监管贷款总量外，还需观察贷款项下的结构。

　　"现金及存放中央银行款项"是另外一项占资产总额比重较大的项目。在我国这一资产项目较大也具有普遍性，主要包括现金、存放中央银行存款准备金、存放中央银行超额存款准备金和存放中央银行财政存款等。一般而言，商业银行该项资产的主要部分是"存放中央银行法定存款准备金"，主要受到存款准备金比率和银行吸收存款的影响。当存款准备金提高、银行发放贷款受到抑制时，长期紧缩下的经济增长将有可能面临减速的风险。

　　"买入返售金融资产""可供出售金融资产"和"持有至到期投资"均为银行所持有的金融资产。在我国，不同类型的银行在金融资产上会有差异较大的配置特征，兴业银行资产中"买入返售金融资产"占比较高，且从时间轴上可见，该项资产在三年期中变化无规律。而"可供出售金融资产""持有至到期投资"则表现为逐年增加的趋势。"持有至到期投资"主要为低风险、低收益的政府债券、中央银行债券和政策性银行债券。值得注意的是，国有性质的银行资金雄厚，"持有至到期投资"的占比较其他性质的银行要多很多。

　　在负债和所有权方面，"吸收存款"是最重要的负债项目，占绝对主导地位，且在三年期中连年增加；"同业和其他金融机构存放款项"也占据相当一部分比重，属于金融机构之间的资金融通，这两项特征是上市银行的共同特点。值得注意的是，在国有性质的银行中，"同业和其他金融机构存放款项"相对较低，是由于其资金雄厚，吸收存款容易所致，但在当下同质化经营对存款争夺较为激烈的背景下，也要吸收较大比重的同业存款，以支持发放贷款业务的扩张。权益部分，数额相对于资产要少很多，其中，"一般风险准备"项目值得关注，也是银行资产负债表中比较有特色的项目。根据财政部的规定，商业银行需要根据承担风险和损失的资产余额的比例通过税后利润提取，用来弥补尚未识别的可能性损失。原则上，"一般风险准备"不低于风险资产期末余额的1%。

　　（二）损益表

　　损益表反映商业银行在一定会计期间内利润（亏损）的实现情况。表12-6是2012—2014年兴业银行的损益表。损益表中的"本期金额"栏，反映各项目的本期实际发生数；"上期金额"栏，反映各项目的上期实际发生数。

表 12 - 6   2012—2014 年兴业银行损益表

损 益 表	2014 - 12 - 31	2013 - 12 - 31	2012 - 12 - 31
一、营业收入	1 249 亿元	1 093 亿元	876 亿元
利息净收入	956 亿元	858 亿元	722 亿元
利息收入	2 194 亿元	1 896 亿元	1 558 亿元
减：利息支出	1 239 亿元	1 038 亿元	836 亿元
手续费及佣金净收入	270 亿元	238 亿元	149 亿元
手续费及佣金收入	284 亿元	247 亿元	157 亿元
减：手续费及佣金支出	13.7 亿元	9.74 亿元	7.34 亿元
投资收益	-9 600 万元	2 200 万元	-3.46 亿元
其中：对联营企业和合营企业的投资收益	2.64 亿元	2.48 亿元	2.21 亿元
公允价值变动收益	16.3 亿元	-11.4 亿元	3.39 亿元
汇兑收益	6.92 亿元	7.44 亿元	4.39 亿元
其他业务收入	7 000 万元	5 600 万元	4 700 万元
二、营业支出	647 亿元	552 亿元	416 亿元
营业税金及附加	91.1 亿元	78.3 亿元	57.5 亿元
管理费用	295 亿元	288 亿元	229 亿元
资产减值损失	259 亿元	182 亿元	124 亿元
其他业务成本	2.48 亿元	4.33 亿元	5.44 亿元
三、营业利润	602 亿元	541 亿元	461 亿元
加：营业外收入	5.71 亿元	3.13 亿元	1.87 亿元
减：营业外支出	1.63 亿元	1.30 亿元	6 200 万元
四、利润总额	606 亿元	543 亿元	462 亿元
减：所得税费用	131 亿元	128 亿元	113 亿元
五、净利润	475 亿元	415 亿元	349 亿元
减：少数股东损益	3.92 亿元	3.00 亿元	2.09 亿元
归属于母公司所有者的净利润	471 亿元	412 亿元	347 亿元

资料来源：根据兴业银行年报整理。

对表 12 - 6 中各项目的内容分析如下：

（1）"利息净收入"项目，应根据"利息收入"项目金额减去"利息支出"项目金额后的余额计算填列。"利息收入""利息支出"项目，反映商业银行经营存贷款业务、与其他金融机构之间发生资金往来等确认的利息收入和发生的利息支出，分别根据"利息收入"和"利息支出"科目期末结转利润科目的数额填列。

（2）"手续费及佣金净收入"项目，应根据"手续费及佣金收入"项目金额减去"手续费及佣金支出"项目金额后的余额计算填列。"手续费及佣金收入""手续费及佣金支出"项目，反映商业银行在经营活动中确认的各项手续费、佣金收入和发生的相关的各项手续费和佣金支出，分别根据"手续费及佣金收入""手续费及佣金支出"科目期末结转利润科目的数额填列。

（3）"投资收益""公允价值变动收益""汇兑收益"项目反映商业银行以各种方式对外投资取得的收益，按照相关准则规定应当计入当期损益的资产或负债公允价值变动收益、汇率变动形成的收益。如为损失，以"-"号列示，分别根据"投资收益""公允价值变动损益""汇兑损益"科目期末结转利润科目的数额填列。

（4）"其他业务收入""其他业务成本"项目反映商业银行在经营的除主营业务以外的其他业务所取得的收入和发生的成本，分别根据期末结转利润科目的数额填列。

（5）"营业税金及附加""业务及管理费"、"资产减值损失"项目反映商业银行在生产经营过程中交纳的营业税及附加税费、发生的业务及管理费和发生的资产减值损失等项目，分别根据"营业税金及附加""业务及管理费""资产减值损失"科目期末结转利润科目的数额填列。

（6）"营业外收入""营业外支出""所得税费用"等项目，反映商业银行发生的与其经营活动无直接关系的各项收入和支出，以及根据所得税准则确认的应从当期利润总额中扣除的所得税费用，分别根据"营业外收入""营业外支出""所得税费用"科目期末结转利润科目的数额填列。

对兴业银行的损益表进行分析可知，"利息净收入"占据主导，事实上，我国银行业具有类似的营收结构，"手续费及佣金净收入"也占据一定比重。

"利息收入"来源于两个方面，即银行发放贷款及垫款赚取的利息收入和配置债券赚取的利息收入，利息支出主要是客户存款。利息的净收入这种构成特点是我国银行业的共同特征，但逐渐摆脱过分依赖利息收入的传统经营模式，大力发展中间业务，寻求差异化经营是大势所趋，不同银行在中间业务的收入构成中都有不同的特征，且中间收入也在近几年保持高水平的增长。在其他营业收入项目中，"投资收益"的贡献很小，2012 年年底，其值为 – 3.46 亿元，2014 年也为负值，但从长远来看，随着金融市场的不断深化，投资领域将有较大发展，在未来可能呈逐渐上升态势。"公允价值变动收入""汇兑收益""其他业务收入"所占比例都不是很大。在营业支出结构中，"管理费用""资产减值损失"的比重较大。兴业银行的净利润从三年期来看是逐渐增加的，说明其较好的经营水平。

（三）现金流量表

现金流量表是反映会计主体一定期间内现金的流入和流出，表现企业获得现金或现金等价物能力的报表。现金流量表是以现金收付制为基础编制的财务状况变动表，它以现金的流入和流出反映企业在一定期间内的经营活动、投资活动和筹资活动的动态情况，反映企业现金流入和流出的全貌，表明企业获取现金和现金等价物的能力。表 12 – 7 为 2012—2014 年兴业银行的现金流量表。

表 12 – 7   2012—2014 年兴业银行现金流量表

项　　目	2014 – 12 – 31	2013 – 12 – 31	2012 – 12 – 31
经营：客户存款和同业存放款净增加额	3 580 亿元	4 702 亿元	7 356 亿元
向中央银行借款净增加额	300 亿元	—	—
向其他金融机构拆入资金净增加额	—	—	—
收取利息和手续费净增加额	1 990 亿元	1 780 亿元	1 514 亿元
收到其他与经营活动有关的现金	1 304 亿元	29.5 亿元	12.7 亿元
经营活动现金流入小计	1.15 万亿元	6 512 亿元	9 444 亿元
客户贷款及垫款净增加额	2 478 亿元	1 323 亿元	2 472 亿元
存放中央银行和同业款项净增加额	456 亿元	19.0 亿元	1430 亿元
支付给职工以及为职工支付的现金	166 亿元	155 亿元	112 亿元
支付的各项税费	271 亿元	221 亿元	152 亿元

续表

项　　目	2014 - 12 - 31	2013 - 12 - 31	2012 - 12 - 31
支付其他与经营活动有关的现金	64.5 亿元	118 亿元	144 亿元
经营活动现金流出小计	4 667 亿元	4 420 亿元	8 277 亿元
经营活动产生的现金流量净额	6 821 亿元	2 091 亿元	1 167 亿元
投资：收回投资收到的现金	1.28 万亿元	8 754 亿元	7 849 亿元
取得投资收益收到的现金	460 亿元	322 亿元	121 亿元
处置固定资产、无形资产和其他长期资产收到的现金	1.15 亿元	9 900 万元	3.68 亿元
处置子公司及其他营业单位收到的现金	—		
收到其他与投资活动有关的现金	4.57 亿元	22.9 亿元	300 万元
投资活动现金流入小计	1.33 万亿元	9 100 亿元	7 975 亿元
投资支付的现金	1.89 万亿元	1.23 万亿元	9 222 亿元
购建固定资产、无形资产和其他长期资产支付的现金	52.6 亿元	41.4 亿元	34.2 亿元
支付其他与投资活动有关的现金	—	10.6 亿元	500 万元
投资活动现金流出小计	1.90 万亿元	1.24 万亿元	9256 亿元
投资活动产生的现金流量净额	- 5 662 亿元	- 3 262 亿元	- 1 281 亿元
筹资：吸收投资收到的现金	146 亿元	9.19 亿元	237 亿元
发行债券收到的现金	1 790 亿元	30.0 亿元	—
收到其他与筹资活动有关的现金	—	—	—
筹资活动现金流入小计	1 936 亿元	39.2 亿元	237 亿元
偿还债务支付的现金	659 亿元	40.8 亿元	120 亿元
分配股利、利润或偿付利息支付的现金	131 亿元	104 亿元	77.2 亿元
支付其他与筹资活动有关的现金	2.02 亿元	1.39 亿元	—
筹资活动现金流出小计	793 亿元	146 亿元	197 亿元
筹资活动产生的现金流量净额	1 143 亿元	- 107 亿元	39.5 亿元
汇率变动对现金的影响	- 1.40 亿元	- 1.95 亿元	- 4 900 万元
现金及现金等价物净增加额	2 300 亿元	- 1 280 亿元	- 75.1 亿元
期初现金及现金等价物余额	1 271 亿元	2 551 亿元	2 626 亿元
期末现金及现金等价物余额	3 571 亿元	1 271 亿元	2 551 亿元

资料来源：根据兴业银行年报整理。

对表 12 - 7 中各项目的内容分析如下：

（1）"客户存款和同业存放款净增加额"项目反映商业银行本期吸收的境内外金融机构以及非同业存放款以外的各种存款的净增加额，应根据"吸收存款""同业存款"等科目的余额填列。

（2）"向中央银行借款净增加额"项目反映商业银行本期向中央银行借入款项的净增加额，应根据"向中央银行借款"科目的余额填列。

（3）"向其他金融机构拆入资金净增加额"项目反映商业银行本期从境内外金融机构拆入款项所取得的现金，减去拆借给境内外金融机构款项而支付的现金后的净额，应根据"拆入资金""拆出资金"等科目的余额填列。

（4）"收取利息和手续费净增加额"项目反映商业银行本期收到的利息和手续费减去支付的利息、手续费的净额，应根据"利息收入""手续费收入""应收利息"等科目的余额填列。

（5）"客户贷款及垫款净增加额"项目反映商业银行本期发放的各种客户贷款，以及办理商业票据贴现、转贴现融出及融入资金等业务的款项的净增加额，应根据"贷款""贴现资产""贴现负债"等科目的余额填列。

（6）"存放中央银行和同业款项净增加额"项目反映商业银行本期存放于中央银行以及境内外金融机构的存款的净增加额，应根据"存放中央银行款项""存放同业款项"等科目的余额填列。

（7）"发行债券收到的现金"项目反映商业银行发行债券收到的现金，应根据"应付债券"等科目的余额填列。

值得注意的是，金融行业有其自身的盈利模式，主要通过吸、存、放、贷赚取息差，并开展中间业务赚取手续费及佣金，因此，这样的特点会反映在经营性现金流中。例如："收取的利息、手续费及佣金的现金"与损益表中的"手续费及佣金收入"相对应；"客户贷款及垫款净增加额"与资产结构中的"客户贷款及垫款"、损益表中的"利息收入"相对应。在投资活动中，兴业银行的"投资支付的现金"项目数额巨大，使得投资活动产生的现金流量净额在三年期都为负数。该项目是企业进行权益性投资和债券性投资支付的现金，包括短期股票投资、短期债券投资和长期债券投资支付的现金等。

总之，对兴业银行这样的上市银行进行财务分析，不仅是为了考察基本面，更是通过银行财务报表反映出的客观信息追踪宏观经济的运行状态、货币政策以及产业政策，更好地解读经济发展趋势与制定投资决策。

二、商业银行绩效度量——以兴业银行为例

商业银行的绩效评价是对其经营目标实现程度的考核评估，相应的指标大体上可以分为四类：盈利水平指标、流动性指标、风险指标和清偿力指标。下面以兴业银行为例对绩效进行度量。

（一）盈利水平指标

盈利水平指标是衡量商业银行运用资金赚取收益同时控制成本费用支出的能力，通常以资产收益率、资本收益率等指标衡量。

资产收益率（ROA），又称为投资报酬率，是银行净利润与总资产之比，反映了银行运用其全部资金获取利润的能力。

净资产收益率（ROE），又称为股本回报率、权益报酬率或净值收益率等，是银行净利润与净资产之比，反映了银行资本的获利程度，与股东财富直接相关，受到银行股东的格外重视。

银行利润率，是银行净利润与总收入之比，反映银行总收入中净利润所占的比例。该比例越高，说明银行的盈利能力越强。

银行利差率，又称净利息收益率，是利差收入与盈利资产之比，反映银行在筹资放款这一业务中的获利能力，利差收入是影响商业银行经营业绩的关键因素。计算公式为：

银行利差率 =（利息收入 – 利息支出）/ 盈利资产 × 100%

在一般情况下，银行经营规模的扩大、盈利资产的增加都会引起相应利息收入的增加，即银行在扩大资金运用、增加收入的同时控制了融资成本，因而该指标体现了银行在筹资放款中的获利能力。

表 12 – 8 给出了兴业银行 2012—2014 年的盈利水平指标，其中，ROA 与 ROE 在 2014 年稍有降低，其他盈利水平指标都表现良好，呈逐年上升趋势，

总体来说，兴业银行的经营获利能力较强。

表12－8   2012—2014年兴业银行绩效度量—盈利水平指标

单位：亿元；%

年份\n指标	2014	2013	2012
现金及存放中央银行款项	4 912	4 229	3 916
存放同业和其他金融机构款项	1 008	628	1 646
拆出资金	511	871	2 148
买入返售金融资产	7 128	9 211	7 928
发放贷款及垫款	15 500	13 200	12 000
可供出售金融资产	4 081	2 640	1 921
持有至到期投资	1 978	1 177	692
生息资产	35 118	31 956	30 251
资产总计	44 100	36 800	32 500
归属于母公司所有者权益合计	2 579	1 998	1 696
营业收入	1 249	1 093	876
利息净收入	956	858	722
归属于母公司所有者的净利润	471	412	347
资产收益率（ROA）	1.07	1.12	1.07
净资产收益率（ROE）	18.26	20.62	20.46
银行利润率	37.71	37.69	39.61
银行利差率	2.72	2.68	2.39

资料来源：根据兴业银行年报整理。

（二）流动性指标

流动性指标分为资产流动性指标和负债流动性指标两大类，从资产流动性供给的两个不同角度来衡量银行的流动性状况。

资产流动性是指资产能迅速转换成现金而使持有人不发生损失的能力，

主要包括现金资产比率、流动比率、债权变现率和存贷比 4 个指标。

现金资产比率，是银行现金资产与总资产之比，反映了银行的现金实力。该比率越高，反映银行的流动性状况越好，抵御流动性风险的能力越强。但从盈利的角度而言，该指标过高会影响银行的盈利水平。计算公式为：

$$现金资产比率 = 现金资产/总资产 \times 100\%$$

流动比率，是银行流动资产与流动负债之比，比较直接地反映了银行流动性状况的优劣。计算公式为：

$$流动比率 = 流动资产/流动负债 \times 100\%$$

债权变现率，是银行可售证券加上短期放款与总资产之比，该比率越高，银行的流动性供给越强。计算公式为：

$$债权变现率 = （可销售证券 + 短期放款）/总资产 \times 100\%$$

当银行的现金流动性不足时，银行可随时抛售银行的短期证券，或收回转让短期债权以解决流动性问题，这些资产可作为缓冲器。

存贷比，是银行总贷款与总存款之比，它反映银行用自身存款支撑贷款的能力。计算公式为：

$$存贷比 = 贷款总额/存款总额 \times 100\%$$

负债流动性是指商业银行能以较低的成本随时获得所需要资金的能力，主要包括易变负债比例、短期资产负债比例两个指标。

易变负债比例，是银行易变负债与负债总额之比，该指标从负债方面反映银行的流动性风险情况。计算公式为：

$$易变负债比例 = 易变负债/负债总额 \times 100\%$$

短期资产负债比例，是商业银行短期资产与易变负债之比，该指标可以衡量银行较为可靠的流动性供给和最不稳定的流动性来源之间的对比关系。计算公式为：

$$短期资产负债比例 = 短期资产/易变负债 \times 100\%$$

表 12 - 9 给出了兴业银行 2012—2014 年的流动性指标，通过现金资产比率和存贷比率的数值，可基本判断兴业银行的流动性情况。

表 12 −9　2012—2014 年兴业银行绩效度量—流动性指标

单位：亿元;%

年份 指标	2014	2013	2012
资产：现金及存放中央银行款项	4 912	4 229	3 916
存放同业和其他金融机构款项	1 008	628	1 646
吸收存款	22 700	21 700	18 100
发放贷款及垫款	15 500	13 200	12 000
资产总计	44 100	36 800	32 500
现金资产比率	13. 42	13. 20	17. 11
存贷比率	68. 28	60. 83	66. 30

资料来源：根据兴业银行年报整理。

（三）风险指标

风险指标主要分为利率风险指标和信用风险指标两大类，反映银行面临的风险程度和抗风性能力[①]。

利息收入是银行的主要收入来源，市场利率的波动往往会引发银行净利息收入以至全部营业收入的波动，这就是利率风险。利率风险可以通过利率风险缺口、利率敏感比率两个指标度量。计算公式为：

利率风险缺口 = 利率敏感性资产 − 利率敏感性负债

利率敏感比率 = 利率敏感性资产/利率敏感性负债 × 100%

信用风险是指银行贷款或投资的本金、利息不能按月得到偿付的风险，通常通过不良贷款比率、拨备覆盖率等指标度量。

不良贷款比率，是指商业银行的不良贷款余额与全部贷款余额之比。该指标估计了银行潜在的贷款损失，比值越高，银行贷款中的信用风险越大，未来发生可能的贷款损失越大。计算公式为：

---

① 谢云山. 信用风险与利率风险的相关性分析——利率市场化下商业银行的新型风险管理模式 [J]. 国际金融研究，2004 (10).

不良贷款比率＝（次级类贷款＋可疑类贷款＋损失类贷款）/贷款总额×100%

贷款拨备覆盖率，又称为拨备覆盖率，是指商业银行贷款损失准备金与不良贷款之比。该指标衡量了商业银行贷款损失准备金计提的是否充足。该项比率应不低于100%，否则为计提不足，存在准备金缺口。计算公式为：

贷款拨备覆盖率＝贷款损失准备/（次级类贷款＋可疑类贷款＋损失类贷款）×100%

表12－10给出了兴业银行2013—2014年的风险指标，通过不良贷款和贷款拨备覆盖率的数值，可以判断兴业银行的风险状况。

表12－10　2013—2014年兴业银行绩效度量—风险指标　　　单位：%

指标 ＼ 年份	2014	2013
不良贷款比率	1.10	0.76
贷款拨备覆盖率	250.21	352.10

资料来源：根据兴业银行年报整理。

（四）清偿力指标

清偿力是银行运用其全部资产偿付债务的能力，反映银行债权人所受保障的程度，清偿力的充足与否也极大地影响银行的信誉。表12－11给出了兴业银行2012—2014年的清偿力指标，通过各项主要指标的数值，可以了解兴业银行偿付债务的能力。清偿力与资本金紧密相关，因而，通常情况下，清偿率指标主要着眼于资本充足情况。资本充足率计算范围及其计算公式为①：

$$资本充足率＝资本总额/加权风险资产总额×100\%$$
$$资本总额＝核心资本＋附属资本$$
$$加权风险资产总额＝\sum 资产×风险系数$$

其中，风险系数的确定要根据资产风险大小而定，风险越小的资产，其风险系数越小；反之，则越大。

———————————

① 中国银监会. 关于报送新资本充足率报表的通知［R］. 银监发［2013］53号. 2013.

表 12 –11   2012—2014 年兴业银行绩效度量—清偿力指标

单位：亿元;%

主要指标	年份	2014	2013	2012
根据《商业银行资本管理办法（试行)》（新资本口径）	资本净额	3 287	2 501	不适用
	其中：核心一级资本	2 464	2 011	不适用
	其他一级资本	129	—	不适用
	二级资本	699	506	不适用
	扣减项	6	16	不适用
	加权风险资产合计	29 111	23 104	不适用
	资本充足率	11. 29	10. 83	不适用
	一级资本充足率	8. 89	8. 68	不适用
	核心一级资本充足率	8. 45	8. 68	不适用
根据《商业银行资本充足率管理办法》等（旧资本口径）	资本净额	3 249	2 535	2 108
	其中：核心资本	2 340	1 973	1 636
	附属资本	943	584	492
	扣减项	34	22	19
	加权风险资产	26 466	21 127	17 374
	市场风险资本	16	11	8
	资本充足率	12. 19	11. 92	12. 06
	核心资本充足率	8. 70	9. 21	9. 29

资料来源：根据兴业银行年报整理。

按照新资本口径，资本包括核心一级资本、其他一级资本和二级资本。核心一级资本是吸收损失能力最强的资本，包括实收资本或普通股、资本公积与盈余公积、一般风险准备、未分配利润和少数股东资本，这些资本的总和还要扣除资本扣除项。按照新资本口径，兴业银行的资本充足率在 2013 年和 2014 年分别为 10.83% 和 11.29%，均大于巴塞尔协议要求的 8%，说明兴业银行有较强的清偿能力。值得注意的是，按旧资本口径计算得出的资本充足率与按新资本口径的计算结果差异明显，主要原因是资本的标准不同。

案例三 中美商业银行绩效评价体系

一、美国 CAMEL 评级体系

美国三大联邦级银行监管部门都使用同一个标准评估体系，对银行的经营状况进行全面、综合的评估，形成了一套规范化、指标化及操作化的综合经营等级评定制度。这一制度的正式名称是"联邦监督管理机构内部统一银行评级体系"，简称 CAMEL 评级体系。这套体系形成早、影响大，被世界各国银行业广泛采用。

美国银行的评级制度之所以被统称为"骆驼评级体系"，是因其五项考核指标，即资本状况（Capital Adequacy）、资产质量（Asset Quality）、经营管理水平（Management）、收益状况（Earnings）和流动性（Liquidity），五项考核指标英文的第一个字母组合在一起为"CAMEL"，正好与"骆驼"的英文名字相同而得名。当前国际上对商业银行评价考察的主要内容包括资本充足率及变化趋势、资产质量、存款结构及偿付保证、盈利状况和人力资源情况五个方面，基本上未跳出美国"骆驼"评价的框架。

（一）资本状况

资本状况指标主要考察资本充足率，即总资本与总资产之比。总资本包括基础资本和长期附属债务。基础资本包括股本金、盈余、未分配利润和呆账准备金。评级内容如表 12 – 12 所示。

表 12 – 12 资本状况评级表

级别	评 价
一	资本金十分充足，高出平均水平，经营管理水平高，资产质量高，盈利好，不存在潜在风险
二	资本充足率高，高出平均水平，没有风险问题，业务发展稳健
三	资本充足率不高，低于平均水平，或不良贷款多，或近期大幅度扩展业务

级别	评　价
四	资本明显不足，贷款问题多或业务发展过快，盈利不好
五	资本充足率在 3.5% 以下，风险资产比重过大

（二）资产质量

资产质量指标主要考察风险资产的数量；预期贷款的数量；呆账准备金的充足状况；管理人员的素质；贷款的集中程度以及贷款出现问题的可能性。

按照资产质量的评级标准，全部贷款按风险程度分为四类，即正常贷款、不合标准贷款、有疑问贷款以及难以收回贷款。计算公式为：

$$资产质量比率 = 加权计算后的有问题贷款 / 基础资本$$

$$加权计算后的有问题贷款 = 不合标准贷款 \times 20\% +$$

$$有问题贷款 \times 50\% + 难以收回贷款 \times 100\%$$

表 12 – 13 为资产质量评级表。

表 12 – 13　资产质量评级表

级别	资产质量比率	评　价
一	5% 以下	资产质量很高，风险很小
二	5% ~ 15%	资产质量较令人满意，管理水平较高
三	15% ~ 30%	资产质量存在一定的问题
四	30% ~ 50%	贷款存在问题，过分集中
五	50% 以上	资产质量很差，面临破产风险

（三）经营管理水平

经营管理水平指标主要考察银行业务政策、管理者经历与经验及水平和职员培训情况等一些非定量因素。这方面的评级是比较难的，因为没有量化指标和比率，一般情况下都是通过其他量化指标得出相关结论。

经营管理水平值的评级标准，一般以令人满意或非常好等定性分析为标准。

表 12 - 14 为经营管理水平评级表。

表 12 - 14　经营管理水平评级表

级别	评　价
一	管理层素质很高，有解决问题和预防问题的能力与措施，没有风险
二	管理上存在一定的问题，但是能很好地解决，比较令人满意
三	管理上有一定的潜在问题，不能立即解决问题
四	管理水平差，没有解决问题的能力
五	管理者水平差，应更换管理层

（四）收益状况

收益状况指标主要考察银行在过去一两年里的净收益情况。收益状况评级以资产收益率1%为标准进行评级。计算公式为：

$$资产收益率 = 净收益 / 平均资产$$

当资产收益率在1%以上时，证明收益能力很强，应为一级；在1%左右为二级；在0～1%之间证明收益能力处于中间水平，为三级；若其他指标很弱，收益状况即为四级；当资产收益率出现负数时，表示该银行已经开始出现经营性亏损。

（五）流动性

流动性指标主要考察银行存款的变动情况；银行对借入资金的依赖程度；可随时变现的流动资产数量；对资产负债的管理、控制能力；借入资金的频率以及迅速筹措资金的能力。流动性的评级没有确定的标准，只有与同类、同规模的银行进行横向比较，才能确定流动性的优劣与强弱。

表 12 - 15 为资产流动性评级表。

表 12 - 15　资产流动性评级表

级别	评　价
一	流动性充足，同时还拥有随时筹资的渠道
二	流动性比较充足，但是没有更多的筹资渠道

续表

级别	评　　价
三	流动资金不足以满足的资金需求
四	流动资金短缺，存在较大的问题
五	没有流动资金，面临破产的危险

（六）综合评级

综合评级，即对上述五个方面的指标进行综合评级。综合评级的方法有两种：一种是简单认定，即将上述五个方面简单平均，得出最后级别；另一种是加权认定，即对上述五个方面分别给予不同的权数，加权平均，得出最后级别。

表 12 – 16 为 CAMEL 综合评级表。

表 12 – 16　CAMEL 综合评级表

要素	权重	影　　响	
		强壮要素	薄弱要素
资本	20	对负债率的有效缓冲，降低了风险感知和集资成本	若不良债务达到相对较低的临界值时，银行高度举债，存在破产倾向
资产质量	25	降低了信用成本，提高了收益，更易于取得资产流动并获得资本	必需的计提准备和收入缩水使利润降低，而债务注销则消耗了债务损失准备金，银行易于破产
收益	10	促进内部资产增加，增加流动性，有效地解决问题	内部资金增长缺乏动力，很难吸收新资本，缺乏解决问题的能力
资产流动性	20	有足够的资金应付流动负债，是银行生存的关键；外部清偿能力可以在整体信誉上补偿资本的弱项	易于受到现金短缺的困扰，由于缺乏外部清偿能力，会招致银行破产
管理及相关项目	25	可以增加收入，吸引资本投放，采用行之有效的风险管理方法，维持资产质量和充足的资本流动性	不能获取可持续收入，缺乏风险管理政策或政策不到位，使银行易于产生资本质量上的问题，进而造成资本或流动性亏损

资料来源：The Bank Credit Analysis Handbook：A guide for Analysts，Bankers and Investors.

二、我国商业银行的绩效评价体系

（一）我国商业银行绩效评价体系现状

我国商业银行绩效评价体系的最早方法是中国人民银行于 2000 年出台的《国有独资商业银行考核评价办法》；2002 年，中国人民银行发布《商业银行内部控制指引》；2004 年，银监会颁布《股份制商业银行风险评级体系（暂行）》；2005 年，银监会制定《商业银行风险预警操作指引（试行）》；2009 年，财政部出台《金融类国有及国有控股企业绩效评价暂行办法》；2011 年，上述暂行办法上升为正式办法，正式出台了《金融企业绩效评价办法》及《金融企业绩效评价指标及结果计分表》和《金融企业绩效评价指标计算公式说明》。2012 年，银监会发布了《银行业金融机构绩效考评监管指引》①（以下简称《指引》）。

《指引》第一次对银行业金融机构绩效考评工作中的一些做法做出限制性的规定及说明。《指引》要求银行业金融机构树立稳健绩效的观念，完善绩效考评制度体系，建立健全绩效考评管理机制、传导机制和综合应用机制，充分发挥对稳健经营和科学发展的引导作用。

《指引》对绩效考评原则做出了规定，明确了绩效考评办法制定的指导思想，应当坚持以下五项原则：

第一，稳健经营。银行业金融机构应当树立稳健的绩效观，确定稳健的发展战略和经营计划，制定稳健的绩效考评目标和具体指标。

第二，合规引领。绩效考评应当体现监管要求，促进银行业金融机构合规经营和有序竞争，培育合规文化，维护良好的市场秩序。

第三，战略导向。绩效考评应当以发展战略为导向，以经营计划为目标，通过科学合理的绩效考评，坚持既定市场定位，执行既定发展战略，实现差异化发展、内涵式发展和均衡性发展，提高服务实体经济的能力。

第四，综合平衡。银行业金融机构应当统筹业务发展与风险防控，建立兼顾效益与风险、财务因素与非财务因素以及当期成果与可持续发展的绩效考评指标体系，全面客观地实施绩效考评。

---

① 包全永. 国有银行绩效评价体系演进及其改进建议 [J]. 金融会计，2015（1）.

第五，统一执行。银行业金融机构应当建立有效的考评管理机制，注重绩效考评的过程和质量管理，强化绩效考评执行力和约束力，确保经营管理要求逐级传导的一致性。

（二）我国银行业金融机构绩效考评指标的类别

《指引》将银行业金融机构绩效考评指标细分为合规经营类指标、风险管理类指标、经营效益类指标、发展转型类指标和社会责任类指标五大项。

第一，合规经营类指标用于评价银行业金融机构遵守相关法律法规和规章制度、内部控制建设及执行的情况，包括合规执行、内控评价和违规处罚等方面。

第二，风险管理类指标用于评价银行业金融机构风险状况及变动趋势，包括信用风险指标、操作风险指标、流动性风险指标、市场风险指标和声誉风险指标等。

第三，经营效益类指标用于评价银行业金融机构经营成果、经营效率和价值创造能力，包括利润指标、成本控制指标和风险调整后收益指标等。

第四，发展转型类指标用于评价银行业金融机构根据宏观经济政策、结构调整及自身需要，推动业务发展和战略转型的情况，包括业务及客户发展指标、资产负债结构调整指标和收入结构调整指标等。

第五，社会责任类指标用于评价银行业金融机构提供金融服务、支持节能减排和环境保护、提高社会公众金融意识的情况，包括服务质量和公平对待消费者、绿色信贷和公众金融教育等。

另外，特别强调合规经营类指标和风险管理类指标权重应当明显高于其他类指标。

参 考 文 献

[1]高栎.世界1 000家最大银行排名与统计分析[J].统计研究,2010(4).

[2]谢云山.信用风险与利率风险的相关性分析——利率市场化下商业银行的新型风险管理模式[J].国际金融研究,2004(10).

[3]中国银监会.关于报送新资本充足率报表的通知[R].2013.

[4]包全永.国有银行绩效评价体系演进及其改进建议[J].金融会计,2015(1).